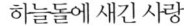

하늘돌에 새긴 사랑

하늘돌에 새긴
사랑

在浮石刻的愛情

· 도학회 지음 ·

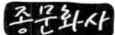
종문화사

의상대사義湘大師와 선묘낭자善妙娘子

백제가 멸망한 직후 661년 의상스님은 화엄불교의 대가 지엄스님에게 가르침을 구하러 중국 지상사에 간다. 도중에 등주의 장군 유지인의 딸 선묘를 만나게 되는데, 한눈에 의상에게 반한 선묘가 사랑을 고백하지만 의상스님은 불도의 길을 가야하기에 이를 거절하고, 10년간의 정진 끝에 화엄정신을 이루고 671년 신라로 돌아온다. 상심한 선묘는 바다에 투신, 용이 되어 의상스님이 돌아가는 뱃길의 거친 풍랑을 잠재운다.

고구려마저 통합한 통일신라는 고구려 유민들을 원만히 제도하기 위하여 의상스님에게 부석사를 건립하도록 하지만 유민들과 기존세력의 저항으로 부석사 건립은 많은 어려움에 처한다. 이때 선묘의 영혼이 나타나 거대한 바윗돌을 하늘에 띄우는 이적을 보여 반대하는 무리들을 굴복시켜서 676년 마침내 부석사를 완공할 수 있었다는 이야기이다.

가장 많이 알려진 부석사는 영주 봉황산에 있으며, 서해안을 바라보는 서산 도비산에도 같은 전설을 공유하는 부석사가 있다. 영주지역은 고구려 유민들의 고구려부흥운동의 근거지였으며, 서산지역도 백제부흥운동과 연관이 깊은 지역이었다. 이 소설의 주 무대는 서산 부석사이지만 영주 부석사도 인연을 가진다.

차례

프롤로그

뎅~뎅~뎅~ 부석사 공양간의 종소리가 밥이 되었다고 알린다. 황교수가 공양간에 들러 식사를 하는데 주지스님이 말했다.

"황교수님, 아까 산신각종이 많이 울리던데 누가 친 것인지 알아요?"

"아, 그거요 … 왜요?"

"사람들은 보통 3번 정도 치거나 치더라도 살살 치는데 아까 그 종소리는 무슨 사연이 있는지 소리도 약간 컸고 이상한 리듬이 느껴져서요."

"글쎄요, 가끔 그런 사람이 있더라고요." 황교수는 자기가 쳤지만 굳이 말하지 않았다.

"황교수님, 요번에 책을 하나 내셨지요. 우리 절에 대해서도 써주실 수 있습니까?"

"어쩌다 그리 된 것인데요 뭐. 그리고 나는 글 쓰는 전문가도 아닌데 어떻게 감히 … "

연구실에 전등을 켜지 않아도 될 정도로 화창한 가을날, 황교수는 갑자기 부석사 글을 써달라는 주지스님의 말이 떠올랐다. 쓸 수 있을까? 무엇을 쓰지? 어떻게 쓸까? 부석사 창건설화인 의상대사와 선묘낭자 이야기에서 힌트를 얻을까? 까짓것 한번 써보자.

글의 설득력을 위하여 가능하면 자신이 직접 겪은 중국인과의 경험에서 소재를 찾기로 하고 지금까지 지도했던 중국학생들을 떠올려 보았다. 수업시간에 잠만 자는 잠보, 아무런 말없이 오직 혼자만 생활하는 외톨이, 법을 전공하다 갑자기 마음이 바뀌어 미술을 하겠다고 유학 온 노총각, 결혼도 했고 이미 대학교의 교원으로 있지만 승진에 필요한 학위를 획득하기 위해 온 아담하고 수수한 여자 선생님, 그리고 중국에 두고 온 남자친구가 보고 싶어 노래방에 가면 술 한 잔 마시고 구석에서 혼자 울던 여학생. 또 있다. 항상 황교수에게 중국 자기 집에 놀러오라던 작고 귀여운 여학생, 성격이 급하고 괄괄하여 남자를 휘어잡는 중국의 전형적인 무예차母夜叉 특징을 가진 여학생, 너무 남자처럼 하고 다녀서 같이 식당에 가면 식당주인이 아들이냐고 묻던 여학생, 평소 매우 촌스런 복장을 하고 있었는데 어느 날 짠! 모델로 변신한 여학생 등등 모습도 다양하다.

그 중에 썩 미인은 아니었지만 한 여학생의 인상이 깊다. 그 여학생의 외모는 조금 과장하면, 피부는 백옥같이 희고 얼굴윤곽은 금방 낳은 오리알처럼 반듯하다. 코는 까놓은 마늘처럼 빛나고 오뚝하다. 눈썹은 흰 피부 때문인지 털이 하나하나 보일만큼 가지런히 길게 뻗었으며, 쌍꺼풀이 있는 눈망울은 샛별처럼 반짝였다. 입술은 약간 도톰하면서 작았고, 귓바퀴가 매우 가지런한 귀는 앙증맞다. 귀밑으로 매끈하게 뻗어 내린 목은 한 점 티 없는 깨끗한 백자白磁의 목처럼 아담한 가슴위에서 스웨터에 단정ㅎ-게 싸여있다. 뒤통수에 단정하게 묶은 머릿결은 푸른빛이 감도는 검은색이다. 작고 흰 손은 살결이 투명하다. 몸에 짝 붙는 청바지를 입은 다리의 각선미는 탄력이 넘친다. 이 여학생의 인상에 다른 여학생들의 특징도 가미하여 새로운 여인상을 만들기로 했다.

이름은 선묘낭자 이야기에서 양아버지인 유지인劉至仁의 성씨인 유

劉와 최인호선생의 『유림』에서 이황선생의 운명의 여인, 두향杜香에서 향을 따와 유향劉香으로 지었다.

한국의 남자주인공은 누구로 할까? 중국 여학생과 결혼까지 약속했지만 피치 못할 사정으로 헤어진 남학생, 중국 여학생들 사이에 인기가 있는 언제나 패셔너블한 남학생, 단발머리의 중국 여학생이 좋다고 몰래 고백했던 남학생. 그런데 아무리 그 학생들을 연구해도 의상과 연관 지을만한 정도의 캐릭터를 만들어내기가 쉽지 않았다.

그래서 이야기의 현실감을 더하고 의상대사와 비슷한 캐릭터를 만들기 위하여 주인공에 황교수 자신도 대입시키고, 부석사 스님들의 캐릭터를 조합하여 가상의 스님을 만들기로 했다. 이왕이면 부석사에서 큰스님이 배출된다는 부석사 신도들의 희망을 담을 수 있으면 더욱 좋은 것이다. 법명은 어떤 특정 스님의 법명을 붙이는 것은 너무 직접적이어서 올바르지 않다. 한참을 궁리하다가 얼마 전 한문학을 공부하는 황교수 친구가 지어준 아호 금정金井을 붙여 보았다. 금정, 발음도 부드럽고 괜찮다.

하늘돌에 새긴 사랑
在浮石刻的愛情

등장인물 /

금정스님, 유향, 황교수, 주지스님, 석문정, 류찬, 왕현, 이문, 진철, 왕후란, 두아란,

동비, 유지인과 딸, 중국상인, 산장지기, 이연선생, 박교수, 그 외

1. 젠다오 니먼 흔 까오싱

"可能那時候我也會去新羅 그때는 소녀도 신라에 갈 수도 있겠네요."
"小姐你自己? 你眞勇敢 아가씨께서요? 참으로 용기가 가상하십니다."

금정, 당나라 꿈을 꾸다

금정은 아직 젊은 스님이어서 출가 때의 초심을 유지하고, 유지하려 한다. 어느 더운 여름날 밤, 경전을 공부하다 지쳐서 책상에 머리를 박고 잠이 들었다. 잠이 든지 얼마나 지났을까. 피로에 지친 뻑뻑한 눈을 뜨니 시야가 흐릿한데 기골이 장대한 사람이 서 있다.

"이제야 눈을 뜨시는구려, 먼 뱃길에 피곤해서인지 스님은 어제 여기 오자마자 바로 잠이 들었다 하더이다."

"네? 뉘시온지?"

"나는 이집의 주인이요."

"아, 이제 생각이 나는군요. 제가 어제까지 먼 바닷길을 오느라 많이 피곤했나 봅니다."

"나는 유지인劉至仁이란 사람이요. 내가 부처님법을 좋아해서 이곳의 몇몇 사찰을 다니고 멀리는 장안 근처의 지상사至相寺에도 다니면서 힘닿는 대로 거들고 있습니다. 지상사의 큰스님 지엄삼장智嚴三藏스님은 이 시대 화엄불교 최고의 스승이지요. 그래서 여러 곳에서 그분의 문하로 많이 들어옵니다. 스님처럼 외국에서도 많이 오지요. 어떤 사람은 왕이 특별히 파견하여 온 경우도 있어요."

"대인께서 지장사에 공부하러 가는 사람들을 임시로 기거케 편의를 봐주신다는 바로 그 유대인이시군요. 몰라 뵈었습니다."

"별말씀을. 바닷길이 험난하니 얼마나 피곤했겠습니까. 얼마 전 이곳에 온 신라사람을 통해서 스님이 오실 것이라고 미리 연락을 받았습니다. 우리 집에서 며칠 푹 쉬십시오. 지상사로 가는 길은 사정을 봐가면서 안내해 드리리다."

"네, 감사합니다." 금정은 신라에서 떠나올 때 받은 소개장을 내밀었다.

"음! 아주 총명하신 스님인가 봅니다. 이렇게 높으신 분들이 추천을 해주시다니요."

"빈도 민망합니다."

"이곳은 바다에서 멀지 않은 곳이라 다른 나라와 교역을 많이 하는 편입니다. 그래서 바다 건너 백제, 왜국 등과 교류를 많이 했는데. 작년에 백제는 신라와 전쟁에서 패하여 멸망했지요."

"이제 삼한의 사람들이 하나 되어가고 있습니다. 우리 신라가 부처님의 가피를 입어 곧 고구려마저 통합한다면 신라는 일통삼한을 하게 되는 것입니다."

"그건 그렇고, 많이 시장하실 것인데 우선 요기부터 하시지요. 여봐라!"

"예." 여인의 목소리가 들리더니 뜰 앞 매화나무 밑을 지나서 아름다운 여인이 나타났다. 피부가 곱고 희다. 옷속에 감춘 자태도 빼어나 보인다. 금정의 마음에서 미묘한 감정이 꿈틀했다.

"부르셨어요. 아버님." 목소리도 참 예쁘다.

"오냐. 여기 스님이 지금 많이 시장하실 터이니 드실 것을 좀 가져

오너라."

"네, 저쪽 객실에 이미 준비되어 있습니다."

"그래. 인사드려라, 신라에서 오신 스님이시다."

"안녕하세요."

"네, 안녕하십니까. 폐가 많습니다."

"아닙니다. 필요한 것이 있으면 언제든지 저를 부르세요."

"자, 스님 객실에 가서 뭘 좀 드시지요."

유지인과 금정은 옆 건물의 중앙 둥그런 모양의 문 입구에 쳐있는 발을 들치고 객실로 들어갔다. 객실 탁자위에는 조촐하지만 정갈하게 음식이 차려져 있었다.

"앉으셔요. 차린 것은 변변치 않지만 많이 드세요."

"따님이십니까? 참 미인이십니다."

"내 딸이기는 한데 친딸은 아닙니다. 바닷길을 많이 다니던 친구가 있었는데, 날씨가 좋지 않은 날 주위 사람들의 만류를 뿌리치고 기어코 뱃길에 나섰다가 그만 … . 그래서 내가 수양딸로 삼아 보살피고 있습니다. 성품이 아주 좋습니다. 훌륭한 대갓집 며느리로서 손색이 없어요. 성격이 화통하여 어떤 땐 아주 당돌하기도 합니다. 이 아이 말고도 수양딸이 두엇 더 있어요."

"그렇군요. 모두 좋은 인연을 만나기 바랍니다."

"나는 사람을 많이 만나보아서 사람 보는 안목이 꽤 있습니다. 스님은 보통 분이 아닌 것 같습니다. 기상이 있어 보이고, 눈에서 나는 안광이 범인하고는 많이 다릅니다. 신라에서는 스님들도 결혼을 하지요?"

"빈도 민망하게 무슨 말씀을, 저는 부처님의 계율을 지키는 제자로서 그런 생각을 해 본 적이 없습니다."

"하하하, 그냥 해 본 소리이니 너무 신경 쓰지 마세요." 유지인은 호탕하게 웃었다.

금정이 식사를 마치자 유지인은 자리에서 일어나며 말했다.

"스님, 나는 지금 급한 일이 있어 나가봐야 합니다. 혹 궁금한 것이 있으면 내 딸에게 물어 보세요. 그 아이도 신라에 대해 궁금해 하는 것이 많아서 스님께서 알려주신다면 고맙겠습니다. 그럼 나는 이만."

"알겠습니다. 걱정 마십시오.'

유대인이 나가자 기다렸다는 듯이 수양딸이 차반을 받쳐 든 여자 하인을 데리고 들어왔다. 하녀에게 식사를 물리게 하고 자신은 금정에게 차를 한 잔 권했다.

"이곳 음식은 신라보다 많이 기름져서 식후에 차를 한 잔 하시면 훨씬 개운해지실 겁니다."

"흠흠, 아! 향이 참 좋군요. 감사합니다."

여인의 몸에서 묘한 향기가 난다. 여인과 단둘이 있는 것이 어색해서 우물쭈물했다. 이런 금정이 재미있어 보이는지 수양딸은 금정의 얼굴을 빤히 쳐다보며 질문을 한다.

"스님, 신라에서 여기까지 오시는데 며칠이 걸렸나요?"

"배타는 것만 며칠이 걸렸소. 그나마 순풍을 만나 빨리 온 것입니다."

"신라 사람들은 황금을 아주 잘 다룬다고 들었습니다."

"신라의 옛 선조들이 대륙을 종횡하면서 황금을 많이 다루었는데 그 전통이 남아 있어서 지금도 황금을 잘 다루는 것이라오."

"한번 보고 싶어요. 신라의 황금이 얼마나 찬란한지."

"언제 기회가 있겠지요."

"나중에 스님이 황금장신구 하나 구해주시겠어요."

"네? 무슨 말씀을 … ."

"하하하" 여인은 크게 웃었다.

"스님, 실은 제가 불교에 관심이 많습니다. 신라에는 묵호자라는 얼굴이 검은 사람이 불교를 전했다고 들었습니다."

"우리 신라에 불교가 들어온 것은 아주 이른 시기입니다. 다들 2백여 년 전 눌지마립간 때 묵호자 아도화상에 의해 전해졌다고 하는데 그렇지 않습니다. 이미 5백여 년 전에 부처님을 따르던 아유타국의 공주 허황옥이 바다를 건너와 신라와 이웃하고 있는 가야의 김수로왕과 결혼하면서 불교가 들어왔어요. 허황옥은 김수로왕과 사이에 10명의 자식을 두었는데 불교의 전통에 따라 자식들을 부처님 제자로 키웠습니다. 일곱 아들들은 삼촌인 장유화상을 스승 삼아 산천을 유람하며 수행을 하게 했어요. 일곱 왕자는 2년 만에 삼신산 높은 계곡에서 깨우치게 됩니다. 아버지 김수로왕이 이를 크게 기뻐하여 그곳에 절을 세우고 칠불사라 칭했지요. 삼한 최초의 깨우친 이들이라 할 수 있습니다. 지금이 이치李治 황제 용삭龍朔 원년이니 벌써 5백 년이 훨씬 지났습니다."

"아니 그렇게 오래되었습니까?"

"이들은 깨우친 후 불법을 전하러 여러 곳으로 보임保任을 다녔는데 당시 사람들이 제일 많이 사는 신라의 서라벌徐羅伐에도 가게 됩니다. 허황옥은 아유타국 사람이라 얼굴모습이 삼한사람과는 많이 다릅니다. 김수로왕과 허황옥 사이에서 난 아들들의 얼굴도 삼한사람의 얼굴이 아니었습니다. 그래서 당시 서라벌사람들은 이들을 부처님들이라고 불렀어요. 아도화상의 어머니 고도녕은 미리 이 사실을 알고 자신의 아들에게 신라에는 오래전 일곱 전불前佛들이 다녀갔음을 말해 주었습니다."

"아, 그렇구나."

"그런데 빈도가 보기에 김수로왕의 일곱 왕자는 깨닫기는 했지만 신분이 왕자인지라 불교전파에 투철하지는 못했던 것 같습니다. 더군다나 그때 서라벌에 사는 귀족들은 고유의 전통의식이 강해서 불교가 쉽게 펼쳐질 수 없었지요. 특히 귀족들은 천경림天鏡林이란 곳을 그들의 종교적 근거지로 삼고 청동거울, 청동검, 청동방울을 소중하게 모셔놓고 종교행사도 했습니다. 그러다 법흥왕에 이르러 이차돈이라는 분의 순교로 바로 천경림에 흥륜사를 세우게 됨으로써 신라에서도 정식으로 불교를 인정하게 됩니다. 신라융성의 큰 기틀을 다지신 진흥왕은 불교를 위하여 황룡사라는 큰 절을 지으시고 나중에는 스스로 불법을 전파하는 전륜성왕이 돼고자 노력했습니다. 그 전통을 이어서 올해 보위에 오르신 왕께서 불법을 더욱 밝히시고자 빈도와 같은 사람들에게 불교를 더 공부하도록 이렇게 당에 보내신 것입니다."

"와! 신라의 불교 역사가 그렇게 장구하다니 몰랐습니다. 가야국은 지금 없어진 것으로 알고 있는데요?"

"그렇습니다. 백제처럼 전쟁으로 패한 것이 아니고 그냥 가야의 왕실이 신라의 귀족으로 편입되었지요. 신라의 훌륭한 김유신 장군도 가야출신입니다."

"허황옥이라는 아유타국 공주와 김수로왕의 인연은 참으로 독특하군요."

"참으로 오묘한 부처님 인연이지요."

"신라에는 부처님상이 많이 있습니까?"

"진흥왕께서 황룡사에 장육존상을 세우셨지요. 하지만 아직은 그렇게 많지는 않습니다."

"스님이 돌아가셔서 불법을 크게 융성시킨다면 더 좋은 부처님상이 많이 모셔질 수도 있겠네요."

"왕실이 앞장서서 부처님을 모시니 신라는 부처님의 나라로 바뀔 것입니다. 앞으로 산꼭대기, 골짜기, 사람들이 사는 곳이든 아니든 전국 곳곳에 부처님상이 세워진 불국토가 될 것입니다."

"신라에 세워지는 부처님은 어떨지 궁금합니다."

"우리 신라는 부처님이 나라를 지켜줄 것을 믿기 때문에 굳세고 당당한 부처님이 많이 모셔지겠지요."

"백제는 신라에 통합되었고, 고구려는 어떻게 될까요?"

"우리 신라인들은 나라가 위기에 처했을 때 부처님의 원력으로 극복하기를 원하고 있습니다. 백제를 통합하였고, 부처님의 원력으로 고구려도 통합하면 그동안 갈라섰던 삼한의 백성들이 하나의 국가에서 하나의 마음으로 살아가야 합니다. 그래서 우리 왕께서 승려들을 당에 유학 보내어 최근 크게 발전한 화엄종을 배워오게 하신 겁니다. 일즉일체一卽一切 일체즉일一切卽一, 원융무애圓融無礙의 화엄세계를 이루어 삼한의 모든 백성과 일체의 천지만물을 비로자나불毘盧遮那佛의 현현顯現으로 보듬어 다시 통합해야 한다는 서원입니다."

"스님, 참으로 꿈이 원대하십니다. 저에게도 기회가 온다면 꼭 일조하겠다고 약속드리겠습니다."

"아가씨께서요? 말씀만으로 감사합니다."

금정은 지상사로 가기 전까지 시간이 나면 유지인의 수양딸과 삼한과 신라에 대해 이야기했다.

"스님, 이곳에도 삼한말을 하는 사람들이 많아요. 백제국 사람들이 이곳을 많이 드나들었는데 백제국이 망하고 난 뒤 그대로 여기에 눌러앉은 사람들도 있고, 또 나라가 망했다며 금은보화를 가득 싣고 이곳으로 건너온 유민들도 있습니다. 그들과 지내다보니 소녀도 삼한말을 조금 한답니다."

"그렇습니까? 하지만 우리 신라가 다시 나라의 기틀을 바로 잡으면 그들까지 원융무애圓融無礙하게 포용하여 같은 나라의 백성으로 살아가야지요."

"스님은 이번에 처음으로 당에 오셨습니까?"

"아닙니다. 예전에 아버지를 따라 오기도 했습니다."

"그때는 백제가 바닷길을 가르막고 있지 않았나요?"

"당항성黨項城 쪽은 열려있었습니다."

"아, 그랬군요. 처음 오셨을 때 느낌은 어땠습니까?"

"화려한 당의 문물을 보고 적잖이 놀랐습니다."

"우리 당은 원래의 중원 문화뿐 아니라 북위와 서역의 문화를 통합하고 멀리 인도, 대식국, 로마까지 교역하고 그들의 문화를 받아들여 당의 문화로 발전시키고 있습니다."

"아가씨의 식견이 넓은 것 같습니다. 우리 신라에도 어쩌다 그들이 오기도 하지만 그들의 문화가 크게 전해지지는 않았습니다. 앞으로는 많아지겠지요."

"삼한의 사람들은 고유의 말을 쓰는데 글은 한문을 사용합니다. 힘들지 않습니까?"

"예, 그것이 참으로 어려운 줄입니다. 삼한의 모국인 조선에서 문자를 만들려는 시도가 있었다고는 하는데 제대로 만들어지지는 않았나 봅니다. 그러다 이웃 한漢에서 사용하는 문자를 빌려서 쓰게 되었지요. 글을 배우기가 여간 힘들지 않아 일반 백성들은 엄두를 내지 못하지요."

"우리 당도 일반 백성들은 글을 모르는 사람이 더 많지요."

"삼한의 모국이라는 조선은 어떻게 세워졌나요?"

"저도 자세히는 알지 못합니다. 아주 먼 옛날 환인하늘님이 세상에서 사람이 살기 좋은 땅을 찾다가 우리 조상들이 사는 곳을 정하여 아들 환웅을 태백산이라는 곳에 내려 보내고, 그 아들이 신시라는 곳에서 나라를 열고, 그곳에서 곰이 사람으로 변한 여자와 혼인을 하여 단군왕검을 낳아서 비로소 삼한족의 역사가 시작되었다고 합니다. 빈도가 보기에는 우리 조상들이 큰 땅 어느 곳에서 이동해 와서 토착민을 정복하고 정착해나가는 과정이 하나의 신비로운 이야기로 꾸며진 것으로 보는데, 환인하늘님과 단군왕검까지 실제로는 수천 년이 걸렸다고 봅니다. 우리 신라사람들의 원래 고향도 지금의 삼한 땅이 아니라 당의 북쪽에 위치하고 있었지요.

"아, 그럼 삼한사람들도 우리 당의 사람들과 같은 땅에서 살았나요?"

"꼭 같이 살았다기보다 이웃하며 살았겠지요. 앞으로 일통삼한하면 진짜로 이웃하고 같이 살게 되겠지요."

"그때는 소녀도 신라에 갈 수도 있겠네요?"

"아가씨께서요? 참으로 용기가 가상하십니다."

"왜요? 저는 삼한말도 조금 할 수 있고, 알고 지내는 삼한인들도 꽤 있답니다. 그리고 금정스님도 알고 있잖습니까. 도와주실거죠. 네?"

"하하하"

금정은 아가씨와 이야기하는 것이 점점 마음의 부담이 없어지고 즐거웠다. 아가씨도 틈만 나면 금정에게 와서 재미있게 이야기를 나누었다. 하지만 임시로 유지인의 집에 머물던 시간은 금세 지나고 지상사에 가기 전 근처 다른 절에 들어가야 하는 시간이 되었다. 아가씨는 금정이 절에 들어가는 것을 못내 아쉬워하였다.

"언제 다시 오시나요? 절에서 공부하시다가 힘드시면 가끔씩 나오셔서 저와 바람이라도 쐬어요."

"그동안 즐거웠고 감사했습니다. 우리 왕께서 삼한의 백성을 올바르게 다스릴 대도大道를 빨리 구하라고 하셨습니다. 이제 절에 들어가면 촌각을 허비하지 않고 공부하여 화엄의 이치를 깨달아야 하는데 시간이 날지 모르겠습니다."

"안 오시면 소녀 서운하옵니다."

"빈도 이제 부처님의 가르침을 따라 갑니다. 저는 일반 백성들의 길과는 다른 길을 가야합니다. 그동안 아가씨의 호의에 감사드립니다."

"알았어요. 하지만 소녀의 마음에 스님이 있다는 것 잊지 마세요. 스님 하시는 일에 저도 조금이라도 도움이 될 수 있으면 좋겠습니다. 신라에서 이곳에 오실 때 얼마나 준비를 하셨는지 모르지만 소녀가 스님이 입으실 옷이라도 몇 벌 만들어 놓을 터이니 꼭 다시 들러 주세요."

"아미타불, 빈도 이만 갑니다."

꿈같은 시간이 지나고 피곤한 몸을 추스린 금정은 근처의 절에서 몸가짐을 다시 한 후 지상사로 향했다. 금정이 지장사에 들어가 보니 큰스님에게 화엄을 배우기 위해 온 사람들이 많이 있었다. 그 중에는 금정처럼 신라에서 왕명을 받들고 온 스님들도 있었다. 신라스님들은 삼한 땅이 온통 전란이고 나라의 존망이 걸린 시기임을 아는지라 불철주야 뼈를 깎는 고통을 감내하며 공부하였다. 지엄삼장스님은 이들의 태도를 칭찬하시며 대방광불화엄경소大方廣佛華嚴經疏을 비롯하여 화엄의 많은 책과 가르침을 주었다.

신라의 스님들이 공부에 매진하기를 10여 년, 몇 명은 그 방대하다는 화엄의 이치에 도달하게 되었고, 그들 중 한 스님은 자기가 쓴 모든 책을 불사르더니 잿더미 속에서 타다 남은 글자를 주워 모아 새롭게 배치하더니 글자들 사이에 붉은 선을 그었다.

그것을 본 지엄큰스님은 "지금까지 내가 한 것은 한낱 지푸라기다!" 크게 탄식하시더니 "위대하도다! 위대하도다!"라는 말씀만으로 인가를 내렸다. 신라의 스님들은 신라로 돌아갈 수 있게 되었다. 그즈음 신라의 스님들 사이에서 신라와 당나라 사이에 좋지 않은 일이 있을지 모른다는 소문도 은밀하게 있어서 빨리 신라로 돌아가야 하는 상황도 발생하였다.

금정이 신라로 돌아가는 길, 배를 타기 위해 유지인의 집이 있는 등주로 다시 왔다. 그곳에서 신라의 가족들이나 지인들에게 줄 선물을 사려고 거리에 나갔다. 어느 가게에 들어가니 주인이 금정을 보고 말했다.

"혹 신라에서 오신 스님이 아니십니까?"

"예, 그러하오만."

"척 보아하니 당사람과는 다른 느낌이 들더군요. 얼굴을 뵈오니 부처님 공부에 통달하여 훌륭한 사람이 되신 것이 훤히 드러나는군요."

"무슨 말씀이온지?"

"이곳에는 약 10년 전 신라어서 오신 스님들 얘기가 온 나라에 쫙 퍼져있지요. 정말로 훌륭하신 분들이라고. 어떤 분은 특히 유명한데 꿈에서 신인의 계시를 받고 쓴 책 10권을 스스로 불을 태웠답니다. 자신의 책을 불로 태우면서 제발 신령이 함께 하여 불에 타지 않기를 바랐지만 결국에는 대부분 불에 타버렸는데, 그 중에 타지 않은 210자를 모아 만든 거 뭐라더라?"

"화엄일승법계도華嚴一乘法界圖 말이군요."

"아! 네네네, 맞습니다. 화엄일승법계도. 지상사의 지엄스님이 그것을 보고 지금까지 자신이 만든 72개 법계도를 합친 것보다도 훌륭하다고 극찬하셨다는데, 사람들은 그것을 몸에 지니면 온갖 시름이 사라지고, 집안이 잘되고, 부처님 세상에 갈 수 있다고 믿어서 필사를 해서 하나씩 보관하고 있어요."

"그렇습니까? 벌써 여기까지 알려져 있습니까? 참 소문이 빠릅니다. 그것은 흰 종이에 검은 글씨를 쓰고 붉은 선으로 해인의 원리에 따라 글자들을 연결한 것입니다. 이것은 중생들이 사는 장소, 중생들, 깨달은 부처를 의미하는데 장소는 장소대로, 중생은 중생대로, 부처는 부처대로 각각 특성을 가지고 있으나 서로서로 상관관계를 가진다는 뜻이지요. 장소가 없으면 중생이 있을 수 없고, 중생이 없으면 부처 또한 무의미하니 모든 것은 서로가 서로를 갖추고 있다는 것이지요."

"참으로 놀랍습니다. 신라에서 온 스님들이 아니면 아마 그런 높은 경지에 오르지 못했을 겁니다요."

"어느 불도나 당연히 공부하고 깨달아야 하는 것인데요."

"아닙니다. 이곳의 사찰에도 공부는 하지 않고 음주를 즐기고 여자를 탐하다 망신당하여 노스님께 파문당해 쫓겨난 이들도 있습니다."

"참으로 안타까운 일이군요."

"스님, 저와 제 가족들을 위하여 축원을 해주시겠습니까. 부탁드립니다."

금정은 가게의 주인이 하도 간곡히 부탁하니 거절을 못하고 이들이 불법에 귀의하고 무탈하기를 기원하는 뜻에서 금강령을 울리며 부처님과 보살들, 신중들에게 고하고, 진언과 경전을 독경해주었다. 그랬더니 주인은 금정이 산 물건들 외에 팔고 있는 물건 중에서 제일 좋은 것이라며 비단으로 싼 작은 물건 하나를 감사의 표시라고 주었다. 정말 진귀한 물건이라 하였다. 금정은 한사코 거절했지만 막무가내여서 부득이 감사한 마음으로 받았다. 가게를 나서려는데 주인이 말했다.

"스님, 혹시 이곳 유지인 댁을 아십니까?"

"네, 알고 있습니다. 그분은 신라에서 오신 스님들을 많이 도와주셨지요. 저도 잠시 그분 댁에서 거처했습니다만."

"그렇습니까. 혹시 스님이 아닌지 모르겠습니다. 그 집의 과년한 수양딸 중 하나가 신라에서 오신 어떤 스님이 아니면 결혼을 하지 않겠다고 떼를 쓰며 10여 년이나 혼인도 하지 않고 버티고 있답니다. 아버지 유대인이 스님은 절대 안 된다며 아무리 말려도 도무지 고집을 꺾지 않는다고 하네요. 혹시 스님이 그 스님이면 사정을 봐서 한번 생각해보세요. 옆에서 들리는 소문이 참으로 딱하기 그지 없구만요. 지금은 그 딸도 절에 갔다는 얘기도 있고 …"

"아, 저는 아닙니다. 다른 분일지도 모릅니다. 저 이외에도 몇 분이 있었으니까요. 저는 부처님의 가르침을 따라 출가한 몸이라 남녀 간의 애정에는 관심이 없습니다."

"아가씨가 그 스님을 위해서 옷도 몇 벌 만들어 놓고 오로지 스님 만나기만 기다린다고 하던데 … "

"참으로 안타까운 일이네요."

금정은 당나라에 도착했을 때 유대인의 도움이 생각나고, 그 수양딸도 생각나서 신라로 돌아가기 전 인사를 드릴 겸 유대인집을 찾았으나 그는 공무상 중요한 일로 먼 지방으로 출타하였고, 수양딸도 마침 집에 없었다. 금정은 수양딸의 호의가 생각나서 감사의 표시라도 할까 하여 상점주인이 건네준 물건을 풀어보았다. 수양딸이 보고 싶어 했던 신라의 황금귀걸이다. 일행들과의 일정 때문에 수양딸을 보지 못하고 시종에게 자초지종을 얘기하고는 신라로 가기 위해 항구로 갔다.

신라로 돌아가는 배에는 물건을 팔려고 가거나, 나라 간의 일로 가는 당의 사람들도 있고, 당에 왔다가 돌아가는 신라인들도 있다. 배 위에 있는 사람들과 뭍에서 이들을 배웅하는 사람들은 먼 바닷길의 안녕을 기원하며 손을 흔들기도 간혹 눈물을 훔치는 이들도 있다. 금정이 탄 배는 서풍에 밀리어 빠르게 신라로 나아갔다.

금정은 항구를 바라보며 그간 있었던 추억을 떠올려 보았다. 혹 유지인의 수양딸이 기다렸다는 이가 자신이 아닌지, 그 아가씨가 자신에게 애정 섞인 표현을 했을 때 금정은 스님의 도가 아니라며 거절은 했지만 그 뜻이 제대로 전달되었는지는 알 수 없다. 금정은 설사 그렇더라도 현실에서는 이루어질 수 없는 것이므로 어쩔 수 없다고 생각했다. 아가씨의 마음은 아가씨의 것이기 때문이다. 혹시 다음 생에서 스님이 아닌 일반 백성의 신분으로 만난다면 가능할지는 모르지만.

출발할 때에는 바람이 잔잔했는데 배가 먼 바다로 나가자 바람이 점점 거세어지고 풍랑이 일었다. 돛에 거센 바람을 잔뜩 품은 배는 파도에 흔들리며 더욱 빠르게 신라를 향해 나아갔다. 항구는 가물가물 멀어져 갔다. 그러더니 눈앞이 희뿌옇게 되며 모든 것이 사라지는가 싶더니 갑자기 시야가 버~얼건 노을로 바뀌면서 석탑이 보였다 사라졌다를 반복하더니 눈이 떠졌다.

금정은 책상에서 흐트러진 몸을 가다듬으며 잠에서 깨어났다. 꿈이 참으로 이상하였다. 자신이 신라의 스님이었다니.

중국학생들 오다

2007년 4월, 한 그룹의 중국학생들이 특유의 억양으로 시끌벅적하게 이야기를 나누며 수덕사를 관람하고 있다. 강의실에만 있지 않고 가까운 문화유적지들을 함께 여행하면서 막 한국에 온 중국학생들에게 한국문화를 소개하고, 부족한 소통의 문제를 해소하고 빨리 친근해지기 위해 황교수가 중국인 유학생 9명을 데리고 전통목조건축물 가운데 유일하게 백제양식을 간직한 고찰 수덕사를 방문한 것이다.

1992년 한중수교 이후, 중국에 불어 닥친 한류 영향인지 한국으로 유학 오는 학생이 최근 부쩍 늘었고, 중국 현지에서 학생을 모집하여 한국의 지방대학과 연결하는 소개인까지 있을 정도이다. 이러한 흐름에서 황교수의 학과 대학원에도 갑작스레 다수의 중국학생들이 유입되었다.

중국학생들이 한국으로 오는 만큼이나 한국에서도 거대시장 중국을 향한 열풍 역시 불고 있다. 학생들뿐 아니라 사회직장인들 사이에서도 '중국을 알자'라는 구호가 외쳐지고, 종교계도 예외가 될 수 없다.

부석사에 갓 부임해서 종무일을 보고 있는 금정도 몇 년 전 북경 근처에서 지내며 배웠던 중국어를 다시 공부하려고 가까운 대학교의 중국어학과에 입학하였다. 30대 후반의 나이에 어린 학생들과 함께 공부하는 것이 어색하지만 중국어 실력을 키우는 것이 최대의 과제이기에 다른 것은 신경 쓸 겨를이 없다. 금정은 1학년이지만 이미 중국어의 수준이 어느 정도 되므로 학과교수에게 부탁하여 가능하면 고학년 반에 가서 수업을 듣기로 했다.

그즈음, 부석사는 범종조성을 준비하고 있었다. 부석사에 자주 오는 박교수가 주지스님에게 미술이 전공인 황교수를 소개했다. 주지스님은 이전에 황교수가 누군지 궁금했었다. 황교수가 전통문화에 관심이 많아 고구려미술의 백미로 꼽히는 강서묘의 사신상을 역사상 최초로 입체로 재현하여 국립박물관에서 전시한 경력을 알고 어떤 사람인지 만나고 싶었기 때문이다.

주지스님과 황교수는 단순히 옛 양식을 답습하지 않고 새로운 양식으로 만든다는데 똑같은 의식을 가지고 있어서 쉽게 의기투합하여 범종 불사에 합의할 수 있었다. 황교수가 범종 불사를 위해 부석사를 드나들면서 부석사 종무일을 보는 금정과 자연스레 친해졌다.

"황교수님, 저도 교수님 학교의 1학년입니다. 잘 부탁드립니다."

"그래요? 무슨 과이십니까?"

"중국어학과입니다."

"요즘 다들 중국어, 중국어 하는데 스님들도 중국어에 관심이 많은

가 보지요?"

"저는 이전에 중국에서 얼마간 지낸 적이 있습니다. 그때 중국어를 조금 배웠는데 지금은 오래되어서 다시 시작하려 합니다."

"그러면 꽤 하시겠네요. 현지에서 생활한 경험이 있으면 이해가 빠를 것 아닙니까."

"꼭 그렇지는 않습니다. 너무 오랫동안 써먹지 않아서인지 다시 중국책을 펴보니 막막합니다."

"실은 저도 중국어 때문에 고민입니다."

"교수님도 중국어 배우실려고요?"

"아닙니다. 우리 학과 대학원에 갑자기 중국학생 9명이 유학을 왔는데 아직 의사소통이 원활하지 않아 고민입니다. 그래서 틈날 때마다 같이 문화유적지를 다니면서 답답한 기분을 풀고 가까워지려고 하지만 답답하기는 매 한가지입니다."

"고충이 많으시겠습니다. 저는 중국어학과 1학년에 등록은 했지만 옛날 가락이 있어서인지 이제 갓 중국어 발음을 시작한 학생들과 같이 수업을 하는 것은 시간낭비라는 생각이 듭니다. 그래서 가능하면 중국어로 대화할 수 있는 상대를 찾고 있습니다."

"그러면 스님이 저한테 와서 통역도 하고, 스님은 중국학생들과 대화할 수 있으면 서로 도움이 되겠네요."

"글쎄요. 아직 그런 생각을 해보지 않아서요."

"좀 도와주세요."

"실력은 많이 모자라지만 도움이 될 수 있는지 일단 한번 가서 보겠습니다. 무슨 요일이 좋습니까?"

"저는 월부터 금까지 학교에 있으니 편리하실 때 언제든지 환영입니다."

"마침 내일 오전에만 교양수업이 있으니 오후에 교수님 연구실로 가겠습니다."

"아! 감사합니다. 제가 맛있는 국수 대접하겠습니다."

멀리서 지켜보던 주지스님이 가까이 와서 말을 건넨다.

"두 분 무슨 대화를 그렇게 자미나게 하십니까?"

"저의 학과에 갑작스레 중국학생들이 많이 왔는데 의사소통에 애로사항이 많아서 금정스님에게 SOS를 구하고 있었습니다."

"금정스님이 과거에 중국어를 하긴 했는데 실력이 어느 정도인지는 모르겠습니다. 금정스님 자신 있으세요?"

"저도 중국어 대화 상대가 필요하니 일단 한번 부딪혀보겠습니다."

"금정스님 중국어 실력이 늘 수 있다면 좋은 일이네요. 시간을 너무 뺏기지는 마세요. 황교수님, 금정스님 맛있는 것 많이 사 드리세요."

"여부가 있습니까."

有緣千里來相會 인연이 있으면 천리를 와서 만난다

다음날, 금정은 황교수의 연구실에서 차를 한 잔 마시고는 같이 수업에 들어갔다. 이 수업은 동양전통문화에 관한 것인데 불교와도 연관이 많으므로 익숙하게 이해할 수 있는 과목이다. 강의실에 들어가기 전 금정은 약간 떨린다고 했다.

"여러분께 소개하겠습니다. 이분은 근처 부석사라는 절에 계시는 금정스님입니다."

학생들이 박수로 환영했다. 황교수는 금정에게 중국말로 인사하시라고 했다.

"따쟈하오, 젠다오 니먼 흔 까오싱, 워쟈오 찐징. 여러분 안녕하십니까. 만나서 반갑습니다. 나는 금정입니다."

그러자 학생들이 책상을 치며 크게 환호했다. 하지만 금정은 그 다음부터는 더듬거렸다. 갑자기 많은 중국인들 앞에 서니 말문이 막힌 것이다. 황교수가 난감해 하는 그를 보고 조금 지나면 익숙해질 것이니 그때 다시 해보자 하였다.

수업이 끝나고, 처음 만난 기념으로 함께 점심을 먹기로 했다. 황교수 차는 9인승이지만 꽉 끼어 타면 11명 모두 탈 수 있다. 가까운 시골 길이니 별로 불편하지도 않다.

"스님, 갑자기 학생들 얼굴을 보니 콱 막히지요."

"네, 정신이 하나도 없었어요."

"수업참가보다 시간이 되면 이렇게 학생들과 같이 견학이나 다니면서 자연스레 대화를 해보시는 것이 어떨까요?"

"그게 낫겠습니다."

약 10분 거리에 있는 칼국수 집에 도착했다. 입구에 들어가니 후덕하게 생긴 주인이 반갑게 맞았다.

"교수님 오셨어요? 대 부대를 이끌고 오셨네요."

"네, 우리 학과 중국학생들입니다. 이 식당의 신선한 해산물을 가득 넣은 해물칼국수를 중국학생들에게 맛보이고 싶어서요. 맛있게 해주세요."

"걱정마세요. 인원이 많으니 방을 따로 드릴까요?"

"빈방이 있으면 부탁합니다."

주인은 마루가 딸린 옛날 시골집을 약간 개조한 식당 별실로 안내했다. 시골스러운 정감이 있는 방안 분위기를 다들 좋아했다. 앉은뱅이 식탁 양쪽으로 자리를 잡고 앉았다.

"이분은 금정스님입니다. 스님, 중국말로 다시 인사해주세요."

"니먼 하오, 워 쟈오 진징, 젠다오 니먼 흔 까오싱, 깡차이 상커더 스허우 워 페이챵 진장 수어이 워 수어드 쩐더 뿌하오, 워 시왕 통궈 허 니먼 쟈오료우 티까오 워더 한위 수웨이핑, 칭빵워이샤 워예 잉까이 방주 니먼, 워 쥐에드 워먼 이딩 여우 위엔펀 워 찌주 쭝구어 라오화 여우위엔 치엔리 라이 샹회이, 쎼쎼 안녕하세요. 나는 금정입니다. 아까는 너무 긴장해서 내 말이 너무 좋지가 않았습니다. 여러분들과 대화하면서 나의 중국어 실력을 높이면 좋겠습니다. 도와주세요, 나도 여러분들을 돕겠습니다. 내 생각에 우리는 인연이 있는 것 같습니다. 중국 옛말에 '인연이 있으면 천리를 와서 서로 만나게 된다'라는 말이 있지요. 감사합니다."

"닌쩐빵 훌륭해요! 닌쩐빵!"

중국학생들은 금정의 인사어 박수를 치며 환호했다. 황교수는 중국학생들에게 한 명씩 돌아가며 한국어로 인사를 하게 했다.

"안녀하세요. 저는 석문정입니다. 중국 호북성 무한에서 와씁니다."

"안녕하쎄요. 저는 왕현입니다. 중국 안휘성 합비에서 와씁니다. 만나서 반가씁니다."

"안녕하세요. 저는 왕후란입니다. 중국 안휘성에서 와씁니다. 만나서 반가습니다. 우리 중국에 놀러오세요."

"안여하세요. 저는 동비입니다."

"안녕하세요. 저는 유향입니다. 중국 무한에서 왔습니다. 만나서 반갑습니다. 스님, 인상이 너무 좋아요."

그리고 이문, 두아란, 진철, 류찬 등 9명이 약간 서툴지만 한국어로 인사를 했다. 석문정, 이문, 동비는 남학생이고 나머지는 여학생이다.

황교수가 중국학생들에게 궁금한 점이 있으면 금정에게 물어보라고 했지만 학생들은 무슨 질문을 해야 할지 머뭇거렸다. 그래서 황교수와 금정은 범종 불사에 대해 이야기하고, 중국학생들은 자기네들끼리 중국말로 대화를 한다. 금정은 귀를 쫑긋하니 이들의 대화를 알아듣는 것 같은데 황교수는 도무지 무슨 말인지 못 알아듣는 눈치다.

"에이! 무슨 말을 하는지 도통 못 알아듣겠으니 나 원."

"황교수님, 아까는 오래간만에 중국사람을 마주해서 당황스러웠지만, 이들을 보니 오래전 중국에서 공부한 기억이 떠오르네요. 공부하던 시내 사찰에서 만났던 아가씨, 아주머니, 아저씨, 꼬마스님 등. 그리고 학생들에게서 나는 꼬릿꼬릿한 중국인 특유의 채취가 그리 싫지만은 않습니다."

칼국수 집에서 식사를 마친 황교수는 학교로 돌아가는 대신 추사고택으로 차를 돌렸다. 추사 김정희는 서예의 최고봉에 올랐다고 한국이 자랑하는 인물이고 그의 글씨 수준을 중국학생들도 보면 감탄하리라고 생각했다. 황교수는 추사고택으로 가면서 조수석에 석문정을 앉게 하고 금정은 뒷좌석 중국학생들과 앉아서 대화를 하게 했다. 유향이 금정에게 바짝 다가가면서 말을 했다.

"스님, 잘 생겼어요."

" ...... "

"언제 스님이 되었어요?"

" ...... "

"혹시 이전에 애인 없었어요?"

" ...... "

"야! 유향, 스님에게 왜 그런 걸 물어보니? 스님들에게 그런 것 물어보면 실례야." 황교수가 소리치니 유향은 헤헤 하고 웃었다.

추사고택지에 도착한 일행은 먼저 추사의 무덤에 예를 올리고 고택으로 들어갔다. 집안의 기둥마다 추사체로 쓴 한시가 걸려있다. 황교수는 중국인들이니 당연히 잘 이해하고 흥미로워 할 것이라고 예상했다. 그가 좋아하는 且呼明月成三友 밝은 달을 불러 세 벗을 이루고와 같은 멋진 구절을 자랑했지만 학생들은 고개만 끄덕일 뿐 무덤덤하다. 황교수가 의아해 하니 금정이 설명해주었다. 중국사람들은 옛날부터 붓을 다루는 재주가 빼어나 그 능력을 주체하지 못해 글씨가 휘날리는 형태를 많이 보이는데 추사체와 같은 극도로 탈속하고 자중한 글씨는 그들의 정서에는 맞지 않을 수 있다. 지금의 중국인은 공산주의를 거치면서 옛날 중국사람들과는 사상도 많이 달라졌고, 그리고 실생활에서 정자체인 번체보다는 약화한 간체를 주로 쓰다 보니 한국의 정자체 한자문화가 오히려 낯설 수도 있다. 그제야 황교수는 "아! 그래서 중국학생들이 추사의 멋진 시를 보고서도 무덤덤했네요. 저 정도의 한시는 중국에는 널렸으니 그냥 보통이겠네요."

황교수가 금정과 고택의 뒤뜰을 돌아 대문 옆 매화나무로 가려는데 매화나무 밑에서 유향이 배시시 웃고 있었다. 금정이 눈을 찡그리며 유향을 쳐다본다.

"눈에 뭐가 들어갔어요?"

"아니요. 저기 저 여학생 옷차림이 상당히 중국 전통의 느낌이 들어서요."

"네? 그냥 청바지하고 초록색 바탕에 빨간색 꽃무늬가 있는 셔츠 위에 소매가 없는 흰색 자켓을 걸쳤는데요."

"아닙니다. 상당히 전통적인걸요."

"헛참! 스님 자세히 보세요."

"아, 그렇군요. 제가 잠시 착각했나 봅니다."

"스님 눈에 뭐가 잠깐 들어간 것 같아요."

"아, 어제 잠을 설쳐서 그런 것 같습니다."

금정의 눈에 매화나무 아래에 서 있는 유향의 모습이 고택의 분위기 때문인지 중국 전통의상을 입은 여인으로 보였나 보다. 유향이 서 있는 매화나무에는 매화꽃이 활짝 피어있다.

"경치 어때?" 황교수가 유향에게 물으니,

"파스, 젠다오닌 흔까오싱 스님 만나서 반가워요." 유향은 금정을 보고 인사했다.

2. 중국학생들, 한국문화를 탐방하다

유향은 상추에 밥을 싸더니 갑자기 금정의 입에 갖다 대었다.
금정은 깜짝 놀라 어쩔 줄 몰라 했다. "아, 아, 아닙니다. 괜찮습니다."

개심사

4월 마지막 주, 황교수는 학생들과 수업 후의 일정을 개심사로 잡았다. 일년 중 4월 말이 개심사의 매화가 가장 좋아서 사람들이 많이 찾기 때문이다. 충청도에서는 춘개심春開心 추마곡秋麻谷이라 하여 가을풍광은 마곡사가 제일이요, 봄의 정취는 개심사를 으뜸으로 꼽는다.

일행은 수업을 마치고 서둘러 개심사로 향했다. 산속에 위치한 개심사는 이제야 벚꽃이 한창이지만 지나는 도로 옆의 벚나무에는 이미 꽃잎이 거의 다 떨어졌다. 개심사 주차장 옆, 상점과 노점상에서는 도토리묵이나 산나물들을 팔고 있다. 황교수가 상점에 가서 엿을 사와 나누어 주었다.

"엿 먹어라!" 크게 말하면서 나누어 주었다.

"감사합니다."

"타 수어더 수아 니먼더, 이스 지오스 카이완샤오 교수님의 말은 사람을 놀리는 유머입니다." 금정이 통역하니 중국학생들이 바로 대답했다.

"황교수님도 엿 드세요."

개심사는 특별히 꾸며서 아름다운 것이 아니다. 개심사로 오르는 계곡 입구에서 오는 사람들에게 세상의 번뇌를 내려놓고 가라고 써놓은 세심동洗心洞의 의미를 마음에 새기면 절 입구 우거진 소나무들이 다른 곳에 비해 왠지 진한 솔향을 선사한다. 스님들이 가꾸는 절 앞의 채마밭엔 언제나 채소들이 자라고, 우물 옆 창고는 대충 돌을 쌓아 만들었는데도 주위의 오래된 왕벚나무들과 잘 어울린다. 종각을 지나 경내에 들어가면 작은 돌탑에서 탈속을 느끼고, 요사체 기둥으로 쓰인 나무기둥의 몹시 삐뚤거리는 모습에서 한국인이 자연미를 얼마나 잘 이용하는지를 보여주고 있다. 무엇보다 이러한 아름다운 것들이 팔을 벌리면 몽땅 품안에 쏘옥 들어올 정도의 아담한 공간에 아기자기하게 자리하고 있어서 그럴지도 모른다.

개심사의 벚꽃은 정말로 사람을 감동시킨다. 절 입구에서 가장 먼저 사람들을 맞는, 이제는 늙어서 다 죽어가는 왕벚나무의 오래된 모습은 얼굴에 검버섯이 가득 핀 노스님마냥 초월한 자태로 사람을 감동시킨다. 몇 계단을 내려가 담벼락에 붙어있는 우물과 채마밭 사이로 이어지는 길 위에 떨어진 수없이 많은 꽃잎들을 밟으니 마치 다른 세상에 온 것 같은 감동을 준다. 학생들은 다함께, 각자, 다시 다함께 '연신 예쁘다!'를 외치며 사진 찍기에 바쁘다.

이문은 류찬이 마음에 드는지 계속 졸졸 따라다닌다. 류찬도 처음엔 밀치더니 이내 이문과 단둘이 활짝 웃으며 사진을 찍었다. 절 앞 연못을 가로질러 놓인 외나무다리를 황교수가 먼저 두 팔을 앞으로 쭉 내밀고 중국귀신 강시의 자세로 뛰어 건너자 석문정, 이문, 동비가 똑같은 자세로 따라서 건넜다. 모두가 크게 웃었다. 금정은 스님의 체면 때문인지 차마 그렇게 하지 못했다.

즐겁게 놀다보니 출출해졌다. 유향이 절 바로 앞에서 좌판을 펼친 할머니에게서 팥고물이 잔뜩 묻은 떡을 사서 황교수에게는 하나, 금정에게는 두 개를 주었다. 황교수가 질투를 보내자 유향은 헤헤 하고 웃었다. 금정이 황교수에게 나누어 주었지만, "됐네요, 스님이나 많이 드세요."

천장암 · 간월암 · 안면도

5월에 들어서자 4월의 변덕스럽던 날씨가 줄어들고 짙어진 초록은 이미 여름이다. 황교수는 수업이 없는 날, 하루 일정으로 천장암, 간월암, 안면도 순서로 한국문화탐방 계획을 잡았다.

천장암은 수덕사 문중이 한국 선불교의 본맥을 이어가는데 가장 중요한 곳 중 하나이다. 좁고 가파른 산길을 차로 오르고, 하늘이 감추어 놓았다는 암자의 이름처럼 큰 바위 뒤에 숨은 천장암에 도착했다. 먼저 황교수가 학생들에게 천장암에 대해 간단히 설명했다.

"이 근처에서 중요한 사찰 3곳이 있는데 수덕사, 개심사, 천장암이다. 수덕사와 개심사는 이미 가 보았고 이제 천장암에 왔다. 이런 말이 있다. 수덕사는 관광버스로 떼거지로 몰려가는 곳이고, 개심사는 꽃이 예뻐서 연인과 둘이서 가는 곳이고, 천장암은 수행해서 깨달음을 구하는 곳이기 때문에 혼자 오는 곳이다."

이어서 금정이 덧붙여 설명했다.

"이곳은 수덕사 문중에서 가장 중요한 세 분의 큰스님, 경허鏡虛, 만공滿空, 수월水月이 거처간 곳입니다. 경허선사는 아무도 상대하지 않는 문둥병을 앓는 여인과 잠자리를 해서 그 여인에게 여인으로서의 존재를 느끼게 할 정도로 무애행을 했으며, 어느 날 제자인 젊은 만공스님이 짐을 지고 가는 것을 힘들어하자 짐짓 지나는 여인의 가슴을 만져 그 여인의 가족과 마을사람들이 이들을 잡아 죽이려고 달려들자 부리나케 도망함으로써 만공에게 '도를 추구함이 이와 같이 절박하면 힘든 줄 모른다'라는 것을 일깨워 주었다는 일화가 있어요. 그 만공스님은 나중에 세계일화世界—花라는 화엄사상의 극치를 설파하게 됩니다. 수월스님은 얼마나 법력이 높았는지 그가 어느 날 부엌에서 일을 하는데 몸에서 방광放光이 일어나 산 밑 마을사람들이 불이난 줄 알았다고 했을 정도입니다."

금정은 경허의 선시와 만공의 오도송을 학생들에게 들려주었다. 필요하면 한자를 써가며 설명을 하니 중국학생들은 고개를 끄덕이며 들었다.

世與靑山何者是 속세나 청산이 어찌 다름이 있으리오

春城無處不開花 봄이면 성 안에 꽃 안 피는 곳이 있겠는가

傍人若問惺牛事 누군가 깨달은 소의 일을 묻는다면

石女心中劫外歌 돌계집 마음속 바깥노래로 어수선하다 하리라

空山理氣古今外 빈 산 이와 기는 고금 밖이요

白雲淸風自去來 흰 구름 밝은 바람 스스로 오가는데

何事達摩越西天 무슨 일로 달마는 서천을 넘었는고

蘆鳴丑時寅日出 새벽에 닭 우니 밝은 해 솟는다

그리고 이곳 천장암에서 깨달음을 얻고 중국 만주로 건너간 수월에 관한 이야기를 들려주었다. 수월은 일제의 침탈에 쫓겨 만주로 간 동포들을 따라가서 잠도 자지 않고 짚신을 삼고 주먹밥을 만들어서 사람들에게 나누어 주었다. 어느 날 작은 체구의 수월스님이 길거리 한복판에 주장자를 들고 서 있는데 수십 마리의 사나운 개들이 달려들었다. 스님이 그 개들에게 법문을 하니 개들은 오히려 큰 귀들을 쫑긋거리면서 듣고 있었다. 이렇게 수월스님은 동물에게도 자비행을 할 수 있을 정도로 진실한 깨달음을 얻었다고 했다.

금정은 마지막으로 '중이 시주 것을 먹고 방일放逸하면 죽어 소가 되어도 콧구멍 없는 소가 된다牛無鼻孔處'라는 것에서 크게 깨친 경허의 경험을 소개하며, 선불교가 깨달음과 함께 얼마나 실천을 중요시하는지를 강조하였다.

忽聞人語無鼻孔 홀연히 콧구멍이 없다는 소리를 듣고
頓覺三千是我家 문득 온 우주가 나의 집임을 깨달았네

천장암에서 시간이 지체되어 일행은 바쁘게 간월도로 향했다. 간월도 가는 길에 폐유조선을 이용해 바닷물을 막고 건설한 방조제를 설명하며 간월암看月庵에 닿았다. 조선 건국자 이성계의 왕사였던 무학대사가 이곳에서 수면에 비친 달을 보고 깨달음을 얻었다 하여 간월암이라 이름 붙여진 이야기를 하고 간단하게 경내를 관람하고 안면도로 향했다.

안면도의 한적한 두여해수욕장에 닿았다. 조금만 더 가면 꽃박람회로 유명한 꽃지해수욕장이지만 황교수가 그곳보다는 인적이 없는 이곳을 고른 것이다. 두여해수욕장은 주변에 인가가 보이지 않아 자연 그대로의 안면도 바닷가를 즐길 수 있는 곳이다.

　해수욕장 모래사장으로 내려가는 입구에는 소나무가 한 그루 호젓이 서 있다. 일행이 차에서 내리자 상큼한 해풍이 이들을 맞았다. 학생들은 내리자마자 와! 하고 외치며 백사장으로 달려갔고, 금정과 황교수는 천천히 이들을 따라 갔다. 어떤 학생들은 재빠르게 신발과 양말을 벗고 바닷물에 발을 적시고 있었고, 어떤 학생들은 아무런 흔적이 없는 모래 위에 막대기로 자신의 이름을 크게 새기고 있었다. 이문은 모래위에 이문과 류찬의 이름을 쓰고 하트표시를 그린다. 이들의 사이를 모두 알고 있는지 아무도 놀라지 않는다. 이런 행위는 내륙에서 생활하는 사람들이 바닷가에 오면 누구나 하는 행동이다. 무한과 합비는 중국내륙의 깊숙한 곳에 있어서 바다를 보기가 무척 어렵다. 어쩌면 이번에 생전 처음 바다에 나온 학생도 있을 것이다. 황교수가 학생들을 불러 모았다.

　"여기서 직선으로 몇백 킬로만 가면 여러분 고향 중국이다. 옛날 여기서 새벽이면 중국 산동에서 닭 우는 소리가 들렸다 할 정도로 가까운 거리이다."

　"그래요?"

　"그럼, 다 같이 중국을 향하여 크게 소리쳐 봐!"

　그러자 학생들은 일제히 서쪽 바다 위를 향하여 소리쳤다.

　"마~마~, 빠~빠~"

　따뜻한 햇살을 타고 솜처럼 부드러운 하늬바람이 불어와 기분을 좋게 해주었다. 학생들은 모두 신발을 벗어던지고 모래 위를 뛰어다니면서 혹여 이곳을 기억에서 잊어버릴까봐 틈만 나면 몇 명씩 조를 이뤄서 사진을 찍고 또 찍었다. 금정과 황교수도 어쩔 수 없이 함께 어울려 사진을 찍었다.

얼마나 시간이 흘렀는지, 해는 서쪽 바다 위 구름 속으로 서서히 떨어지는가 싶더니 이내 붉은 기운을 구름 밖으로 토해내며 노을 속으로 빨려 들어갔다. 일행은 서쪽을 향해 일렬로 서서 이 광경을 지켜보았다. 황교수는 노을의 아름다움을, 중국학생들은 고향을 생각했을 것이고, 금정은 아미타불의 서방정토를 염원했을 것이다.

"오늘 여행 어땠어?"

"너무 좋았어요."

"이제 시간도 늦었으니 가자. 어디 가서 저녁을 먹어야겠는데 무얼 먹지. 스님 뭐 드시고 싶어요?" 황교수가 물었다.

"저는 상관치 마세요. 고깃집에 가도 저는 채소를 골라 먹으면 됩니다."

"학생들은 무엇을 먹고 싶어?"

"어디든지 좋아요. 오늘은 저희들이 사겠습니다."

"그럼, 좀 비싼 것도 괜찮아?"

"괜찮습니다."

부석사로 가는 길에 유명한 냉면집에 가서 냉면과 고기를 시켜 먹고, 금정을 부석사까지 태워다주었다. 부석사에 도착했을 날이 많이 어두워졌다. 그래서 차 한 잔도 못하고 헤어졌다.

황교수는 이렇게 중국학생들과 여행을 하면서 수업시간에 주지 못하는 것들을 학생들에게 챙겨주고 있었다. 하지만 황교수는 중국어를 하지 못해서 중국유학생들과 의사소통하는데 애를 먹고 있다. 떠듬거리지만 중국어를 구사할 수 있는 금정이 가뭄에 단비같이 고맙다. 그래서 이후 서울과 대전에서 열리는 중요한 전시회를 보러 갈 때도, 심지어 멀리 광주의 비엔날레에도 금정을 초대했다. 금정은 처음에는 중국말이 서툴렀지만 갈수록 용기가 생기는지 가능하면 중국어를 구사하려고 노력하였다.

서울구경

　몇 번의 여행을 같이 다니고 나니 학생들은 황교수가 친근한지 자주 연구실을 찾아왔다. 어느 날 류찬이 황교수에게 말했다.
　"교수님, 다른 곳에도 가보고 싶어요."
　"어디?"
　"제주도도 가보고 싶고, 무엇보다 서울에 가보고 싶어요?"
　"아직 서울에 가보지 않았어?" 황교수가 의아한 듯 물었다.
　"아직은 우리끼리 다니기에는 조금 위험한 것 같아서요."
　"버스타면 금방인데."
　"어떻게 안 될까요? 꼭 가보고 싶은데."
　"생각해보자. 그런데 내차 정원이 9명인데, 어떡하지?"
　"출발할 때 가서 상황을 보겠습니다."
　"언제가 좋을까? 아예 다음 주 수업을 서울에서 현장학습으로 할까?"
　"좋아요."
　"친구들에게 다음 주 서울에서 수업한다고 알리고, 가는 김에 디자인 수업의 자료도 수집해야 하니 카메라는 꼭 챙기도록."

"네, 알겠습니다.

출발당일 아침 7시쯤, 중국학생들이 서울에 가기 위해 모였다. 모두들 서울이 처음인지 얼굴에 기대감으로 가득 찼다. 그런데 석문정이 보이지 않는다.

"석문정이 보이지 않네."

"석문정 아저씨는 오늘 가지 않겠다고 합니다."

"왜?"

"지난번 우리들이 서울에 가는 것 이야기하면서 교수님 차의 정원 때문에 토론을 했는데, 석문정 아저씨는 다음에 가면된다고 우리들끼리 다녀오라고 했습니다."

"그래, 나이가 있어서 그런지 참 배려심이 많구나. 알았다, 출발하자."

"오늘 어디어디 갑니까?"

"어디 보고 싶어?"

"명동, 동대문, 경복궁, 인사동, 롯데월드, 이화여대, 홍대입구 그리고…"

"롯데월드는 다음에 너희들끼리 가서 놀고 나머지는 최대한 빨리 돌아보자. 아, 그리고 서울 가는 길에 나는 모교에 들러서 누구를 잠깐 만나야 하는데."

"어느 학교입니까?"

"서울대, 아는 학교야?"

"네, 한국에서 제일 좋은 학교라던데요. 교수님은 공부를 잘 하셨나봐요"

"예외도 있어요."

오전 일찍 서울대 미대에 도착했다. 황교수는 모교 교수로 재직하는 친구에게 가서 수업에 대한 자료를 건네받기로 했다. 친구는 중국 유학생들을 보고 놀라는 눈치다. 서울대도 청화대를 비롯하여 여러 중국학교와 교류를 하지만 이렇게 많은 중국학생들이 유학 온 적은 없기 때문이다.

"안녕하세요. 다들 한국말은 잘 하십니까?"

"열심히 하고 있습니다." 유향이 먼저 대답했다.

"참 예쁘게 생겼네요."

"아닙니다." 유향이 수줍어했다.

"저기 남학생, 한국말 잘해요?" 이문을 가리키면서 물었다.

"조금만 할 수 있어요." 이문이 답했다.

"수업은 잘 알아들어요?"

"어이 친구! 그만해, 많이 알면 다쳐. 아직 한국에 온지 얼마 되지도 않았어. 자네는 예전에 유학 갔을 때 가자마자 외국어 잘했어?"

"어떻게 가자마자 잘 할 수가 있어. 한참 걸렸지."

"이 학생들도 마찬가지야. 더 이상 묻지마."

"알았다. 자네 많이 힘들겠다."

5월, 라일락 향이 넘치는 대학가는 한창 활기가 넘칠 때이다. 지나는 학생들의 옷차림도 화사하고, 세계 여러 나라에서 유학생들이 많이 온 듯 외국인들도 많이 보이는데 벤치에 앉아서든, 길을 걸어 가면서든 한국학생들과 영어로 활발한 대화를 벌인다. 중국학생들은 익숙하지 않은 표정들이다. 자기들은 아직 한국어가 서툰데 저렇게 자유롭게 외국어를 구사할 수 있으니 부러운가 보다.

다음으로 중국에서도 한국젊은이들의 문화거리로 유명한 홍대입구로 갔다. 미술분야에서 유명한 홍익대도 둘러볼 수가 있다. 낮에 보는 홍대입구는 여기가 그 유뗘한 홍대입구인가라는 것이 무색하다. 기껏 기념품가게, 옷가게, 찻집들, 여느 거리와 차이가 없는 보통의 풍경이다.

　"교수님, 여기가 홍대입구 맞아요?"

　"응, 맞아."

　"그런데 왜 이리 시시해요?"

　"응? 뭐가 시시해?"

　"젊은이들의 거리로 유명해서 온갖 젊은 문화가 가득할 줄 알았는데 아무것도 없어요."

　"하하, 여기 문화는 밤에 클럽에서 이루어지는데, 주로 음악하는 사람들의 무대야. 아직 오전이니 아무것도 없어. 내가 대학생 때에는 미술학원이 이곳의 주요 산업이었는데, 언제부턴가 음악하는 사람들이 이곳 클럽들에서 연주활동을 하기 시작하면서 홍대문화라는 것이 생겼어. 대중음악이지만 순수음악을 추구한다고 해서 인디밴드라고 하는데 내가 보기에 이미 상업화가 진행되었어. 유흥문화로 변질되었다고 할까? 직접 들어가 보진 않았는데 남녀가 뒤섞여 서로 몸을 부비고 춤을 추면서 쾌락을 추구하는 것 같아."

　"아! 그래서 그렇구나. 그러면 오늘 밤에 우리 같이 여기 올 수 있어요?" 이문이 류찬의 어깨를 감싸며 말한다.

　"안돼."

　"왜요?"

　"나같이 나이든 사람은 물 흐린다고 출입금지야."

"물을 흐리다니요?"

"무슨 뜻인지 몰라?"

"모릅니다."

"중국에서 너희 젊은이들이 노는데 배가 나온 아저씨들이 가면 좋아?"

"절대로 안돼요. 오 마이 갓입니다." 진철이 펄쩍 뛴다.

"저도 할머니라고 못가요." 왕현이 말했다.

홍익대로 들어갔다. 아까 본 서울대에 비해 엄청나게 작다. 그런데 미술분야가 유명한 학교이어서인지 지나는 학생들의 옷이 더 화려한 듯하다. 건물에 들어가서 학생들이 활동하고 있는 것을 보니 서울대와 별반 차이가 없다.

"교수님, 서울대하고 홍익대는 어떻게 차이가 나요?"

"수업의 내용이야 다 비슷해. 그리고 지금은 작품들이 완성된 단계가 아니어서 구분하기도 어렵고. 학기말 과제전에 가야만 완성작들을 볼 수 있어. 개인의 차이가 있지 학교의 차이는 아니야."

"맞습니다. 학생의 차이이지 학교의 차이는 아닙니다." 대학에서 선생님을 하는 왕현이 이해한다는 듯이 말한다.

경복궁으로 향했다. 한국의 고건축물 중 가장 화려한 곳이니 볼거리가 있는 대표적인 왕궁이다. 광화문 안쪽 홍례문興禮門을 지키는 옛 복식을 한 사람들이 창을 꽂아들고 근엄하게 서 있다. 진철이 옆에 가서 은근히 놀리는 눈치를 주어도 미동도 않는다. 한국의 대표 유적임을 증명하듯 외국인들이 많다. 단체로 관광 온 중국인들도 보이고, 대만인 관광객들도 많이 보인다. 규모가 생각보다 크지 않다. 급한 걸음으로 둘러보니 한 시간도 걸리지 않았다.

"교수님, 왕궁이 크지 않네요. 북경의 고궁은 규모가 엄청 큰데요."

"원래는 이것보다 훨씬 컸어요. 그런데 일본사람들이 한국사람들의 정신을 말살한다고 많은 왕궁건물을 부수고 일본식 건물을 지었어요."

"일본은 한국에서나 중국에서나 못된 짓 많이 했군요." 동비가 분개하듯 말했다.

"참 이해하기 힘든 사람들입니다."

"교수님, 그런데 한국의 단청은 중국하고 많이 다르네요?" 유향이 질문했다.

"응, 나도 잘 모르는 분야인데. 원래는 한국과 중국의 문화변화과정이 서로 유사성을 가지고 발달해왔어. 그런데 명이 망한 후에도 조선왕조는 중국 명나라와 의리를 중시하고, 청나라는 오랑캐라 하여 관계를 멀리하려 했어. 그래서 청나라로부터 무척 피해를 입었었는데도, 명분을 중시한 조선은 청의 문화를 수용하기 보다는 차라리 조선의 독자적인 문화양식을 추구하게 돼."

"중국에서 청제국이 문화를 꽃피울 때도 조선은 변하지 않은 것이네요."

"아니, 북학北學이라 하여 이미 없어진 명과의 명분을 버리고, 현실을 직시하여 청의 문화를 받아들이자는 사람들도 있었는데 제대로 발전시키지 못했지."

"교수님은 한국의 단청문양에 대해서 조예가 깊으신 것 같은데 좀 가르쳐 주세요."

"나는 더 이상은 몰라. 나중에 금정스님에게 물어봐. 절에서는 단청을 많이 장식하니 스님은 잘 알지도 모르겠다."

"알겠습니다."

인사동으로 갔다. 이 지역 주차비가 비싸서 황교수는 친분이 있는 화랑의 주차장에 주차를 했다. 인사동의 중심거리는 인파로 바글바글하다. 외국인들도 많다.

"교수님, 저는 상품포장에 대해서 관심이 많습니다. 인사동은 한국의 전통문화거리라고 알고 있습니다. 한국적 특색이 무엇인지 알고 싶습니다." 진철이 카메라의 렌즈를 열어 사진 찍을 준비를 하고 질문했다.

"예전에는 이곳이 한국미술문화의 중심이었는데 지금은 꼭 그렇게 볼 수 없어. 진철이 실망할지도 모르겠다. 기념품의 상당수가 너희 중국 짝퉁이야. 알지?"

"중국사람들은 인건비가 싸고, 솜씨가 좋아서 모방을 잘합니다. 그렇지만 모방은 창조의 어머니이지 않습니까? 지금은 중국제품이 싸구려 취급을 받지만 꼭 최고 일류상품이 될 것입니다. 일류 중국은 중국인이 만듭니다. 외국에서 인정받아야 하는 한국하고는 다릅니다." 류찬이 약간 흥분한 듯 말했다.

"나도 그렇게 되기를 바란다." 황교수가 달래는 투로 답했다.

길옆 두어 곳의 기념품 가게에 들러 디자인 자료를 수집하던 진철이 이내 카메라를 주머니에 넣었다.

"왜, 벌써 다 찍었어?"

"아닙니다. 교수님 말씀처럼 다 비슷비슷 하고 정말로 중국물건이 너무 많습니다."

"실망했지?"

"조금요."

"이곳에 원래 있던 화랑들은 지금 다른 곳으로 많이 옮겼어. 인사동이 너무 상업화되어서 예술가들이 별로 안 좋아해."

이문은 류찬과 계속 팔짱을 끼고 다닌다.

"이문하고 류찬, 눈꼴시럽다."

"눈꼴시럽다가 무슨 뜻인가요?" 두아란이 묻는다.

"질투가 난다는 뜻이야." 유향이 답했다.

인사동에서 명동까지는 걸어갔다. 황교수는 종로대로를 지나면서 학생들에게 디자인 수업자료를 위해서 유심히 보라고 했다.

"여기서부터 명동까지 가면서 눈에 보이는 건물, 간판, 상표 등 조금 특이한 것은 모두 사진 찍어서 과제의 자료로 활용하도록."

"알겠습니다. 여기가 한국에서 가장 첨단 유행의 거리입니까?" 왕후란이 물었다.

"꼭 그건 것은 아니야. 지금은 서울의 중심문화가 돈을 따라서 강남으로 많이 옮겨갔지만 그래도 이곳에서부터 명동까지는 한국 현대문화의 전통이 깊은 곳이야."

일행은 주위에 있는 것들을 유심히 보면서 걸어갔다. 그러다 특징 있는 간판이나 글씨들이 보이면 사진을 찍기도 하고, 청계천에 가서는 도심에 깊게 파인 초현대식 하천이 신기한 듯 사진을 많이 찍었다. 명동에 도착했다.

"여기가 유명한 명동이다. 어때 화려하지?"

"우리 무한의 장안로보다 작은 것 같습니다." 진철이 말했다.

"나는 무한에 가보지 않아서 모르겠다. 그래도 여기는 세계적으로 유명한 최신 유행의 도시인데."

"문화를 겉모습만 보고 판단할 수 없어요. 하나하나 자세히 봐야합니다." 왕현이 안목이 있는 듯 말한다.

"맞아요. 왕선생님 정말 안목이 있어요." 황교수가 왕현을 칭찬했다.

"교수님, 화장품 가게에 가요." 진철이 말했다.

"그래요. 화장품 가게에 가요." 유향, 류찬, 왕후란도 따라서 말한다.

"하여간 여자들이란." 이문, 동비가 투덜거린다. 왕현과 두아란은 화장품에는 별 관심이 없는 듯 아무런 반응이 없다.

"알았어. 널린 것이 화장품 상점이니 마음껏 가봐."

유향, 류찬, 진철, 왕후란은 황교수의 허락이 떨어지자마자 쇼윈도우가 예쁜 화장품 가게에 가서 금방 종이백 가득 화장품을 사가지고 왔다.

명동의 백화점들도 들렀다. 아무리 빠른 걸음으로 돌아다녀도 이미 저녁이 되었다. 다리도 많이 아프다. 동대문 의류빌딩은 다음에 학생들끼리 오기로 하고 차를 주차해둔 곳으로 피곤한 다리를 끌다시피 걸어갔다.

차를 주차한 곳은 조계사의 맞은편을 통과해야 된다. 조계사에는 총무원이 있어서 항상 스님들이 많다. 조계사 앞에서 골목으로 들어가려는데 황교수의 눈에 어디서 많이 본 듯한 스님이 도반들과 어울려 가고 있다. 금정이다. 와락 반가움이 앞선다.

"금정스님!"

"어쩐 일로 이렇게 모두들 같이 왔어요?"

"학생들이 서울구경하고 싶다고 해서 현장수업 삼아 왔습니다. 스님은 어떻게 오셨어요?"

"총무원에 왔다가 도반들하고 식사하고 가는 길입니다."

"스님, 여기서 만나니 반갑습니다." 유향이 제일 먼저 인사하고, 나머지 학생들도 반갑게 인사했다.

"스님, 인연이 있으니 이렇게도 만나네요."

"그러게요. 식사들은 했습니까?"

"아직요. 요앞 곰탕집에 가서 곰탕이나 한 그릇씩 하고 학교로 갈랍니다."

"그러세요. 다들 오늘 재미있었어요?"

"네! 스님, 교수님 덕분에 서울을 많이 보았습니다."

"그럼, 밤길 운전 조심하세요. 저는 도반들과 약속이 있어서 먼저 가겠습니다."

조별과제

야외에서의 수업은 어떻게든 즐겁게 보낼 수가 있으나, 강의실에서 교재를 정하고 학생들과 읽고 토론하면서 진도를 나가는 수업은 상황에 따라서 난감할 때도 있다. 아직 학생들의 한국어 문장 이해력이 부족하여 꽉 막힐 때도 있다. 황교수는 수업진행의 효과를 높이기 위해서 학생들에게 조를 편성하여 공동의 과제를 부과하였다. 문화와 관계된 자유주제를 정하여 이를 수업의 방향에 맞게 재구성하는 과제인데 지난번 서울에서 수집한 자료를 최대한 활용하도록 했다. 서울의 문화현상은 한국문화를 대표할 수 있기 때문이다. 이 과제는 나중에 졸업논문의 주제로도 활용 가능한 것이다. 왕현은 '중국과 한국의 교통신호체계의 비교를 통한 문화의 차이', 류찬은 '중국과 한국의 교육과정의 비교', 진철은 '한국과 중국의 상품포장용기의 비교', 유향은 '중국과 한국의 불교문양의 비교'를 연구하겠다고 하였다.

황교수는 아직 한국어가 부족한 학생들이 혼자서 과제를 완성하기는 어렵다는 것을 알기에 친하게 지내는 한국친구가 있으면 도움을 받아서 과제를 완성해도 좋다고 했다. 류찬의 한중교육과정 비교는 학교교육과정에 관심이 많은 황교수 자신이 직접 도와주기로 했으며, 유향의 불교문양에 관한 연구는 금정에게 도와달라고 했다. 금정이 중국어 의사소통도 가능하고 사찰문화에도 정통하다고 판단한 것이다. 금정은 불교문양에 대해 깊이 공부하지는 않았지만 불사를 하면서 부처님 장엄에 대한 공부를 한 적이 있다며 흔쾌히 승낙을 하였다.

유향은 과제수행을 도와주기로 한 금정에게 고맙다는 의미에서 식사를 대접하고 싶다고 했다. 금정은 손사래를 쳤지만 유향이 워낙 강하게 요구하는지라 할 수 없었다. 황교수에게도 같이 가자고 하였으나 학과회의와 겹쳐서 가지 못하고 둘만 갔다. 마침 부석사의 주지스님이 금정이 학교에 다니는데 불편할 것 같아서 작은 차를 한 대 사주어서 그 차로 식당에 갔다.

"스님, 제 과제를 도와주신다니 정말 감사합니다."

"내가 알고 있는 불교문양에 대해 조금 알려주고, 한국어를 조금 교정해 주는 것뿐인데요. 이왕 학교에 오는 길이니 특별히 신경 쓰지 않아도 되요."

"그래도 저는 많이 감사합니다."

"한국에 와보니 어때요?"

"음, 우선 제가 사는 무한과 제일 차이가 많이 나는 것은 한국은 날씨가 아주 좋다는 것입니다."

"중국은 땅이 넓어서 한국하고는 다르지요."

"그리고 지금은 공장들이 많아져서 공기오염이 아주 심합니다."

"한국도 요즘 중국에서 오염된 공기가 많이 불어와서 걱정입니다."

음식이 나왔다. 갖가지 생야채와 된장국 그리고 10여 가지의 볶은 야채와 함께 참기름을 두른 보리밥이다.

"어때요? 우리 스님들은 가능하면 육식을 하지 않습니다. 입맛에 맞을지 모르겠어요."

"저는 다이어트가 필요하니 괜찮습니다."

"지금도 보기 좋은데요."

"중국음식은 대부분 기름이 들어가요. 기름이 들어가야 고소함을 느껴요."

"그럼, 참기름 더 달라고 할까요?"

"아닙니다. 충분합니다."

유향은 상추에 밥을 싸더니 갑자기 금정의 입에 갖다 대었다. 금정은 깜짝 놀라 어쩔 줄 몰라 했다.

"아, 아, 아닙니다. 괜찮습니다."

"한국드라마에서 사람들은 맛있는 음식을 상대방에게 이렇게 먹여주던데요."

"아, 아, 아, 그래도 … " 유향은 재미있는지 계속 권했다. 금정은 이리저리 살피다가 어쩔 수 없이 받아먹었다.

"맛있어요?"

"아, 아, 네 맛있습니다."

"또 드릴까요?"

"아, 아닙니다. 됐습니다."

"하하하, 저도 좀 주시겠어요?"

금정이 당황하여 우물쭈물하자 유향은 재미있는지 즐거워했다.

"한국의 문화에 대해 많이 아시네요?"

"요즘 중국에서는 한국드라마가 인기가 있습니다. 그래서 중국사람들이 한국문화에 대해서도 조금 알고 한국상품도 아주 좋아합니다."

"유향 학생은 한국드라마가 좋아요?"

"한국드라마가 중국드라마에 비해 사람들의 따뜻한 감정을 잘 표현하는 것 같습니다."

"아! 그렇습니까?"

"저는 중국에 있을 때 드라마를 보면서 한국어를 공부했습니다."

"한국어 배우기 쉬워요?"

"많이 어렵습니다."

"그래요, 아무리 한국어와 중국어에서 같이 사용하는 단어가 많아도 외국어는 외국어입니다. 한국사람들도 중국어를 많이 공부하지만 중국 현지에 가서 공부하지 않으면 수준이 빨리 올라가지 않고 중간에 포기하는 사람도 많습니다."

"우리 중국친구들도 중국에서 한국어 공부하는 것을 많이 어려워합니다."

"그래도 한국에 유학을 왔다 돌아가면 가족이나 친구들이 물을 것이고, 나중에 회사에 들어가면 사장님이나 직장동료가 한국유학 했으니 한국어 할 줄 아느냐고 물을 텐데 어떻게 해요?"

"헤헤헤 열심히 해야지요. 친구들도 열심히 할 것입니다."

"대학원 과정으로 왔으면 금방 졸업인데 열심히 해야겠어요."

"네, 많이 도와주시면 감사하겠습니다."

"공부하다가 힘들면 나중에 친구들이랑 우리 절에 와서 쉬어도 됩니다. 잘 수 있는 곳도 있어요."

"정말로요."

"템플스테이 알아요?"

"모릅니다."

"일반인들이 사찰체험을 할 수 있도록 절에서 잘 수 있게 하는 것인데, 우리 부석사가 가장 먼저 템플스테이를 실시한 사찰 중 하나입니다."

"와! 그래요? 꼭 경험해 보고 싶습니다."

유향은 조금 어색하고 딱딱한 발음이지만 비교적 정확하게 한국어를 구사했다. 중간 중간에 서로 중국어를 섞어가면서 대화를 했다.

유향이 과제수행을 위하여 먼저 여러 가지 자료를 모아서 분류해 오면 금정이 한국의 사찰에서 쓰이는 문양의 전체적인 의미를 설명하고, 문양들을 하나하나 골라가며 문양의 사용용도에 대해서 이야기해 주었다. 그럴 때마다 유향은 금정의 문화적 안목에 감탄을 했다. 그러면 금정은 더욱 신이 나서 다음에는 직접 자료를 구해와 유향이 참고 자료로 쓸 수 있게 해주고 심지어는 전통문양의 현대화에 대한 견해까지 피력해주었다.

과제는 빈 강의실에서 유향이 노트북을 가지고 와서 점검을 했다. 노트북 화면을 함께 보아야 하기에 금정과 유향은 나란히 앉을 수밖에 없어서 혹시 지나가는 학생들이 이 장면을 보면 다정한 사이로 오해할 수도 있지만 달리 방법이 없다.

금정은 가끔씩 눈을 돌려 열심히 컴퓨터 작업을 하는 유향을 바라보면 탐스런 유향의 옆모습이 참으로 예쁘게 느껴졌다. 그러다 금정이 직접 컴퓨터 화면에서 수정을 도와주기 위해 마우스를 만질 때 스치는 유향의 손길에 찌릿찌릿 하기도 했다.

과제점검을 마치면 유향이 금정에게 감사하다면서 식사를 같이 하자고 해서 주변의 음식점을 다니기도 했다. 금정은 가급적 고깃집은 피했지만 한 번은 조금 멀리 장어집으로 갔다. 장어가 기력을 보충시켜주니 유학생활에 힘든 유향에게 도움이 될까 싶어서였다.

"이런 고기 처음 먹어봅니다. 입안에서 살살 녹내요."

"공부하느라 힘들 텐데 많이 먹고 힘내요."

"스님, 상추로 싸서 드릴까요?"

"나는 물고기 알레르기가 있어서 못 먹어요."

"그래요? 너무 맛있는데. 하나만 드세요 네?"

"정말로 못 먹어요."

식사가 끝나고 수정과가 나왔다.

"와! 이것도 맛있어요. 이것은 무엇입니까?"

"입맛에 맞아요?"

"네, 중국사람들이 좋아할 음료입니다."

"계피나무껍질하고 곶감을 재료로 합니다."

"스님, 이것 중국에서 장사하면 좋겠어요."

"돈을 많이 벌 수 있을 것 같아요?"

"네, 중국사람이 적어도 13억 명입니다. 한 잔에 천원만 받아도 … "

"10억, 100억, 1,000억 … 1조3천억, 우와! 엄청나구만."

"어때요? 저하고 같이 하실래요?"

"중국의 힘이 어디서 나오는지 알겠습니다."

"런뚜어 처뚜어 _{사람 많고 차 많고}"

황교수, 중국어를 시작하다

어느 날, 황교수는 앞으로 계속 몰려올 중국학생들 지도가 걱정이 되는지 길게 한숨을 쉬고 있다. 어떻게든 중국학생들과 의사소통을 제대로 할 수 있게 방법을 찾아야 한다. 금정에게 조언을 구했다. 금정은 중국어가 우리말과 같이 사용하는 단어가 많아 쉬운 면도 있지만 황교수가 40대 후반이어서 두뇌가 이미 굳어가기 때문에 결코 쉽지는 않을 것이라고 하였다. 하지만 황교수는 이미 결심을 굳힌 듯 했다. 류찬에게 도움도 청해 놓았다.

황교수가 류찬과 중국어를 시작했을 때는 1학기가 거의 끝나가고 있었다. 중국학생들은 한 학기 동안 수고해준 황교수에게 자기들이 직접 만든 중국음식으로 대접한다고 초대하였다. 황교수는 혼자 가기가 약간 멋쩍어서 금정에게도 같이 가자고 했다. 금정은 예전 중국에 있을 때 먹었던 중국음식이 그립다며 같이 가보고 싶다고 했다.

"황교수님, 그동안 정말로 학생들에게 잘해주셨나 봅니다. 중국학생들의 이러한 태도는 진심으로 감사한다는 표시입니다. 상대의 호의에 대해서는 반드시 보답한다는 중국 전통문화의 하나로 보시면 됩니다."

"그래요? 다른 교수님들도 많은데 … "

"제 생각에 다른 교수님들은 초대하지 않았을 겁니다."

"다른 교수님들은 바빠서 학생들과 함께한 시간이 적었을 겁니다. 나야 맨날 학교 연구실에서 연구하고, 시간나면 학생들하고 여행한 것이 다인데요."

"저도 몇 번 같이 다녔지만 그렇게 하기가 쉽지 않습니다."

"허허 참, 아, 스님, 유향이 스님을 꼭 모셔오라고 합디다. 그동안 과제하는 것을 많이 도와주셨나 봐요."

"그냥 제가 아는 범위에서 조금 도와주었을 뿐입니다."

"유향의 과제에 대한 열정은 어떻든가요?"

"상당히 열심이었습니다. 한국의 전통문양을 중국의 것과 비교하면서 자기가 졸업하고 돌아가서 일에 적용할 것까지 예상하더라고요. 그래서인지 과제의 양도 많았지만 내용도 상당히 수준이 있었습니다. 전통문화를 주제로 하면서 현대화하려는 시도까지 하는 것으로 보아 최근 중국사회가 요구하는 것이 그런 방향이 아닐까 싶어요."

"우리는 흔히 중국 학생들을 1가정 1자녀 정책으로 소황제, 소공주로 알고 있지만 중국사회 자체의 경쟁이 워낙 치열해지다보니 자기개발하려는 의지가 그만큼 강하다고 할 수 있어요. 물론 부모덕에 편하게 학교를 다니는 학생들도 없지는 않아요."

"교수님이 보시기에 한국학생과 비교해서 중국학생들의 수준이 어때요?"

"여러 가지를 고려해서 판단해야 하기 때문에 단순히 어느 쪽이 더 뛰어나다라고 할 수는 없어요. 중국학생들은 소묘와 채색화 등에서 기초가 탄탄한 학생들이 많고, 한국학생들은 현대적인 깔끔한 것과 개인적 창의성을 중시하는 특징을 보입니다. 각 사회가 요구하는 방향의 차이가 무엇인지 알 수가 있습니다."

"그러면 현대사회에서는 한국학생들이 더 경쟁력이 있다는 것입니까?"

"글쎄요. 대개 어떤 방면이든 기초가 잘 갖추어지면 나머지 활용의 문제는 금방 해결되거든요. 그런 측면에서 보았을 때 저는 우리 한국 학생들이 경쟁력이 있다고 장담하기가 좀 무엇합니다. 그리고 중국은 인구가 워낙 많아서 능력 있는 인재가 배출될 확률이 더 많다고 봐야 지요. 하지만 한국사람이 누굽니까, 불굴의 민족 아닙니까."

금정과 황교수가 이런 저런 이야기를 나누고 있는데 류찬과 왕현이 와서 음식준비가 다 되었다 하였다.

음식 준비는 석문정의 자취방에서 하였다. 방 입구에 가니 중국음 식 특유의 냄새가 진동했다. 류찬의 안내를 받아 방에 들어가니 중국 학생들이 모두 와있다. 주방에서 석문정과 동비가 음식을 하고, 두아 란과 왕후란이 그들을 돕고 있었다. 식탁이 놓인 방안에 일인용 침대 가 있는데 이문이 자고 있다가 황교수와 금정이 들어가니 후다닥 깬 다. 좁은 방은 10명 이상이 동시에 앉기도 어려웠다. 음식을 하는 학 생들은 계속하고, 나머지는 자리를 좁혀 함께 앉았다. 유향은 금정의 옆에 앉고, 류찬은 황교수 옆에 앉았다.

"야! 석문정, 아직 멀었어? 아까 다 되었다더니 왜 아직 안 나와? 배 고파 죽겠다!"

"교수님 이제 다 됐습니다. 으리 중국학생들이 모두 같이 준비했어 요." 류찬이 말했다.

"엥, 저기 두 사람만 하는데"

"아닙니다. 우리들이 각자 잘하는 음식을 미리 만들어왔어요. 지금 은 다시 따뜻하게 하고 있어요."

"그런데 왜 남학생들만 요리하고 있어?"

"교수님, 중국에서는 남자들도 다 요리를 할 줄 알아요. 한국남자들처럼 요리를 하지 못하면 대접을 받지 못합니다." 금정이 거들었다.

"그래요? 나는 한국에서 태어나길 잘했네요. 라면 끓일 줄만 알아요."

"그래서 중국남자들이 세계에서 제일 멋있어요." 류찬이 말했다.

음식들이 상위에 놓이기 시작하자 중국술 백주도 꺼내 왔다. 류찬이 황교수에게 술을 따르고, 금정에게도 따르려고 했다.

"아! 나는 술 못 마십니다."

"에이 스님, 차라고 생각하고 한 잔만 드세요. 곡차!"

"내참 황교수님도, 그럼 받기만 하겠습니다. 이따가 교수님이 드세요."

"음~ 냄새가 죽이는구만 캬!" 황교수가 술냄새를 맡고 코를 벌름거렸다.

"교수님, 음식도 드세요." 류찬이 권했다.

"좋지. 야! 음식냄새가 상당히 진하다. 스님, 한국에 있는 중국집 음식하고 많이 다른데 이런 것을 중국말로 뭐라고 합니까?"

"띠다오라고 합니다. 본고장의 것이라는 뜻입니다."

"석문정, 동비, 너희들 음식 띠다오! 내가 배운 첫 번째 중국어다. 띠다오!"

"띠다오!" 함께 외쳤다.

식사가 끝난 후 황교수가 쏘겠다며 같이 노래방으로 가잔다. 금정은 늦었으니 돌아가야 한다고 양해를 구했다. 학생들이 더 있다 가라고 붙잡았지만 금정은 더 이상은 안 된다며 사양하고 부석사로 돌아갔다. 나머지는 노래방으로 갔다.

함께 K-POP을 부르다

이미 술이 약간 오른 황교수는 노래방에 가자마자 마이크부터 잡았다.

"아아! 마이크 시험 중, 마이크 시험 중. 훅훅"

"교수님은 노래 잘 하세요?" 왕현이 물었다.

"나요? 당연히 못하지요. 왕선생님부터 한 곡 하시죠?"

"아, 저도 노래를 못해요. 호호호" 왕현이 중년아주머니처럼 웃으며 사양을 한다.

"그럼, 누가 먼저 하지? 석문정이 해봐."

"저 못해요." 석문정은 지명을 당하자 아예 문을 나가 버렸다.

"교수님이 먼저 하세요." 동비가 말했다.

"아아, 알았어. 신청곡 있나? 요즘 중국사람들도 한국노래 좋아한다는데."

"네, K-POP이라고 중국의 젊은이들이 아주 좋아합니다." 류찬이 말했다.

최근 K-POP이라 하여 전 세계적으로 한국의 대중가요가 붐을 일으키고 있지만 이미 40대 후반에 접어든 황교수에게는 익숙하지 않다. '난 알아요'라며 랩을 들여온 서태지 이후의 빠른 템포 음악은 황교수 다음 세대의 문화이다.

"좋아, 우선 내가 한 곡 부를게. 곡명은 음음, 뭘로 하지?" 황교수는 노래 제목이 생각나지 않아 노래목록 책을 들고 한참을 이리저리 뒤지다가 간신히 하나를 골라 노래의 번호를 눌렀다. 송창식의 '고래 사냥'이다. 그가 학생시절 가장 많이 부른 노래들 중 하나이다.

"술 마시고 노래하고 춤을 춰 봐도, 가슴에는 하나 가득 슬픔뿐이네에 ~~~ ”노래방 기계에서 나오는 박자를 제대로 맞추지 못하고, 옛날에 술 취해서 하던 버릇대로 했다. 탁자 위에 놓인 맥주를 계속 마셔서 술에 취했는지, 학생들과 어울리는 것에 취했는지 약간은 정상이 아니었다.

“자자자, 내가 불렀으니 이번에는 왕라오스, 부탁해요.”

“아, 교수님 저는 진짜 못해요. 우리 같은 아줌마들은 한국노래 하나도 몰라요.”

“야! 그럼 누가 먼저 한 곡 할래? 류찬 네가 할래?”

“교수님, 중국노래 불러도 됩니까?”

“노래방 기계에 중국노래 있어? 난 안 불러봐서 모르겠는데.”

“있어요.”

류찬이 중국노래 번호를 누르자 바로 시작 반주가 나온다. 다른 학생들도 같이 부른다. 리듬이 강하여 단체로 부르니 힘이 느껴지는 것 외에는 황교수가 알 수 있는 것이 없다. 다시 황교수 차례이다.

“긴밤 지새우고 풀잎마다 맺힌 진주보다 더 고 ~ 운 아침 이슬 처 ~ 럼…”느린 템포가 젊은이들에게는 맞지 않아선지, 몰라서 그러는지 학생들 반응이 영 시원찮다.

“야, 아무래도 안 되겠다. 같이 부를 수 있는 것으로 하자. 유향 네가 한번 해봐라.”

“좋아요. 그럼 우리 같이 한국노래 불러요. 텔미”

“뭔 텔미?”

“교수님은 이 노래 모르세요? 엄청 유명하던데.”

“제목만 듣고는 몰라. 일단 시작해보자.”

"너도 날 좋아할줄은 몰랐 ~ 어

어쩌면 좋아 너무나 좋아

꿈만 같아서 나 내 자신을 ~

자꾸 꼬집어봐 너무나 좋아."

중국학생들이 같이 부르는데 석문정과 왕현은 박수만 치고 있다.
세대가 다르다.

"무슨 노래야? 모르겠는데" 황교수가 물으니,

"와 우리 교수님 완전히 구서 대이시다." 류찬이 말했다.

"네가 날 혹시 안 좋아할까봐~,

혼자 얼마나 애태운지 몰라~

그런데 네가 날 사랑한다니

어머나 다시 한 번 말해봐~

Tell me tell me tell tell tell tell tell tell me … "

"아! 이제 알겠다. 텔미텔미." 그제야 황교수는 후렴구를 따라 불렀다.

"교수님, 정말로 아시는 중국노래 하나도 없어요?" 류찬이 물었다.

"생각나는 것이 없네."

"잘 생각해보세요. 음, 혹시 티엔미미甛蜜蜜이라고 들어보셨어요?"

"티엔미미, 들어본 것도 같은데."

"그럼 일단 같이 해봐요. 이것은 부루스 곡입니다. 같이 춤춰요."

"부루스를 춰? 안돼, 난 춤도 못춰."

"이리와요. 같이 춰요." 류찬이 억지로 황교수의 손을 잡고 끌어서 부루스 자세를 잡았지만 너무 어색하다.

　"티엔 미미 ~ 니샤오더 티엔미미 ~, 하오샹활카이자이춘펑리 ~~ "

　멜로디가 어디서 들은 것 같다. 화면에서 한자로 된 가사가 나오지만 황교수는 발음을 할 수가 없다. 조금 듣다보니 리듬이 단조로워서인지 류찬과 부루스를 추면서 흥얼거렸다.
　"이번에는 진철이 한번 불러봐!"
　"네? 저 못해요, 못해요." 진철이 화들짝 놀라며 손사래를 친다.
　"왕후란이 해볼까?"
　"저도 못해요!"
　"하이고, 아무 노래나 해봐!"
　"제가 할게요." 동비가 나섰다. 씩씩한 중국 노래다.

　"치라이! 부위엔쭈어누리더 런먼
　바워먼더쉐에로우, 쭈청워먼신더창성
　중화민주, 따오러 쮀이웨이시엔더서허우
　매이거런빼이포즈파추쮀이허우더허우성
　치아리! 치라이! 치라이!"

　"이번에는 내가 좀 빠른 한국노래를 해볼게. 김건모라는 가수의 '잘못된 만남'이다."

　"난 너를 믿었던 만큼 난 내 친구도 믿었기에 난 아무런 부담없이 널

내 친구에게 소개 시켜줬고 그런 만남이 있은 후로부터 우리는 자주 함께 만나며 즐거운 시간을 보내며 함께 어울렸던 것뿐인데 그런 만남이 어디부터 잘못됐는지 난 알 수 없는 예감에 조금씩 빠져들고 있을때쯤 넌 나보다 내 친구에게 …"

템포가 무척 빠르다. 황교수는 처음 한두 마디는 따라 할 수 있었지만 바로 박자를 놓치고 버벅거리다가 "그 어느 날 너와 내가 심하게 다툰 그날 …"라는 후렴구에 와서야 안 어울리는 아저씨 막춤을 추면서 따라 불렀다.

"교수님, 이번에는 제가 한국노래 할게요. 저는 한국문화를 무척 좋아합니다. 우리 같이해요! 동방신기의 '풍선'입니다." 두아란이 나섰다.

"교수님, 같이 해요." 이번에는 왕후란이 황교수 팔을 끌면서 스테이지로 나왔다. 그러자 전부 같이 나왔다,

"풍선? 나는 제목을 모르는데."

"아, 알았어요. 교수님은 제목으로는 몰라, 일단 들어봐야 생각나는 것 같아." 류찬이 황교수 세대를 눈치챈듯 말했다. 기계에서 전주 멜로디가 흘러나오자 그는 그제야 생각이 나서 "알아, 알아." 했다.

"지나가버린 어린 시절엔 풍선을 타고 날아가는 예쁜 꿈도 꾸었지
빨간 풍선이 하늘을 날면 내 마음에도 아름다운 기억들이 생각나
내 어릴 적 꿈은 빨간 풍선을 타고 하늘 높이 날으는 사람
그 조그만 꿈을 잊어버리고 산 건 내가 너무 커버렸을 때
하지만 괴로울 땐 아이처럼 뛰어 놀고 싶어

조그만 나의 꿈들을 풍선에 가득 싣고

……

랄라라라라 랄라라라라 랄라라라라 라랄라라 랄랄랄라 라라라 … ”

노래를 부르면서도 계속 술을 마셔서인지 몇몇은 흐느적거린다. 그때 소파 한쪽 구석에서 왕후란이 끅끅 거리며 흐느낀다.

"아니, 왕후란 갑자기 왜 울어?"

"술에 취하니 중국에 있는 남자친구가 많이 보고 싶어서 그래요. 그냥 놔두세요. 괜찮아요." 왕현이 대답했다.

"좋은 일이다. 사랑하는 사람을 보고 싶은 것 얼마나 아름다운 일이냐. 마음껏 울어라."

학기가 끝나서 부담이 없어서인지 모두들 몇 시간 목이 터져라 노래를 부르다 밤이 깊어서야 숙소로 돌아갔다. 그렇게 첫 학기가 끝나고 여름방학이 되자 류찬과 몇몇은 아르바이트 때문에 한국에 남고 나머지 학생들은 중국으로 돌아갔다.

3. 인연이 싹을 틔우다

가을의 깊고 푸른 밤, 청정한 하늘 높이 차디차게 하얀 달이
교교히 세상을 비추는데 법당 앞과 정진선원 방에만 불이 켜져 있다.
법당 앞 전등 밑에는 금정이 서 있고, 정진선원 불빛 앞에 또 한사람이 서 있다.

유향의 친구들

　유향은 중국에서 미술대학에 다닐 때 사랑하는 남자친구가 있었다.
같은 학과의 학생이었다. 두 사람은 만난 지 얼마 후에 서로에게 깊이
끌리었고 미래를 약속한 사이로 발전했다. 유향은 결혼까지 결심하고
부모님에게 소개를 했다. 하지만 유향의 부모님은 탐탁지 않게 여
겼다.

　유향의 아버지는 몇 개의 기업을 경영하는 큰 사업가이다. 하나 밖
에 없는 딸 유향이 기업들을 이어받아 잘 운영해서 더 큰 그룹으로 발
전시키길 바라기에 유향과 함께 회사를 성장시킬 능력 있는 사위를
원했었다. 유향의 나이는 기껏 21살이었기에 부모님이 딸의 선택을
걱정스런 눈으로 보는 것은 당연한 것이었다. 유향이 데리고 온 남자
친구는 겉보기에도 사업가적인 풍모가 아니었다. 거의 허리까지 내려
오는 긴 머리를 하고 있으며, 시력이 나쁘지 않음에도 패션 안경을 쓰
고, 약간 여성적인 외모를 하고 있는 전형적인 예술가형이어서 유향
아버지의 마음에 들 리가 없었다. 하지만 어렸을 때부터 부족함 없이

마음대로 하고 자란 유향은 남자친구를 너무나 열정적으로 사랑했기에 아버지의 반대를 무릅쓰고 계속 결혼하겠다고 고집을 부려서 부모님은 걱정이 많았다. 그러던 차에 아버지의 지인 중에 한국으로 유학 보내는 일을 대행하는 이가 있어 유향이 졸업하자마자 한국유학을 보내서 딸이 냉정하게 생각할 환경을 만들어 주고 싶었다.

하지만 사랑을 잘하는 사람은 어디에 가서도 사랑을 잘하는 법, 유향을 한국으로 유학 보내는 식구들은 또 걱정이 앞섰다. 유향의 할머니는 젊어서부터 절에 다니며 늘 집안을 위해 기도하는 독실한 불교신자인데 유학 가는 손녀가 염려스러워 평소 다니는 절에 가서, 사주를 잘 보는 스님에게 유향의 생년월일을 알려주고 대답을 기다렸다. 그 스님은 유향의 생시를 받아서 이리저리 짚어보더니 특별히 걱정을 하지 말라고 했다. 유향이 향기가 있는 꽃의 사주이니 나비가 날아드는 것은 피할 수 없지만 잘 극복하여 아버지의 사업을 더욱 번창시킬 수 있는 그릇이라는 것이었다. 할머니는 이 정도는 유향이 태어난 후 얼마 지나지 않아 알아본 괘이기에 만족할 수 없었다. 지금 알고 싶은 것은 유향의 20대, 특히 한국으로 유학을 가면 아무런 문제가 발생하지 않겠냐는 것이었다. 스님은 그것도 걱정하지 말라고 하며, 지금까지 사귀어 오던 남자친구는 유학을 가면서 자연스레 잊게 된다고 했다. 유학생활에서 유향의 향기에 이끌리어 여러 남자들이 접근하겠지만 그들은 모두 성사되지 못하는 지나가는 인연이다. 다만 유향은 전생에 불교와 큰 인연이 있었는데 무엇인지는 모르지만 한국에서도 계속 이어질 것 같다. 그리고 한국에서 불교와의 인연은 앞으로 유향이 성공하는데 큰 원력으로 작용하게 될 것이라고 했다. 스님의 대답을 듣고 할머니는 크게 안심이 되었다.

할머니에게 유향은 손녀이기에 사랑스럽기도 하지만, 아들 내외가 젊어서 사업을 하느라 불철주야 바깥에서 활동할 때 어린 손녀를 돌보는 것은 당연히 할머니의 차지여서 유향의 진자리 마른자리를 갈아주다보니 더 애정이 든 것이었다. 그래서 유향의 할머니는 손녀가 유학 가는데 부족하지 않게 앞장서서 더 세심하게 이것저것 챙겼다. 유향은 자신의 유학을 반기는 할머니의 태도가 의아하면서도, 이렇게 좋아하시니 유학을 가면 뭔가 좋은 일이 있을 것이라는 막연한 희망을 가졌다.

유학 갈 학교를 인터넷으로 조사해 보니, 서울에서 버스로 약 1시간 반 거리에 있으며, 자신의 전공인 예술분야를 특성화하는 학교라서 더 기대가 컸다. 서울은 한국에서 가장 큰 국제적인 도시이며, 요즘 중국사람들이 즐겨보는 한류드라마의 본거지이다. 1시간 반의 거리는 무한에서는 도시 안에서도 비일비재하기 때문에 마음만 먹으면 얼마든지 갈 수 있는 거리이다. 유향은 거의 하루 종일 한국드라마를 보고 한국어학원을 다니면서 한국어를 공부하였다. 원래부터 언어감각이 있었던 유향은 몇 개월 후에는 웬만큼 한국어를 구사할 수 있는 정도가 되었다. 그렇게 공부에 열중하다보니 식구들의 반대에도 결혼하겠다고 고집을 부렸던 남자친구에 대한 열정도 정리되어 갔다.

한국으로 가기 위해 유향이 식구들과 공항에 도착하니 함께 갈 다른 학생들이 많은 짐 꾸러미들을 가지고 가족들과 함께 나와 있었다. 남학생 2명, 여학생 3명이다. 이들의 이름은 석문정, 이문, 두아란, 진철, 류찬이다. 석문정은 인상은 좋았지만 대머리여서 나이가 많아보였고, 이문은 덩치가 꽤 컸다. 중간키에 얼굴이 납작한 두아란, 갸름한 얼굴에 몸매가 날씬하여 꽤 세련되어 보이는 진철, 약간 통통한 몸매에 하는 행동이 사내 같은 류찬은 이미 서로 아는 사이들이다. 가족들도 인사를 나누며 이들이 무사히 유학생활을 마치고 오기를 함께 기원해주었다. 유향의 어머니와 할머니는 유향이 수속을 밟고 검색대를 통과하여 탑승대기실로 들어가자 가슴이 아린지 눈시울을 붉혔다. 아무리 한국이 가까운 나라여도 눈앞에서 볼 수 없기 때문이다. 게다가 어느 정도 억지로 보내는 것이기에 가족들의 마음도 개운치 않았다.

유향이 친구들과 한국에 내렸을 때 첫인상은 너무나 밝고 깨끗한 날씨였다. 무한은 내륙도시이기에 여름에는 습하고 더워 중국의 4대 용광로 도시 중 하나로 불렸다. 게다가 공업도시여서 아침이면 교통이 복잡한 곳에서는 숨을 쉬지 못할 정도로 공기의 오염이 심했기에 하늘이 맑은 한국의 첫 이미지는 평소 즐겨보았던 한국드라마 만큼이나 마음에 들었다.

공항에서 미리 안내 나온 차로 학교로 향했다. 한국은 조그만 나라인줄 알았는데 의외로 도로가 넓고 포장이 잘되어 있다. 공항을 빠져나와 바다를 가로질러 놓인 다리의 규모는 대륙인 중국에서도 빠지지 않을 위용을 가지고 있어서 한국이 작은 나라임에도 왜 세계 10대 무역국이 되었는지 실감이 났다. 바다를 건너고, 넓은 갯벌을 지나고, 들판을 지나고, 도시들을 지나고, 다시 바다를 가로지른 큰 다리를 건너고 30여 분을 달려서 학교에 닿았다. 학교는 서산이라는 작은 도시의 외곽에 있다. 학교의 크기는 중국의 대형 대학에 비해서는 초라할 정도로 작았지만 주변의 산들과 호수가 아름다웠다.

학교에는 이들 외에도 안휘성에서 온 왕현, 왕후란, 동비가 먼저 와서 기다리고 있었다. 학교관계자는 학교의 시설 이곳저곳을 안내하고 이들이 다닐 예술관도 안내를 했다. 마지막으로 전공학과 교수들의 연구실을 돌아가며 소개를 해주었다. 학과소속 교수는 모두 5명이었는데 대부분 40대 초중반으로 보였다. 유향은 그 중에 황교수라는 중간키에 얼굴색이 흰 교수가 왠지 인상적이었다.

그날 저녁, 이들은 함께 저녁을 먹기로 하고 학교 구내식당으로 갔다. 테이블 2개를 붙여서 9명이 같이 앉았다.

"나는 석문정이야. 머리도 벗어지고 나이가 좀 들어 보이지? 사실 나이는 많지 않은데 무슨 일로 스트레스를 많이 받았더니 머리꼴이 이렇게 되었다. 어쨌든 잘 지내보자. 나는 한국말이 많이 서툴러. 너희들이 좀 도와주면 고맙겠다."

"나는 이문이라고 해. 만나서 반가워. 나는 잠이 엄청 많아. 앞으로 지각을 많이 할 거야. 헤헤헤, 부탁해 아함."

"나는 진철이야." 패션에 관심이 많아.

"나는 류찬. 먹는 것을 좋아해, 맛있는 것 있으면 같이 먹자. 몸매는 좀 그렇지만 '잘 먹는 사람이 복도 많다'는 중국 속담이 있잖아. 그리고 나는 한국말을 좀 할 줄 알아, 필요하면 도와줄게."

"류찬, 내가 맛있는 것 많이 사줄게 부탁해." 석문정이 말했다.

"나는 동비, 담배를 좋아해."

"나는 왕현이야. 대학에서 강사를 하는데 공부를 더 해볼까 해서 왔어. 결혼도 했어."

"아! 선생님이시네, 어떻게 불러야 되요?" 유향이 물었다.

“그냥 왕현이라고 부르면 돼. 같은 학생이고 아직 할머니는 아니걸랑.”

“나는 왕후란, 한국이 좋아서 왔어.”

“나는 두아란, 한국드라마를 보고 한국이 좋아서 왔어.”

“나는 유향이야. 원래는 한국에 유학 올 생각이 없었는데 어쩌다 이렇게 되었어. 이것도 인연인데 잘 지내보자.”

이들은 서로 인사를 하고 셀프서비스로 먹는 음식을 식판에 담았다. 그런데 딱 보니 기름기가 거의 없다. 흰쌀밥과 된장국, 콩나물 무침, 조린 생선, 김치 등이다. 중국음식은 대부분 기름이 들어가 고소한데 한국음식이 어떨지 궁금하였다. 다들 한입을 먹어보고 한마디씩 했다.

“앞으로 걱정이다.”

“익숙해지기 위해 노력해야겠다.”

“차라리 라면이나 먹어야겠다.” 갑자기 두아란이 밖으로 나갔다.

“학교 밖 식당에 가자. 오늘 저녁은 내가 살게.”

다들 입맛이 맞지 않았는지 석문정의 제의에 흔쾌히 동의했다. 대부분 먹던 밥을 남기고 학교 앞 분식점으로 갔다. 분식점 메뉴판에는 음식의 종류가 많았지만 중국의 한국식당에서 먹어보았던 라면, 김밥, 된장찌개, 김치찌개, 순두부찌개, 비빔밥 등이 그들이 알고 있는 음식의 전부였다. “김밥”, “나도 김밥”, “나는 라면”, “나도 라면” 이런 식으로 주문했다. 음식을 먹어보니 학교음식보다는 익숙했다.

석문정은 중국에서 정통 공산당 간부집안 출신이다. 나이가 10살 정도 많아서인지 다른 학생들보다 말을 여유 있게 하고 유머러스한 재치가 있었다. 유유자적 하는 그의 태도는 상대적으로 절실한 목표

를 가지고 있었던 다른 학생들에게는 의아하면서도 한편으로 위안을
주는 대상이었다. 그래서 다들 석문정을 한국말로 '아저씨'라고 부르
며 따랐다.

　중국에서 여러 가지 사정으로 복잡한 심정을 겪었던 유향에게 한
국이라는 낯선 장소에서 만난 석문정의 모습은 유향이 마음의 위로를
얻을 수 있는 의지처가 되기도 했다. 그래서 유향은 꼭 연인의 감정은
아니었지만 석문정과 자주 어울렸고, 석문정도 유향을 여동생 대하듯
위로하고 감싸주었다.

　석문정은 무한의 유명한 도교 사원 장춘관에서도 알아주는 도교신
자이다. 진짜로 도교의 자연무위 세계관을 가진 성품이어서 쉽게 여
학생들에게 이성적 감정을 느끼거나 육체적 욕구를 느끼지 못했다.
그저 참으로 미묘한 인연으로 함께 공부하게 된 이들에게 동료의 정
을 느끼고 도와주고 싶은 마음이다.

　류찬의 아버지는 작은 공장을 운영하는 사장이었고, 다른 집안과
마찬가지로 외동딸인 류찬이 성장하여 가정을 이루면 공장을 물려
줄 생각이었다. 그래서 아버지는 가능하면 류찬이 사업적 감각이 있
는 사위를 데리고 오길 기대하고, 딸이 그런 아버지의 기대를 저버리
지 않을 것이라는 막연한 믿음을 가지고 있다. 하지만 류찬이 설사 자
신의 기대에 부응하지 못하는 결혼 상대자를 만나더라도 그것은 결국
류찬의 운명이라는 비교적 여유 있는 생각을 가지고 있다. 아버지는
늘 이러한 이야기를 류찬에게 해주었기에 류찬은 남자친구를 사귀는
것에 특별한 선입관을 가지고 선택하지는 않았다. 류찬은 얼굴이 둥
글고, 몸매는 약간 통통하고, 하는 행동이 남자 같은 부분이 있다. 눈

을 홀리는 미인은 아니지만 귀여운 데가 많다.

이문은 덩치가 커서 대웅으로 불렸다. 곰이라고 불린 것은 덩치가 커서이기도 하지만 잠이 많아서 틈만 나면 잤고 수업시간이라고 예외는 아니어서 겨울잠을 자는 곰에 비유해 대웅이라고 부르는 것이다. 하지만 이문은 성격이 능글맞아서 졸지 않을 때는 남의 비위도 잘 맞추고, 어눌한 한국어로 교수들과도 친해지려고 꽤 노력했다. 류찬도 이런 이문이 싫지 않았는지 이들은 유학 온 지 얼마 지나지 않아 정식으로 사귀기 시작했다. 하지만 어떤 연유에서 틀어졌는지 몇 달 만에 연인의 관계를 끝내고 이문은 다른 학과의 중국여학생을 사귀었다. 류찬은 졸업할 때까지 더 이상 남자친구를 사귀지 않았다.

왕현은 체구가 자그맣고 겉보기에도 꼬장꼬장한 교원의 모습을 갖추고 있다. 다른 학생보다 더 수업과 과제에 몰두했으며, 졸업 후 중국에 돌아가서 해결해야 할 여러 프로젝트들을 미리 연습하는 과정으로 유학생활에 임했다. 사실 그는 중국에서 중등용 교과서의 편찬위원으로 활동했을 만큼 능력이 있다. 그가 대학을 졸업할 당시에는 중국내에서 대학원 이수증이 없어도 교원이 될 수 있었지만 지금은 시대가 바뀌어 높은 단계로 진급하기 위해서는 대학원 이수증이 필요했던 것이다. 이것은 한국에서도 많은 초중등 교원들이 교감, 교장 등의 높은 직위로 진급하기 위해서 대학원에 진학하는 것과 같다. 왕현의 뒤를 이어오는 안휘성 출신들 중에는 왕현의 제자들도 있었는데 왕현에게 깍듯이 선생님이라고 불렀다. 교수들도 이러한 사정을 알기에 다른 학생들과는 달리 왕선생님이라고 불렀다.

왕후란과 동비는 왕현과 같은 안휘성 출신이어서인지 자주 같이 어울렸다. 왕후란은 예절이 바른 학생이다. 중국에 결혼을 약속한 남자친구가 있으며 많이 그리운지 인터넷을 통해 자주 연락을 주고받으며 그것으로도 그리움을 충족하지 못하면 혼자서 소리 없이 흐느끼기도 하는 여린 심성을 가졌다. 동비는 담배를 많이 피우는 남학생인데 이들 중 나이가 가장 어렸다. 자신이 어리다고 생각해서인지 다른 학과의 비슷한 또래들과 더 자주 어울렸다.

진철은 의상분야에 안목이 있어 어떤 옷을 입어도 모델 같은 인상을 준다. 웃으면 눈매가 동그랗게 변하는데 연애에 일가견이 있다. 남들이 눈치 채지 못하는 사이에 수시로 남자를 바꿔가며 사귀는 여우의 기질도 있는데 아주 진지하게 사귀지는 않고 살짝살짝 즐기는 연애였다.

두아란은 학업에 대한 목표가 매우 진지한 학생이었다. 그래서 친구들과 같이 어울리기보다는 빠른 시간 내에 한국어 실력을 더 높이기 위해서 혼자서 드라마를 보거나 아르바이트를 하면서 가능하면 한국어를 접할 시간을 늘리려고 노력했다. 교수들이 보기에도 두아란의 이러한 의욕이 돋보여 참 열심히 하는 학생이라는 인상이 들었다. 두아란이 이렇게 학업에 열심인 이유는 집안이 넉넉하지 않지만 딸의 장래를 위해 힘들게 유학을 보내주신 부모님의 노고에 보답하기 위해서이다.

유향과 같이 유학 온 친구들은 황교수 학과의 첫 번째 유학생들이

다. 대부분 중국의 이름 있는 학교 출신들이다. 이들 뒤를 이어서 본격적으로 이 학교로 유학을 오는 다음 중국유학생 세대들과는 여러 부분에서 차이가 있다. 그래서인지 뒤이어 계속 오는 다른 중국유학생들과는 여러 환경적, 심리적 측면에서 동화되지 못하는 부분이 있어서 자기들끼리 작은 울타리를 만들어 생활하는 경향도 있었다.

황교수, 부석사종을 시작하다

여름방학이 되자 황교수는 다소 시간의 여유가 생겨서 그동안 연구해오던 부석사종에 대한 디자인 개념을 구체화해서 모형을 만들기 시작했다. 그가 조각은 오랫동안 해왔지만 종을 만드는 것은 처음이기 때문에 점검이 필요했다. 시험적으로 작은 종을 여러 개 만들어 본 후 큰 종을 만들기 위해서 종을 만드는 주조공장과 협력하여 여러 개의 작은 종을 연구제작하기로 하였다.

최근까지 한국에서 만들어지는 종은 대부분 오대산 상원사종과 성덕대왕신종을 그대로 답습한 것이어서 주지스님과 그는 혁신을 시도하고자 하였다. 그래서 먼저 종두부터 용 대신에 용을 잡아먹는다는 금시조로 바꾸기로 했다.

황교수는 부석사종을 연구하던 중 서산 부석사가 영주에 있는 부석사와 똑같은 전설, 즉 의상대사와 선묘낭자의 애절한 사랑이야기가 있는 것을 알게 되었다. 여기가 당시에 당나라로 가는 길목에 가까웠고 어쩌면 의상이 중국에서 돌아오다 잠시 들렀던 곳일 수도 있다. 그러면 어떻게 해야 이들의 사랑을 종에 담을까? 종두를 금시조로 바꾸는 것에 그치지 않고, 전통 한국종에 있는 여성형 비천飛天을 남녀로 해서 종에 새겨 넣기로 했다. 앞으로 계속해서 의상과 선묘의 사랑이 야기가 울려 퍼질 수 있기 때문이다. 원래 정령의 의미를 가진 남성의 모습에서 도교와 습합하면서 여성의 축하무악대로 의미가 변한 비천을 남녀로 하면 남녀평등이라는 시대적 의미도 맞다. 종 이름을 새기는 부분에도 기도하는 남과 여의 형상을 넣어서 사랑의 염원도 넣었다.

그는 어떤 형태로든 중국인과 한국인 사이의 사랑의 전설을 완성하기 위해서는 중국인의 참여가 필요하다고 생각되었다. 어떻게 할까 고민하다가 부석사종이라는 이름을 한자로 써야하는데 이것을 중국 여학생에게 부탁하면 어쨌든 중국인도 참가하게 되는 것이다. 그래서 방학이지만 아르바이트 하느라 중국에 돌아가지 않고 한국에 머물면서 그에게 중국어를 가르치고 있는 류찬에게 종 이름을 써달라고 하였다.

작은 종 모형을 2개 만들고 나니 여름방학이 끝나고 2학기 개강이 다가왔다. 금정이 종 모형을 보려고 황교수의 연구실에 갔다.

"스님, 어서 오세요. 또 새 학기가 시작되었네요."

"방학은 잘 보내셨습니까? 절에는 통 안 오시고 바쁘셨나 봅니다."

"부석사종 모형을 연구하고, 밀린 논문 정리하고, 집에서 마누라 잔소리 들으며 설거지 좀 하다 보니 방학이 다 지났습니다."

연구실 한 켠에 석고로 모형종이 2개 만들어져 있다.

"이것들이 새로 만든 모형종입니까? 모양이 특이하네요. 기존 종에 익숙한 사람들은 받아들이기 어렵겠습니다."

"하나는 기존 종의 틀 속에서 변화를 모색했고, 다른 하나는 완전히 다르네요."

"저는 완전히 변화된 종이 좋은데 주지스님은 그래도 기존의 틀을 원할 것 같아요."

"종은 소리가 중요한데, 완전히 새로운 종은 소리가 제대로 날까요?"

"한국종의 특징 중 하나가 형상의 불규칙성이 도입되어 소리를 예상하기 쉽지 않다는 것입니다."

"무슨 말입니까?"

"흔히 불규칙적으로 우웅 우우웅 우~웅 하며 울리는 것을 맥놀이라 하는데 이것은 문양과 여러 요인으로 두께가 일정치 않은데서 생기는 것이라고 하거든요."

"그동안 연구가 많이 되신가 보군요."

"아직 멀었습니다. 종 공장 전문가의 도움도 받아야지요."

두 사람은 차를 마시며 그동안 궁금했던 이야기를 계속했다.

"중국어 하시는 것은 좀 어떻습니까?"

"어렵습니다. 발음하고 아주 초보적인 것을 할 때는 호기심이 생기고 재미도 있어서 괜찮았는데, 단어암기는 너무 힘이 듭니다. 오늘 들으면 오늘 중으로 잊어버립니다. 치매가 온 것인지 … "

"그래도 자꾸 하다보면 머리에 쌓이는 게 있겠지요."

"모르겠습니다. 이렇게 힘들게 해서 나중에 어디에 써먹을 수 있을지, 괜히 시작한 것은 아닌지 모르겠습니다."

"다음 방학에는 중국 현지에 가서 어학연수라도 해보시지요. 국내에서만 하는 공부와는 차이가 많을 건데요."

"시간이 허락할지, 사정을 보아가면서요."

"집중할 때 강도를 높이지 않으면 진도가 나가지 않을 겁니다."

"여의치 않으면 나이 들어 치매방지용으로 생각하고 마음 편하게 해야지요."

"그래도 이왕 시작한 거 잘 활용할 수 있으면 좋은 것 아니겠습니까."

"그건 그렇고. 스님, 이번 학기에도 저를 좀 도와주셔야 합니다. 지난 학기에 보니 학생들이 스님을 많이 좋아하던데요."

"시간이 되면 그래야지요."

"중국어학과 1학년 과정보다야 중국학생들과 직접 이야기하는 것이 더 좋지 않습니까?"

"부담감을 해소하는데 도움이 되지만 학습에 체계가 없다보니 생각만큼 큰 효과는 없습니다."

"스님도 중국학생 누구 한 명 정해서 해보시지요. 지난번 과제를 도와준 유향 어떻습니까?"

"글쎄요. 시간 맞추기도 그렇고 … "

"비용이 문제가 됩니까? 중극어와 한국어를 서로 도와주는 방법으로 하면 되지 않습니까?"

"꼭 비용 때문이기 보다도 … "

"왜요? 유향이 여학생이어서 인가요?"

"여러 가지가 쉽지는 않다는 것입니다."

"그래도 중국인과 지속적으로 학습을 하는 것은 좋은 것 아닙니까? 제가 한 학기 중국학생들의 발음을 들어보았는데 남학생들은 대체로 혀를 굴리는 습관이 있어 발음이 분명하지 않았는데 여학생들은 발음이 분명한 것 같았습니다."

"그건 그래요. 남자들은 '얼화 발음'이라고 굴리는 표현을 많이 해서 초보자들이 공부하는데 힘들지요."

"스님도 유향하고 일주일에 한두 번 시간을 정해 해보세요. 직접 말씀하시기 뭣하면 제가 유향에게 말해 보겠습니다."

"아닙니다. 필요하다고 판단되면 제가 직접 해야지요."

그때 연구실 문에서 노크 소리가 나고 류찬과 유향이 들어왔다.

"안녕하세요!"

"참! 호랑이도 제 말 하면 온다더니. 어서들 와."

"새로운 학기가 되어서 인사드리러 왔습니다. 마침 금정스님도 계시네요. 여기 선물을 가지고 왔습니다. 금정스님 것도 있어요."

"무슨 선물을, 이게 뭐야? 술이네! 음~ 중국술은 역시 향기가 좋아. 잘 보관했다가 나중에 같이 마시자."

"스님 것은 차를 사 왔어요. 보이차입니다."

"내 것도? 이럴 필요 없는데. 감사합니다."

"교수님, 스님, 이번 학기에도 잘 부탁합니다." 유향이 선물을 건네면서 말했다.

"유향, 마침 잘 왔다. 그렇지 않아도 금정스님이 중국어를 향상시킬 방법을 말하고 있었는데, 유향하고 금정스님하고 서로 어학공부를 도와주면 어떨까?"

"저는 좋습니다." 유향은 바로 대답했다.

"스님, 유향은 좋다고 합니다. 어떠세요. 거절하면 유향이 무안하지요."

"허허 참, 그럼 어쩔 수 없지요. 서로 시간을 맞추어 보겠습니다."

"스님, 이따가 식사 같이 하시지요?"

"아닙니다. 저는 절에 일이 있어서 가봐야 합니다."

다시 문에서 노크소리가 나더니 나머지 중국학생들이 우르르 모두 들어왔다.

"교수님 안녕하세요! 스님도 안녕하세요!"

"어서들 와. 다들 잘 다녀왔어? 부모님들도 안녕하시고."

"네!"

모두들 손에서 한 꾸러미씩 선물보따리를 내놓았다.

"아이고, 연구실이 좁네요. 어디 가서 의자를 더 가지고 와야겠다."

"저는 이만 가보겠습니다." 금정이 자리에서 일어난다.

"아닙니다. 학생들이 이렇게 다 왔는데 좀 더 계시다 가세요."

"파스 워먼이치 랴오티알이샤 스님, 우리 같이 이야기해요."

"거봐요. 학생들도 붙잡지 않습니까?"

금정은 어쩔 수 없다는 듯 다시 자리에 앉았다.

"금정스님, 이번 학기에 언저 시간 내어서 부석사에 중국학생들을 초대해 주세요."

"언제든지 환영입니다."

부석사의 산사음악회

학기가 시작되고 한 달이 지났다. 황교수는 학기 초의 많은 일들을 정리하느라 정신이 없었고, 중국학생들은 새 학기에 익숙해지느라 바빠서 수업시간 이외에는 따로 만날 경황이 없었다. 어느덧 시월이 되었다.

"교수님 이번 학기에는 우리 여행 안가요?" 류찬이 황교수에게 중국어를 가르치다 물었다.

"왜, 어디로 가고 싶어?"

"지난번 금정스님이 우리들을 스님이 계시는 절에 초대를 했잖아요."

"아! 그랬었지, 바빠서 정신이 없었다. 스님에게 전화해서 언제가 좋은지 알아볼게."

"요즘은 금정스님이 잘 보이지 않던데요?"

"글쎄다, 많이 바쁘신가보지. 지난번에 유향이 스님에게 중국어를 가르쳐준다고 했는데, 잘 하고 있어?"

"저는 잘 몰라요."

"말이 나온 김에 전화를 해보자. 여보세요. 스님, 황교수입니다. 통 안 보이십니다. 많이 바쁘신가 봐요."

"네, 곧 절에 큰 행사가 있어서 준비하느라 그동안 틈이 없었습니다."

"무슨 일인데요?"

"우리 절이 산사음악회로 유명하지 않습니까. 그래서 …"

"그렇지요. 부석사 산사음악회가 이 근처에서는 명물이 되었지요."

"지금은 좀 여유가 생겼습니다. 교수님도 많이 바쁘시지요?"

"학기 초이다 보니 그렇지요. 저도 이제 좀 여유가 생깁니다. 지난번 스님이 중국학생들을 부석사로 초대하셨잖습니까? 학생들이 왜 빨리 가지 않느냐고 성화입니다."

"아! 그랬었지요. 이제 좀 여유가 있으니 교수님하고 학생들 시간 날 때 언제든지 연락하고 오세요."

"아예 산사음악회에 맞추어서 갈까요?"

"그것도 괜찮은데요."

"그러면 제가 학생들 중 한 명을 뽑아서 노래 부르기에 참가시켜 볼까요?"

"그것도 좋지요."

"참, 유향하고 중국어는 공부하시나요?"

"시간이 나지 않아서 못하고 있습니다."

"따로 연락도 안하시나요?"

"네, 틈이 없어요. 산사음악회나 끝내고 시작하려 합니다. 유향은 잘 지내지요?"

"저도 수업시간 이외에는 못 만나요. 연애를 하고 다니는지 … 뭐하는지 잘 모릅니다."

"그럼, 연애하느라 바쁜가 보죠."

"유향은 지금 남자친구 없어요." 옆에서 듣던 류찬이 말했다.

"스님, 유향은 지금 애인 없답니다."

"연애하기 좋은 나이이고 예쁜 학생인데요."

"언젠가 좋은 인연을 만나겠지요."

"그렇겠지요."

"그럼, 산사음악회 때 가겠습니다."

"오시는 김에 템플스테이까지 하시지요. 제가 방을 2개 준비해 두겠습니다."

"와! 그래주신다면 더할 나위 없이 좋지요."

황교수는 전화를 끊고 류찬에게 물었다.

"너희 중국학생들 노래 잘하지? 지난번 노래방에서 보니 다를 능력이 있던데."

"저는 잘 못해요. 유향이 잘해요. 유향은 중국 전통노래도 잘해요."

"그래? 유향은 재주가 많은가 보네. 얼굴도 미인이고, 노래도 잘하고."

"무슨 일이 있습니까?"

"응, 금정스님이 계시는 부석사에는 가을마다 음악회를 하는데 그 때 중국학생들 중 누군가 노래를 불렀으면 하고."

"유향에게 부탁해 보세요."

"알았다. 부탁을 해보자."

"그리고 그날 그곳에서 하룻밤 자면서 템플스테이를 체험할 예정 인데 어때?"

"재미있겠는데요. 다른 학생들하고 의논하겠습니다."

"류찬, 요즘도 이문하고 잘 만나고 있나?"

"헤헤헤"

다음날 수업 중간 휴식시간에 황교수가 유향을 불렀다.

"교수님, 무슨 일이 있습니까?"

"요즘 금정스님과 중국어 공부는 하고 있니?"

"아니요. 스님이 바빠서 못하고 있습니다."

"전화도 안 해?"

"네, 전화도 … ."

"음, 실은 며칠 뒤에 금정스님이 계시는 부석사에서 산사음악회를 하는데 중국학생들 중 누가 참가할 수 있는지 알아보려고. 지난번 노 래방에서 보니 유향의 실력이 제일 좋던데. 어때, 참가할 수 있어?"

"네? 저는 많이 모자랍니다."

"참가하는데 의의가 있지. 스님에게 네가 참가한다고 말했는데."

"그랬어요? 시간을 주세요."

"시간이 뭐가 필요해. 지금 얘기해줘. 간단한 것도 좋아"

"중국노래도 되나요?"

"더 좋지 않을까."

"그럼, 제가 중국 전통노래 중에서 간단한 것으로 해보겠습니다."

"땡큐, 쎼쎼!"

"잘할 수 있을지 걱정이 듭니다."

"괜찮아. 미리 노래 제목을 알려줘. 그래야 반주를 준비하니까."

"중국노래 반주를 구할 수 있나요?"

"한국에서도 웬만한 중국노래는 다 있어."

"알겠습니다."

수업이 끝날 때쯤 학생들에게 산사음악회가 있음을 알리고 그날 템플스테이도 할 수 있는데 가능하냐고 물으니 모두들 대찬성이다.

산사음악회는 휴일 저녁에 열리는지라 황교수와 중국학생들은 오후 늦게 느긋한 마음으로 부석사로 향했다. 바람이 조금 불고, 하늘엔 구름이 조금 낀 날씨여서 해가 나왔다 들어갔다 번복했지만 전반적으로는 화창한 날씨였다. 부석사에 도착하니 극락전 앞마당에 공연을 위한 무대가 준비되어 있고 옆에는 피아노 한 대와 드럼 그리고 각종 악기가 준비되어 있다.

부석사의 산사음악회는 불교인뿐만 아니라 일반인들도 참가하고 가톨릭 신부님과 수녀님들도 참가한다. 노래뿐 아니라 악기의 연주회도 있다. 이제 서산지역의 유명한 문화행사로 자리 잡았다.

주지스님은 종무소 안에서 다른 스님들과 이야기를 나누고 있다.

금정은 승복이 걸리적거리는지 팔소매는 걷어 부치고 허리부분에서 한번 동여매고 분주하게 일을 하고 있다.

"스님, 우리 왔습니다. 많이 바쁘시지요?"

"황교수님 오셨어요. 우리 학생들도 모두 왔네요. 환영합니다."

"아직 음악회 준비가 덜 되었나요?"

"아닙니다. 한두 해 하는 것도 아닌데요."

"그래도 계속 체크해야 되는 것이 많잖아요?"

"괜찮습니다. 다들 오셨으니 제가 차라도 대접하겠습니다."

"바쁘실 텐데 우리는 신경 쓰지 마세요. 제가 알아서 하겠습니다."

"그 정도 여유는 있습니다. 저기 정진선원으로 가서 숙소에 짐을 넣으시고 차라도 마시면서 이야기를 나누지요."

황교수는 남학생들과 한 방에서 자기로 하고 여학생들에게도 방이 하나 따로 주어졌다. 여학생들이 묵을 방은 인원에 비해 약간 좁은 듯했지만 같이 자는데 별 문제는 없을 정도. 정진선원의 큰 방에서 금정이 찻물을 끓이면서 모두에게 와줘서 고맙다고 인사했다.

"어서 오세요. 우리 절에 오신 것을 다시 한 번 환영합니다."

"절이 너무 예쁩니다." 학생들이 이야기했다.

"그래요. 중국의 사찰하고는 분위기가 많이 다르지요. 한국 절이 좀 더 친자연적이라고 할 수 있습니다."

"스님, 여기 의상대사와 선묘낭자의 이야기가 있지 않습니까. 학생들에게 소개해 주시지요. 가능하면 중국어로."

"할 수 있는지 모르겠습니다."

"한 번 해보세요. 틀리면 다시 한국어로 하면 되지요."

"나 워라이 지에샤오이샤, 워더스미야오 청리더 시치스 총시엔짜이 이치엔우바이니엔즈치엔, 여우이피엔촨수어 … 그럼 내가 소개하겠습니다. 우리 절이 지어진 시기는 지금부터 1,500년 전이고, 전설이 있습니 … ,"

"금정스님, 주지스님이 찾으십니다." 밖에서 부르는 소리가 있었다.

"아이고, 일이 있나보네요. 교수님께서 대신 이야기해 주세요." 금정은 종무소로 갔다.

황교수는 학생들과 절을 둘려보기 위해 밖으로 나갔다. 극락전 앞에서 절을 소개하는 간판의 내용을 보고 있는데 아주머니 한 분이 다가오더니 절의 역사와 전설을 유창한 중국어로 소개했다. 황교수가 놀라서 누구시냐고 물으니 자기는 중국 연변에서 온 조선족 동포인데 인연이 있어 부석사에서 잠시 봉사를 하고 있다고 했다. 그러면 그렇지, 황교수는 아주머니에게 고맙다고 인사를 하고 학생들을 데리고 산신각으로 갔다. 산신각이 이 절에서 가장 효험이 있는 곳이라고 하자 학생들은 누가 먼저랄 것도 없이 눈을 감고 무언가를 빌었다. 산신각에 걸려있는 선묘낭자 상을 소개하며 이것이 그 옛날 한국과 중국의 사랑이야기의 주인공이라고 말해주었다.

금정이 유향을 불렀다.

"유향 학생, 순서가 끝에서 두 번째입니다. 기다리기 지루하면 친구들하고 가볍게 연습하면서 기다려 주세요. 공양간에 가면 먹을 것이 마련되어 있으니 시장하면 언제든지 드실 수 있습니다."

"스님, 제가 선곡한 반주는 잘 준비되었나요?"

"그럼요. 선곡해주신 '위에량 따이비야오 워드신'이라는 노래는 한국에서도 아는 사람이 얼마나 많은데요."

"스님, 오늘 상금 있어요?" 황교수가 물었다.

"참가하시는 분들을 위하여 조그만 선물을 준비했습니다만 마음에 드실지는 모르겠습니다."

"기념품 말고 상금은 없습니까?"

"이 음악회는 축제이지 대회가 아닙니다. 대신에 제가 학교에 가서 식사를 한번 사겠습니다."

"그냥 농담으로 해본 것이니 신경 쓰지 마십시오. 하하하"

해가 지고 어두워지기 시작했다. 사람들이 모여들기 시작하더니 부석사 마당은 금세 북새통을 이루었다. 스님들의 숫자도 늘어나고, 서산시장도 직원들과 함께 참가하였다. 무대복장을 한 사람들, 연주자들, 한복을 차려입은 봉사자들이 준비를 마쳤다. 마침내 마이크를 잡은 금정이 경내 주의를 환기시키자, 법당 안에서 종소리가 울리면서 산사음악회가 시작되었다.

음악회를 진행하는 사회자는 외부에서 초청했지만 금정도 중간 중간 사회자를 대신해서 마이크를 잡았다. 스피커를 통해 나오는 금정의 목소리는 평소와 달리 어떤 카리스마가 있어서 군중을 압도했다. 큰스님과 서산시장의 인사말이 끝나고 음악회를 축하하는 전통악기 공연, 뒤이어 피아노 반주에 맞추어 노래하는 수녀님 그리고 일반인들의 노래가 이어졌다. 노래는 연령대에 따라 나이든 사람들은 트로트를, 젊은 사람들은 템포가 바른 노래를, 아주머니들은 분위기가 있는 발라드를 불렀다. 이들의 노랫소리는 가을밤의 정취를 더해 주었다.

유향의 차례가 되자 이미 밤이 꽤 깊어 어두워졌다. 간간이 오락가락 하던 구름은 한 점도 없이 사라지고 청아한 가을 하늘엔 둥근달이 환하게 빛나고 있다. 금정이 무대에 올라가서 마이크를 잡았다.

"제가 오늘 특별히 여러분에게 중국인 가수를 소개합니다. 여러분 큰 박수로 환영해 주시기 바랍니다. 유향 학생 나오십시오."

"와 와 와!"

유향이 스포트 라이트를 받으며 무대에 올라 인사를 하자 청중들이 큰 박수소리로 환영하였다. 유향의 깨끗한 피부는 달빛과 조명을 받아서 더욱 희게 보였다.

"유향 학생은 저에게 중국어를 가르쳐 주는 선생님입니다. 오늘 특별히 여러분 앞에 서게 되었으니 저로서는 참으로 감사하게 생각합니다. 부르실 곡목은 '위에량 따이 비야오 워드신', 저 달님은 내 마음이라는 뜻입니다. 마침 하늘에는 달님이 환하게 떠 있네요. 혹시 아시는 분들이 있는지 모르겠습니다. 우선 들어보시고 마음에 들면 박수를 크게 쳐서 앵콜을 청하도록 하겠습니다."

"안녕하세요. 저는 중국에서 유학 온 유향입니다. 잘 부탁합니다."

"와 와 와!" 다시 큰 박수소리가 울렸다.

"니원워 아이니 여우뚜어션 你问我爱你有多深 내가 당신을 얼마나 사랑하는지 물었지요

워아이니 여우뚜어펀 我爱你有几分 내가 당신을 얼마나 사랑하는데요

워더칭예전 我的情也真 나의 마음은 진실하고

워더아이예전 我的爱也真 나의 사랑도 진실합니다.

위에량 따이비야오 워더신 月亮代表我的心 저 달님은 내 마음

니원워 아이니 여우뚜어션 你问我爱你有多深 내가 당신을 얼마나 사랑하는지 물었지요

워아이니 여우뚜어펀 我爱你有几分 내가 당신을 얼마나 사랑하는데요

워더칭 뿌이 我的情不移 내 마음은 움직이지 않아요

워더아이 부볜 我的爱不变 내 사랑도 변하지 않아요

위에량 따이비야오 워더신 月亮代表我的心 저 달님은 내 마음

칭칭더 이거윈 轻轻的一个吻 가벼운 입맞춤이

이징 다동 워더신 已经打动我的心 내 마음을 흔들었어요

션션더 이돤칭 深深的一段情 깊고 깊은 이 마음

쟈오워 스니엔 따오루진 教我思念到如今 내 생각이 어떻게 이렇게 되었나요

니원워 아이니 여우뚜어션 你问我爱你有多深 내가 당신을 얼마나 사랑하는지 물었지요

워아이니 여우뚜어펀 我爱你有几分 내가 당신을 얼마나 사랑하는데요

니취 샹이샹 你去想一想 생각하세요

니취 칸이칸 你去看一看 보아주세요

위에량 따이비야오 워더신 月亮代表我的心 저 달님은 내 마음"

    이 노래는 중국의 여가수, 등려군이 불러서 이미 많은 한국사람들의 귀에 익숙한 노래다. 유향은 일반적인 창법이 아니라 중국의 경극에 나오는 박자가 조금 느릿하면서 청아한 창법으로 노래를 부르기 시작하자, 순간 부석사 경내에는 청중들의 숨소리조차 들리지 않을 정도로 조용해졌다. 천상의 비단실로 만든 아쟁의 현을 곤륜산崑崙山

옥돌로 만든 활로 문지르는 것 같은 청아한 목소리였다. 한국사람들에게는 익숙하지 않은 창법이지만 밤에 들으니 황홀하기 그지없었다. 유향이 노래를 끝내자 경내가 떠나갈 듯한 박수소리가 울리며 모두들 앵콜을 연호하였다.

유향이 다시 자세를 가다듬고 노래를 시작하자 장내는 이전보다 더 쥐죽은 듯 조용해졌다. 유향이 1소절을 끝내고 2소절에 들어서자 황교수는 중국학생들에게 따라 부르게 했다. 중국학생들이 따라 부르자 곳곳에서 이 노래를 아는 사람들이 있는지 따라 불렀다.

금정은 유향이 노래를 시작하자 깜짝 놀라는 눈치다. 황교수도 유향이 노래방에서 부르는 것을 듣고 조금한다고 생각했지만 이렇게 노래를 잘 부를 줄은 전혀 예상하지 못했기 때문이다.

금정의 눈에 유향이 노래를 부르는 모습은 마치 비천이 내려와 노래를 부르는 것이라는 착각을 할 정도였다. 천상의 가릉빙가가 내려온 것이 아닌지 의심스러웠다. 유향의 노래가 이어질수록 유향의 주위에 꽃잎이 흩날리고 이맘때쯤 중국에서 한창 피는 월계수 향기가 코끝을 스치는 착각을 일으켰다. 마치 먼 옛날 국화향기 그윽한 밤, 어느 부잣집 딸이 님을 그리며 부르는 노래처럼 느껴졌다.

유향의 노래가 끝나고 다시 사람들이 큰 박수를 치자 금정은 그제야 정신이 돌아온 듯 얼굴을 좌우로 흔들었다. 유향 다음의 마지막 가수가 무대에 올라 노래를 불렀지만 전혀 귀에 들어오지 않았다.

산사음악회는 달이 하늘의 더 높은 곳으로 올라가고 밤이 꽤 깊어서야 끝이 났다. 많은 사람들이 유향이 부른 '위에량 따이비야오 워드 신'을 이야기하고, 유향에게 다가가 노래가 너무 아름다웠다면서 악수를 청했다. 유향이 졸지에 유명인사가 되었다.

　장내가 대충 정리되고 청중들도 돌아갔다. 일행은 정진선원으로 가서 각자 편한 옷으로 갈아입었다. 금정이 잠자리를 봐주기 위해서 왔다.

　"어때요? 지내기 괜찮겠어요. 누추하지만 하룻밤이니 이해해주세요."

　"아닙니다. 너무 좋아요."

　"유향 학생, 정말 너무 잘 불렀어요. 다시 보게 되었어요."

　"감사합니다."

　"스님, 마이크를 잡은 스님의 목소리는 보통 때와는 달리 염불을 많이 해서인지 낭랑하고 부드러우면서도 카랑카랑해서 모인 청중들을 압도했어요." 황교수가 칭찬을 하고,

　"마이크빨은 있는가 보지요." 금정이 답하니,

　"스님, 정말 멋있었어요." 유향도 칭찬했다.

　"아까 유향이 노래 부를 때 보니 스님 넋이 완전히 나갔더군요."

　"그래보였어요?"

　"실은 여기 온 모든 사람들이 그랬어요. 하하하"

　"내일 새벽 3시에 예불이 있는데 의향이 있는 사람은 참가할 수 있습니다. 이것도 문화체험이니 일어나시기 어렵겠지만 가능하면 많이 참가해 주세요. 내가 여러분들을 위해서 특별히 기도하겠습니다."

　"감사합니다."

　시간은 자정이 가까웠다. 금정은 음악회 때문에 피곤했지만 왠지 잠을 자지 못하고 뒤척였다. 많은 일들이 생각이 나는데 특별히 유향의 노래가 귀에서 떠나지 않는다. "위에량 따이비야오 워드신 … " 금정은 작은 소리로 노래를 흥얼거려 보았다. 계속 뒤척이며 잠을 자려

고 노력했지만 웬일인지 정신이 더 맑아지는 것 같다. 금정은 차라리 법당으로 가서 108배나 할 생각으로 자리에서 일어나 간단하게 옷을 갖추어 입고 밖으로 나갔다. 바깥에는 절 경내의 모든 전등이 꺼졌지만 하늘 높이 뜬 달만이 환하게 비추고 있다. 금정은 달을 바라보았다. 오늘따라 유난히 밝아 보였다. 저절로 유향의 노래가 떠올랐다. 법당으로 가다가 정진선원 쪽을 보니 중국여학생들이 묵고 있는 방에는 아직 불이 켜져 있었다. 극락전 앞의 전등을 켜고 법당 안으로 막 들어가려는데 정진선원에서 방문이 열리는 소리가 나서 보니, 화장실을 가려는지 누가 밖으로 나왔다.

가을의 깊고 푸른 밤, 청정한 하늘 높이 차디차게 하얀 달이 교교히 세상을 비추는데 법당 앞과 정진선원 방에만 불이 켜져 있다. 법당 앞 전등 밑에는 금정이 서 있고, 정진선원 불빛 앞에 또 한 사람이 서 있다.

금정은 누군가 싶어 눈을 주시하고 바라보았다. 잘 보이지 않았지만 유향인 것 같다. 금정은 정진선원 쪽을 보고만 있었다. 밖으로 나온 유향도 법당 앞에 선 금정을 보고 누구인지 살피더니 알아챘는지 머리로 가벼운 목례만 보이고 그대로 서 있다. 둘은 잠시 그대로 서 있었다. 밤이 너무 늦어 어색

해졌는지 금정이 먼저 목례를 하고 법당으로 들어갔다. 법당에 들어간 그는 전등은 켜지 않고 양초에만 불을 붙이고 108배를 시작했다.

다음날 새벽 3시, 금정은 서둘러 의복을 갖추어 입고 법당으로 가서 법당종을 울렸다. 곧이어 새벽예불을 위해 찾은 아랫동네 아주머니, 할머니 몇 분들이 법당에 들어갔다. 금정이 부처님께 3배를 올린 후 목탁을 치며 예불을 하고 있는데 황교수와 유향, 류찬, 왕현, 석문정이 들어가 조용히 부처님께 3배를 올리고 예불에 참가했다. 금정은 부처님에게 황교수와 중국학생들이 특별한 인연으로 이곳에 왔으니 이들이 무사히 한국유학을 마치고 중국으로 돌아갈 수 있게 큰 자비를 베풀어주시기를 소리 내어 기도드렸다.

새벽예불이 끝나도 바깥은 여전히 어둠에 쌓여있으며 날씨는 약간 쌀쌀한 느낌이 들 정도였다. 법당을 나온 황교수와 학생들은 가볍게 몸을 푸는 동작을 하고 모자란 잠을 위해 다시 정진선원의 방으로 들어갔다.

유향은 다시 숙소에 들어 자리에 눕자 산사음악회에서의 기억이 새삼 떠올랐고, 방금 있었던 법당에서의 예불장면이 눈에 아른거렸다. 자기가 한국에 와서 절에서 자게 되리라고는 생각지도 못했는데 이렇게 부석사에서 자게 되고 예불까지 하니 참 기분이 묘했다. 유향은 금세 잠에 빠져들었다. 그리고 꿈을 꾸었다.

누각이 화려한 옛날집이 보였다. 유향은 자기가 누구를 많이 좋아했지만 그는 스님이어서 자신의 마음을 외면하고 있었다. 그가 자신을 좋아하든 그렇지 않든 그에 대한 자신의 마음은 변함이 없었다. 평소, 바느질 솜씨가 뛰어나다는 평판이 자자한 유향은 자기가 좋아하는 그 스님을 위해서 옷을 몇 벌 준비하고 있었다. 영화관의 필름이 돌아가듯 시간이 순식간에 흐르더니, 그 스님은 공부를 끝내고 자신의 고향으로 돌아갈 시간이 되었다. 유향은 이를 눈치 채지 못했고 다른 사찰에 가서 그 스님을 위해서 기도를 올리고 있었다. 기도를 끝내고 집으로 돌아오니, 그 스님은 고맙다는 표시의 선물만 남겨놓고 고향으로 떠났다고 말했다. 유향은 급히 자기가 만든 옷을 챙겨들고 항구로 나갔지만 그 스님은 흔적도 없었다. 상심해서 바다를 바라보고 있으니 폭풍우에 파도만 세차게 일렁거리고 있었다. 유향이 절망감과 두려움에 팔을 휘젓고 있는데 누군가 손을 잡아서 눈을 떠보니 류찬이 자기를 깨우고 있었다.

"야! 야! 자다가 왜 팔을 흔들고 그래. 꿈에서 누가 돈이라도 주었니?"

"아! 꿈이었네."

"무슨 꿈?"

"파도가 세차게 일렁이는 꿈이었어."

"물은 돈 꿈인데 오늘 복권이나 사자."

"무슨 복권타령이야."

"야, 일어나 아침 먹으러 가자. 절에서는 아침을 빨리 먹어야 된데."

"알았어. 다른 사람들은?"

"이미 다들 식당에 갔어. 빨리 준비하고 가자."

코스모스길

오전 수업만 있고 오후에 수업이 없는 날 황교수와 금정은 연구실에서 중국학생들을 기다리고 있다.

"오늘 수업은 끝났나요?"

"네, 오늘은 오전에 교양 한 과목만 있습니다."

"중국학생들은 다른 수업 끝나고 금방 올겁니다.

"지난 주 음악회 때 방을 내어 주셔서 감사합니다. 학생들이 아주 좋은 추억이었다고 해요."

"그렇다면 다행입니다. 그날 유향 학생이 노래를 너무 잘해서 사람들이 음악회에 대한 칭찬이 자자했습니다."

"저도 놀랐습니다. 노래방에서 좀 한다고는 생각했는데 그렇게 잘 부를 줄 몰랐습니다."

"유향에게 제대로 된 상품도 주지 못해서 제 마음이 서운했는데 주지스님이 오늘 용채를 주시면서 식사를 한번 사라고 하셨습니다."

"그러실 필요 없는데요. 그날 방도 내어 주시고."

"아닙니다. 그 정도는 당연히 해줄 수 있는 것인데요."

"그럼 주지스님 덕분에 아니 유향 덕분에 오늘 점심값 굳었네요. 뭐 맛있는 것 사주시겠습니까?"

"학생들이 좋아하는 것이면 됩니다. 제 입장은 고려하지 않아도 되요."

"학생들이 많아서 부담이 될 건데요."

"괜찮습니다. 주지스님이 학생들 영양 보충시켜주라고 하셨습니다."

"그럼 뭘 먹을까요?"

그때 문에서 노크가 있고 중국학생들이 우르르 들어왔다. 금정이 학생들 쪽을 바라보다 유향과 눈이 마주쳤다. 유향이 부드러운 미소를 지었다. 유향이 산사음악회에서 노래를 잘 부른 덕분에 주지스님이 학생들에게 맛있는 것 사주라고 했다고 황교수가 말하자 모두들 유향에게 고맙다고 하고 금정에게도 감사하다고 인사를 했다. 황교수는 이들을 태우고 고개 넘어 수덕사를 지나고 산속 비탈길을 지나서 호수 옆에 있는 작은 매운탕집으로 갔다.

"아니 매운탕집이 아닙니까?"

"네."

"중국학생들이 잘 먹을까요?"

"입맛에 안 맞아도 한국음식을 배워야지요. 음식도 문화이지 않습니까. 이제 다들 한국음식에 익숙해져서 잘 먹을 겁니다."

"그럴까요?"

"그럼요. 그리고 여기는 스님이 드실 수 있는 칼국수도 맛있게 합니다."

"그것은 좋군요."

식당으로 들어가 자리를 잡았다. 황교수와 금정은 가장 안쪽에서 마주보고 앉았다. 황교수 옆자리에는 류찬이 앉았고, 금정 옆에는 두아란이 앉았는데 유향이 두아란에게 뭐라고 하자 두아란이 자리를 양보했다. 황교수는 학생들에게 이집에서 파는 민물고기 매운탕에 대해서 설명을 하고 조금 맵게 느껴지더라도 나중에 시원한 느낌이 드니 맛있게 먹으라고 말했다.

조금 있다가 큰 냄비에 이미 끓인 매운탕이 나왔는데 손바닥 크기의 고기들이 여러 마리 들어있고, 국물 위에는 작은 새우들이 많이 떠 있다. 아주머니가 밀가루 반죽덩어리를 가지고 왔다. 가스버너의 불을 켜니 매운탕이 금세 다시 보글보글 끓기 시작했다. 탕이 끓기 시작하자, 아주머니는 익숙한 솜씨로 수제비를 뜨더니 탕으로 던져 넣었다. 솜씨 좋게 금방 냄비 3개어 수제비를 뜨넣고 조금 지나니 먹기에 알맞게 되었다. 곧바로 금정을 위한 칼국수도 커다란 대접에 담겨 나왔다. 학생들이 왜 칼국수를 드시냐고 물으니 금정은 물고기가 자기를 싫어해서 안 먹는다고 하고 후루룩 후루룩 칼국수를 먹기 시작했다. 황교수는 적당히 끓은 매운탕을 퍼서 작은 그릇에 담아 학생들에게 나누어 주고 자기도 한 그릇 퍼서 먹기 시작했다.

"어때, 맛있어?"

"좋아요. 맛있어요." 석문정이 엄지손가락을 세웠다. 옆에서 후후 불며 먹던 류찬, 유향도 맛있다고 했다.

"이따가 돌아가는 길에 꽃밭에 들렀다 가지요." 황교수가 제의했다.

"꽃밭이라니요?"

"네, 지금이 한창 가을이잖습니까. 요 옆동네에 가니 일부러 가꾼 것인지 코스모스가 엄청 피어있더라고요."

"그래요. 좋지요. 지금 코스모스는 정말 예쁘지요."

"그 옆에는 찻집도 있으니 커피도 한 잔 할 수 있습니다."

"그럼 더 좋지요."

식사를 마치고 코스모스 밭으로 향했다. 차가 다니는 도로 옆에도 도로 경관을 위해 일부러 가꾼 코스모스들이 차량이 지나는 바람에 한들거렸다. 학생들은 코스모스가 아름답다고 환호를 질렀다. 축구장 두어 개를 합친 크기의 넓은 장소에 코스모스 꽃이 만발한 꽃밭에 도착했다.

차로 천천히 꽃밭을 한 바퀴 돌고난 후 찻집 앞에 차를 세웠다. 차가 멈추자 누가 먼저랄 것도 없이 꽃밭으로 뛰어갔다. 꽃밭에는 이미 많은 사람들이 다녀간 듯 이곳저곳으로 길이 나 있었다. 꽃잎을 볼에 대어보기도 하고, 한 아름 가슴에 안아보기도 하면서 활짝 핀 코스모스를 만끽했다. 가장 코스모스가 만발한 곳에서 단체사진을 찍기 위해 모였다. 갖가지 포즈와 표정으로 사진들을 찍었다.

몇 장을 찍다가 금정이 옆구리에 이상한 느낌이 있어서 고개를 돌리니, 유향이 금정과 팔짱을 끼려다 금정과 눈이 마주치자 당황한 듯 주춤하다가 배시시 웃는다. 금정도 미소를 지어 보였다. 유향의 얼굴이 가을의 화사한 분홍색 코스도스처럼 피어났다.

4. 황교수, 불교를 묻고

우리는 지금 육신으로 이 세상에 윤회되어
레테Lethe의 강 이편에 있습니다.

　가을이 점점 깊어가고 들녘에는 군데군데 이미 가을걷이가 시작되어 농부의 손길이 바쁜 계절이다. 황교수는 범종 제작의 방향에 대해 의논하고 혹시 불교적 교양이라도 더 쌓을 생각으로 오전 수업을 끝내고 부석사로 가겠다고 금정에게 전화를 했다. 금정이 절에 와서 점심공양을 하라고 했지만 황교수는 시간이 어중간해서 도중에 수제비를 맛있게 하는 음식점에서 먹고 갔다.

　평일 부석사는 한적하고, 종무를 보는 보살도 일을 보러 읍내에 나가고 없다. 금정은 돌로 만든 자그마한 관음상이 서 있고 납작한 돌이 다리처럼 걸려있는 작은 연못가에서 새에게 모이를 주면서 황교수를 맞았다. 금정이 연못가에서 휘휘 휘파람을 부니 작고 노란 새들이 날아와 금정의 손에 와서 무엇을 쪼아 먹고는 다시 날아갔다.

　"스님 뭐 하세요? 새가 손에 날아와 먹이를 먹네요. 종무소 앞마루에 놓인 작은 그릇에 땅콩을 놓아두면 새들이 날아와서 쪼아 먹는 것을 보았지만 이것은 처음 봅니다."

　"네, 이놈들이 먹이를 주어 버릇하니 이렇게 오는 것이지요."

　"새들에게 보시를 하시는 거네요. 예전에 산에서 어떤 분이 휘파람으로 새를 불러서 모이를 주는 것을 보고 저도 따라 해보았더니 저한테는 안 오던걸요."

"그 새들에게는 황교수님이 익숙하지 않아서 이겠지요."

"사실, 그때 마음 한구석에 서가 손에 날아오면 요놈 콱! 하는 생각이 있었는데 그놈들이 눈치를 챈 것인지."

"글쎄요. 아무리 새가 똑똑해도 사람 마음을 눈치 채기야 하겠습니까. 그냥 익숙하지 않았던 것이겠지요."

"그럼, 여기 새들은 어떤지 한번 해 볼까요? 요놈 콱! 하는 마음을 가지고 하겠습니다."

"해 보세요. 그들이 교수님 마음을 알아채는지."

황교수가 손바닥 위에 땅콩을 놓고 휘파람을 부니 금세 한 마리가 날아왔다.

"얼레, 이 바보 같은 놈이 날아오네요."

그리고 또 한 마리가 날아왔다.

"뭐든지 길들이기 나름이지요. 집에서 기르는 소나 개와 같은 가축들도 설사 나중에 자기가 잡혀 먹힐 수 있지만 주인을 따르지 않습니까. 길들여진 것이지요."

"듣고 보니 그렇습니다. 그런데 동물들은 지진도 며칠 전에 알아챌 정도로 애민한 감각을 가졌다는데 왜 사람의 마음을 모르지요?"

"그걸 제가 어떻게 알겠습니까."

"스님은 아무래도 마음이 깨끗하니 우리 속인들보다야 더 많이 아실 것 아닙니까?"

"동물들의 마음이 문제가 아니라 사람의 마음이 문제겠지요."

"맞아요. 어디서 보았어요. 인간과 동물의 차이는 지능이 아니라 자기의 마음을 알아차리느냐 못하느냐에 있다고."

"그 마음이 잘못 발동하면 새도 죽일 수 있고 사람도 죽일 수 있지요."

"보통 때는 가만히 있다가 왜 새를 죽이고 싶은 마음이 발동할까요?"

"아, 머리 아픈 질문하시네. 들어가서 차나 한 잔 하시지요."

"좋지요."

"교수님, 요즘 학생들 지도는 어때요? 예전 교수님 학교 다닐 때와 비교하면 많이 힘드실 건데요."

"시절이 많이 다르다는 것을 느낍니다. 학생들도 옛날의 학생이 아닙니다. 우리 학교 다닐 때처럼 하면 … 하~앜!"

"왜 그렇게 한숨을 토합니까? 많이 힘드신가 보지요."

"아닙니다. 우리가 더 노력해야지요. 선생이 된 업보지요."

"그래도 알고 계신 지식을 알려주고 학생들이 잘 이해하면 보람이 있을 텐데요."

"얼마 전, 학교에서 대학경쟁력 재고를 위해 강사 한 분을 초청해 강의를 듣는데, 그분이 이런 말을 했습니다. 옛날 교육은 엘리트 교육이고, 요즘 교육은 일부를 빼고는 모두 평생교육이라고."

"무슨 뜻인지?"

"속 터진다는 말이지요. 우리 때야 학교 공부에 재미가 없는 학생들은 일치감치 생활전선에 뛰어들었고, 성적이 어느 정도 된 사람들이 대학을 가지 않았습니까."

"지금은요?"

"고교졸업자 대부분이 대학에 진학하니 그 시절하고야 많이 차이가 나지요."

"왜요? 학생들이 수업을 따라오지 못하나요. 아니면 열의가 없나요?"

"글쎄요. 그런데 엘리트 교육을 한다는 학교 교수에게 물어보면 그들도 평생교육이라고 하더라고요. 학업성적이 문제가 아니라 가치관이 많이 변한 것이겠지요."

"그럼 교수님이 학생들의 새로운 가치관에 맞추어야겠네요."

"머리 좀 식히려고 왔으니 학교이야기는 그만 하겠습니다."

"그럼 제 머리 아프게 하려고 오셨어요?"

"왜요 스님이 보시기에 저도 평생학습 신도로 보이시는가 보지요."

"예? 하하하"

황교수가 금정에게 보이차普洱茶 덩이를 하나 꺼내 주었다.

"이게 무슨 차입니까? 반 토막이네요?"

"류찬이 아버지가 마시던 차를 가져왔다고 해서 믿을 만하여 스님과 나누어 먹을까 하고, 반은 제가 가지고 반만 가지고 왔습니다."

"반쪽짜리 차는 처음 받아 봅니다."

"하나 밖에 없어서요. 너무 짠돌이인가요?"

"아닙니다. 콩 한쪽도 나누는 인정이 좋지요."

"저도 집안에 차를 마시는 사람들이 있어서 명절이나 가족모임이 있으면 자주 차를 마셔보아서 원만한 차 맛은 알고 있지요."

두 사람은 차를 마시며 대화를 이어가다, 금정이 동다송東茶頌을 한 수 외운다.

"스님들은 차를 마시며 정신세계를 시를 통하여 나타내기도 합니다. 옛 사람들이 지은 차시를 한번 외워 보겠습니다."

"一傾玉花風生腋 옥화 한잔 기울이니 겨드랑이 바람일고

身輕已涉上淸境 몸은 가벼워 하늘로 날아오르네

明月爲燭兼爲友 밝은 달을 촛불삼고 나의 벗 삼아

白雲鋪席因作屛 흰 구름으로 자리 펴고 병풍 두르리라"

"어때요?"

"스님, 이렇게 한시도 외우시고 머리 좋으시네요. 저는 요즘 우리 학과 학생들 이름도 못 외워요."

"저는 아직 그 정도 연배는 아니지 않습니까. 교수님, 술을 너무 좋아하시니 술이 뇌에 좋지 않은 영향을 많이 주잖아요. 술 좀 줄이세요."

"그래야 되는데, 다시는 안 마시겠다 하고도 오후 술시만 되면 술이 생각나니 아마 중독은 아니어도 술에 사로잡힌 것은 맞는 것 같습니다. 병원에 가서 건강 체크를 하면 상태가 예전만 못합니다. 다 술 때문인 것 같습니다."

"술이 뭐가 그리 좋습니까?"

"스님은 곡차를 안 하십니까?"

"옛날에는 했는데 출가한 이후로는 안합니다."

"그래요. 어떤 스님들은 많이 한다고 하던데요."

"출가하면 생각보다 스트레스가 많습니다. 그래서 술이나 담배로 푸는 스님들도 있긴 있어요."

"제가 얼마 전에 어느 스님 방에 갔는데 담배냄새에 아주 찌들었습디다."

"그런 얘기 그만하고 제가 시를 하나 더 외워 보겠습니다."

"靜坐處茶香初 고요히 앉아서 차 가시니 향기는 그대로인데

妙用時水流花開 묘한 작용 일어나며 물은 절로 흐르고 꽃은 홀로 피네"

"추사의 차시茶詩입니다."

"스님, 맨날 그런 거나 외우면서 사십니까? 팔자 좋으십니다."

"아니 왜 또, 황교수님은 너무 과격해요. 스님들이 공부를 하다보면 이런 여유도 있어야 합니다. 차 가시는 것도 명상수행입니다."

"여유 좋지요. 하지만 저는 금정스님은 땀 흘리는 스님이 되셨으면 합니다."

"우리 스님들도 울력이라 하여 절에서 일을 많이 합니다."

"스님, 솔직히 저는 동차송인지 동다송인지 외우는 것 그렇게 좋아하지 않아요. 그런 시를 외우면 공부 많이 한 것 같고, 수준이 있는 것 같지만 과연 속세를 떠난 듯한 모습이 진정한 인간의 스님으로서의 모습인가 회의가 듭니다. 금정스님하고야 격식이 없다고 생각하고 한 말씀드리겠습니다. 차라리 단지 세치 혀로 사람들을 현혹하여 모든 것을 자기 잣대로만 처방하는 요승만 아니라면 대중가요를 부르며 중생들의 마음과 소통하는 것이 낫다고 생각합니다. 지금은 유학儒學의 고상한 경전으로 바뀌어 있지만 시경詩經도 원래는 당시 사람들의 통속적인 가사라지 않습니까? 공자님도 세상 속에서 도를 구했다고 볼 수 있지요."

"그런 부분도 없지 않습니다. 그래서 원효대사도 공부하던 법상종에서 백성들에게 내려가 그들의 삶속에서 불법을 깨닫게 했지요."

"스님, 어머님 지금 뭐하세요?"

"무슨 어머니요?"

"육체적으로 스님을 낳아주신 어머니. 스님은 성령으로 나셨어요? 아버지도 있고, 어머니도 있잖습니까?"

"어머님은 가끔씩 우리 부석사에도 오시는데 우리 절의 신자가 되셨습니다."

"저는 신자라기보다 여전히 어머니라고 봅니다. 자식인 스님은 어머니를 신자로 착각한 것으로 봅니다. 어머니는 무조건 자식을 위하는 것 같습니다."

"대부분 비슷하지요."

"어머니는 상대적으로 헌신적이지 않습니까?"

"그렇지요. 대부분."

"그럼, 아버지는요? 아버지는 신자로 가입하기가 어려우실 겁니다."

"글쎄요?"

"스님의 어머님는 스님에게 절대적으로 헌신적이시죠?"

"모든 어머니의 자식을 위한 이기적 DNA는 타의 추종을 불허하지요. 하지만 다른 동물과 달리 인간은 그 이기심을 극복할 수 있어요."

"스님, 불교방송을 보면 공동점이 무엇입니까?"

"스님들 나오고, 절 사진 나오고 … "

"그리고는요? 스님의 말씀은 진리입니다라고 고개를 끄덕이는 사람들."

"무슨 험담을 하려고 이러시나?"

"얼마 전에 TV에서 느낀 것이 있습니다."

"무엇을요?""스님들은 상대적으로 맹목적 성향을 지닌 아주머니와 할머니들을 주로 상대하고 계셨어요."

"무슨 말인지?"

"TV화면에서 스님들의 법문을 듣는 사람들이 대부분 아주머니와 할머니들입니다."

"낮에는 남자들이 직장에 나가니 그렇지요."

"글쎄요. 낮에 하더라도, 석학의 과학강의나 사회적 전문가의 강의 청중들은 남자나 젊은 여성들이 상대적으로 훨씬 많습니다. 이것을 직장에 출근하는 탓으로만 돌릴 수 없다고 봅니다."

"그럼 무엇입니까?"

"경제활동 인구들은 실질적인 것을 원한단 것이지요. 막연한, 허황한 것은 절박한 삶에서 도움이 되지 않는다는 뜻이 아닌가요?"

"너무 억지 같은데."

"경제활동 인구들은 적극적 현실타개의 방법을 찾는데, 가정을 지키는 사람들은 안정을 희구한다고 할까요?"

"종교는 후진 꼴통이라는 말로 들리는데."

"아닙니다. 하지만 실체가 분명히 제시되는 법문을 하는 스님이 있으면 어떻게 알고 남자들이 많습니다."

"아주머니들을 대상으로 하는 것은 실천적 진실이 아니란 것인가요?"

"아닙니다. 아주머니들이 삶에 더 간절하기 때문일 수도, 일상에서 얻을 수 없는 위로를 받기 때문이기도 할 것입니다. 제가 보았을 때 많은 법문이 개념 속에서 맴도는 것 같았습니다. 어떻게 보면 말장난 같았어요. 특히 틈만 나면 계율을 어기는 스님이 수행과 기도를 이야기하면 역겹기까지 합니다. 현실적 진보를 갈망하는 남자들은 그런 것 인정하지 않습니다."

"인간의 현실적 진보의 욕망이 더 나은 가치라는 말같이 들리기도 하고 …, 표피적 지식에 가로막혀 근원적 질문을 외면하는 것 같기도 하고 …"

"객관적 시각으로 보았을 때 인간의 문명은 발전합니다. 그런데 종교는 꼭 과거에서 한 발자국도 못나가는 것 같아요. 특히 불교는 더 심하고 조사와 선지식에 매달려 있는 것 같습니다. 스님들이 일반인들에게는 아상을 부수라 어쩌라 하면서 스스로는 과거 선배들의 틀에 얽매어 있는 것 아닙니까?"

"일반인의 입장에서 스님들이 조사와 선지식을 인용하는 것이 가식으로 보일 수 있으나 참고를 하자니 부득이 이야기하는 것이지요. 학자들이 연구할 때 참고문헌이 많아야 인정받지 않습니까."

"학자들이 연구할 때 참고문헌을 인용하는 것은 자신을 검증하고 필요에 따라서는 그 문헌의 오류를 바로잡으려는 것입니다. 매달리는 것이 아닙니다."

"그것은 우리 스님들도 마찬가지입니다. 교수님은 문명은 발전한다고 하지만 불교에서 보면 그저 육과 욕의 변환일 수도 있습니다."

"문명이 진보하는 것인지 아니면 그저 육과 욕의 변환인지는 단지 몇 마디 말로써 결론을 내릴 수는 없다고 봅니다."

"말이 아니라 거시적 관점을 말하는 것입니다."

"동양사상은 크게 3가지가 있는데 유, 불, 도입니다. 어떻게 차이가 날까요?"

"공자님과 부처님이 추구했던 사상은 근본적으로 달랐지요. 어떻게 보면 공자님의 사상은 현실의 윤리를 다루어서 나쁜 말로 하면 처세술로 귀결되지만 부처님의 사상은 이 우주 만물과 내가 하나 되는 것이니 완전히 다르지요. 도교는 수행이 있고 자연합일이라는 가치관이 불교와 공통점이 있어서 습합되어진 부분도 많지만 부정적인 부분도 많습니다."

"스님 입장에서 보면 공자의 사상이 처세술일 수 있지만 공자를 따르는 사람의 입장에서 부처님 사상을 보면 뜬구름일 수 있지요. 과거 스님들을 포함한 많은 분들이 유불도의 삼교조화를 말씀하셨습니다. '유교가 씨앗을 뿌리고, 도교가 북돋아 주고, 불교는 뿌리를 뽑는다'라는 말로써 삼교의 역할을 모두 인정해왔습니다."

"그렇기는 합니다만 그것은 불교가 건너와 유교에 영향을 주어서 생긴 변화도 있을 것입니다. 공자의 덕목은 대개 과거 사회적 혼란을 막고 봉건지배층의 권한을 강화하기 위해 만든 것이지만, 부처님의 사상은 그 만들어진 권한을 타파하고 모두 똑같은 존재라는 것을 밝히는 것이니 완전히 다르지요. 또한 공자의 사상은 심지어 죽은 영혼까지 사람사이의 관계망에 가두는 것을 기본적 전제로 하지만 부처님 사상을 그 관계망으로부터 벗어나는 것을 추구하니 다르지요. 제가 볼 때 유교적 관계망은 대개 육肉의 전제로 형성됩니다. 조상이라 하는 것도 지금 나의 육을 전제로 하는 경우가 많아요. 육은 욕慾의 뿌리이기도 합니다."

"불교에서는 세상을 욕계欲界의 형상일 뿐이며 기껏해야 색계色界의 흐름이 드러난 현상일 뿐이라지만 우리는 지금 육신으로 이 세상에 윤회되어 레테Lethe의 강 이편에 있습니다. 욕계의 모든 것은 내가 숨쉴 수 있게, 먹을 수 있게, 잠잘 수 있게 해주는 것입니다. 육이 아무리 욕의 뿌리라고 하지만 우리가 존재하는 사회의 기본입니다. 인간은 사회적 동물이라는 말에도 육의 관계망이 전제가 아닙니까? 부처님

법에서 말하는 자비, 중생, 극락, 지옥 등과 같은 단어들도 사회적 관계를 전제로 하는 것이지 않습니까? 스님과 저와의 관계 또한 사회적인 것이구요."

"육신이라는 틀을 가진 생각으로 보면 인간은 누구나 사회적 관계 속에서 살아가지만 이 사회적 관계는 '나'가 욕망을 일으키는 마당이라는 속성이 있기도 합니다."

"그렇지요. 항상 나란 놈이 문제이기는 합니다. 하지만 유교의 인식 체계는 비록 우리 인간의 욕망을 근거로 하고 있지만 지금까지 수천 년을 이어온 동양역사의 근간입니다. 실제 역사에서 보면 유교가 불교보다 더 큰 영향을 끼치지 않았습니까?"

"현상적으로 유교적 가치관이 큰 영향력을 끼쳤다고 해서 반드시 그것을 진정한 가치라고 볼 수는 없겠지요. 세상을 훔친 도적의 무리가 힘이 세다 해서 도적에게 가치가 있을 수는 없지 않습니까?"

"유가는 도적의 무리는 아니지요. 세상을 제도한 것입니다. 불교는 왜 굳이 눈앞에 있는 현실을 인정하지 않는 것입니까?"

"세상에 영향을 끼친 힘을 말씀하시기에 비유를 한 것입니다. 조선시대보다 더 오랜 시간 불교는 현실을 인정해 왔습니다. 그런데 불교의 핵심이 인간 차별의 타파와 모든 이기심을 버리라는 것이니 이와 반하는 사람들과 자꾸 충돌하는 것이지요."

"유교는 사람과 사람 사이가 사회를 이루는 인륜의 올바른 가치를 말하는 것입니다. 그런 관점 때문에 유교의 시각에서는 출가가 인륜을 파괴한다 하여 불가를 허무적멸이라 부르며 기피의 대상으로 삼지 않았습니까. 세상의 인륜을 버린다는 것이 가장 큰 이유가 아니겠습니까?"

"불교가 인류을 저버리라고 한 적이 없습니다. 국가가 존망에 처했을 때 오천 승병을 이끈 서산대사와 사명대사는 어느 유가보다 국가와 백성에 충忠하였고, 부처님 화신이라 불렸던 진묵震默스님의 어머니에 대한 깊은 효행은 '고시레'의 기원이 될 정도로 효孝의 본보기였습니다. 고관의 자식들이 군대에 가지 않으려 하지만 우리 스님들은 군대에 갑니다. 유가가 불교를 허무적멸이라 함은 불교가 인간의 탐진치를 버리라 하니 현학衒學과 반상班常의 명분을 중요시하는 사람들에게는 서운했겠지요. 지금도 그런 가치관에 빠져있다면 놀라울 따름이지요."

"지금은 고려 말, 조선조처럼 유학과 불교를 극단적 이분법으로 보지는 않겠지요."

"생각의 차이는 여전히 있을 것입니다. 황교수님, 불교를 대표하는 글자를 꼽으라면 공空이라고 할 수 있습니다. 유교를 대표하는 글자를 꼽으라면 대체적으로 충忠과 효孝가 아니겠습니까?"

"수신修身도 있습니다. 불교의 수행과 비슷하지 않습니까?"

"수신은 제가齊家와 치국평천하治國平天下와 한 조를 이루는데 결국에는 충효로 귀결됩니다. 충과 효에서 느껴지는 이미지는 존중과 복종이지만 이면에는 출세라는 것이 매우 크게 작용합니다. 명리이지요. 사회의 기본 속성인 온갖 명리의 추구가 출세에는 매우 자연스러운 것이 아닙니까? 우리 사회의 많은 문제가 명리의 상대성에서 옵니다. 불교의 공은 명리로 덮힌 본성, 즉 불성을 깨달아 진정한 자신의 가치를 체득케 하는 것이니 참다운 가치가 무엇인지는 명백하지 않습니까."

"퇴계 선생은 거듭된 왕의 요청에도 벼슬을 사양했으며 제자들이 세상에 나아감에 있어서 현실의 명리보다 참된 자아를 우선하라는 충고를 잊지 않았습니다."

"물론 그렇게 참된 가치를 실현하라는 사람들도 있었지만 기본적으로 왕도정치라는 봉건적 사회이념을 극복했다는 말은 듣지 못했습니다."

"유교의 수신과 출세가 상대성을 가졌다면 불교에서는 이판과 사판이 상대성을 가졌겠지요. 하지만 출세는 수신을 품어야 하고, 사판은 이판을 추구해야 하는 것 아니겠습니까?"

"현실에서 그것이 지켜지는 것이 쉽지 않지요. 모두 참나眞我를 찾지 못해서이지요."

"스님, 불교에서는 자아, 마음, 불성 이런 말들을 많이 쓰면서 참나를 찾아라, 마음자리를 찾아라, 불성을 깨치라 등 진정한 실체를 말하는 것 같은데, 그러면서도 '공空의 사상이 불교의 참 가르침이다'라고 하는데 참나라는 실체와 공의 개념은 서로 상충되는 것 아닙니까?"

"흔히 그렇게 우리 불교의 모순점을 이야기하기도 합니다. 유학의 사물현상에 대한 대표적인 접근은 이기理氣와 격물치지格物致知이지요. 진리를 탐구하는 자세가 일면 불교의 간화선과 비슷하기도 하지만 양명유학陽明儒學에선 격물치지로 이기를 끝까지 논하면 허무에 이르기 때문에 격물치지는 꺼려했다고 합니다. 불교는 그 허무를 넘어 공의 가치를 깨우치고 참나를 발견하는 것이라고 볼 수 있습니다. 이기는 현상의 가치를 중시하지만 공은 이를 파하고 그 본질로 들어가는 것이니 관점이 같아지기가 어렵지요. 너무 복잡한가요?"

"결국, 또 공을 말씀하시는 군요. 도대체 공이 무엇입니까?"

"화두같은 질문을 하십니다. 중용中庸이나 중도中道를 들어 보셨는지요?”

“대학과 중용이라고 유교의 4대 경전으로 외우고 있지만 학문적 탐색은 해본 적이 없습니다. 일반적으로 치우침이 없는 균형의 상태로 말하고 있지만 감정이 일어나기 전의 상태, 이성적 판단이 일어나기 전의 상태를 말한다고는 하는데 스님이 말씀하신 참나를 수양하는 것과 같지만, 수신제가치국평천하에서 중용을 논한다는 것은 사실은 불가능을 논하는 것을 같기도 하그 … ”

“그만큼 힘이 든다는 것이겠지요. 불교의 중도는 8정도正道로서 구체적으로 설명이 되는데 생生 · 멸滅 · 단斷 · 상常 · 일一 · 이異 · 내來 · 출出의 8종의 편견을 벗어난 공空의 세계를 중도실상中道實相이라고 봅니다. 심신을 작용하는 6가지 감각기관 안眼 · 이耳 · 비鼻 · 설舌 · 신身 · 의意 육근六根을 치우침 없이 원만히 행한다고 해석이 되기도 합니다. 사실, 맹자의 말처럼 터럭하나와 세상을 맞바꾸어야 할 만큼 행하기가 불가능에 가까울 정도로 힘이 듭니다. 그렇게 힘이 드니 도전할 만한 것이기도 합니다.”

“그것들은 자의식이 드는 순간 깨어지는 것이니 어쩌면 공이라 할 수 있겠네요?”

“‘이 뭣고’를 판단하는 ‘나’를 내려놓는 것이 공이라고 하면 중도나 중용도 공이라고 볼 수도 있습니다.”

“모든 이성과 감정의 이전 상태, 공은 자아가 없는 상태라 … . 허무하네요.”

“허무할 수도 있습니다.”

“우리는 보통 광대한 우주도 터럭 같은 내가 있기에 가치가 있다고 나의 중요성을 말합니다.”

"내가 없어도 우주는 있다고 하면 우주와 나는 일체가 아닌가요. 바로 다툼이 일어나는 최초의 분별심이 사라지는 것이지요."

"스님 한 가지 물어보겠습니다. 참선을 하는 많은 스님들이 수행 후 점검을 받고, 인가를 받기 위해서 오도송 또는 게송을 큰스님들에게 보내 점검받는다고 하는데 큰스님들은 무엇을 점검합니까?"

"교수님은 학생들에게 한 학기 수업을 하고 시험을 보지요."

"그렇지요."

"이와 비슷하다고 할 수 있습니다. 우리 스님들도 자기가 공부한 것을 선배들에게 채점을 해달라고 하는 것인데 시험에서 과락이면 탈락시키는 것처럼 어느 경계를 넘지 못하면 더 공부하라고 시킵니다. 황교수님, 우리 스님들이 채점의 기준으로 삼는 경계는 무엇일까요?"

"글쎄요, 한문시를 그럴싸하게 써서 지식을 뽐내는 마음도 있는 것 같고 … 아닙니다. 대개 나오는 단어가 공, 허공, 바람, 홀연, 구름 들이 많이 나오는 것으로 보아 인위적인 것보다는 자연과 동화된 정도를 나타내는 것 같고, 다른 한편으로는 이 단어들이 불교에서 말하는 나를 낮추는 하심下心, 집착을 내려놓는 방하착放下着의 정도를 드러내는 것이 아닌가 여겨집니다만 … "

"평소 말씀은 과격해도 명상을 자주 하시는가 봐요. 생각의 근저에 있는 가치관이 불교적 가치관과 유사한 부분이 많은 것 같습니다."

"저는 불교를 잘 모릅니다. 그런데 스님, '깨친다'라는 말을 많이 하던데 한번 깨치면 그것으로 완성입니까?"

"불교에서는 하늘세계도 33천으로 나누어 있다고 보고, 그곳에서도 '정진하지 않으면 추락한다'는 매우 냉엄한 현실이 있음을 보여줌니다. 한번 천국에 가면 영원히 그곳에서 복락을 누린다는 믿음을 가진 분들이 보기에는 참 힘들게 느껴지지요. 학교도 1, 2, 3, 4학년 올라가면서 계속 시험을 보고 문제는 더 어려워지지요. 같은 이치로 스님들의 깨침의 수준을 점검하는 것도 처음에는 그릇이 되는지, 준비가 되었는지, 기초가 되었는지 등을 점검하겠지요. 적어도 저는 그렇게 생각합니다."

"그런데 어떤 스님들의 이야기를 보면 홀연 깨우쳐 걸림이 없고 어쩌고 하면서 더 이상 공부할 것이 없는 것처럼 묘사된 것이 많던데요."

"그것은 어떤 과정을 극적으로 보이기 위해 그런 것이고, 훌륭한 고승들께서도 죽을 때까지 수행했다는 이야기도 얼마나 많은데요. 보조 지눌補照知訥스님의 깨달음에 이르는 과정을 예로 들어 설명하겠습니다. 모든 중생들의 마음속에는 여래의 지혜, 곧 불성이 갖추어져 있다고 했습니다. 자기 속에 이 여래심이 있다는 것을 알아차리는 것이 돈오頓悟입니다. 그런데 수많은 생을 거치면서 수행을 한 사람, 불교식으로 근기根氣가 있는 사람이라고 합니다만 이런 사람은 돈오를 깨닫는 순간 세상의 모든 이치가 눈에 보이고 마음이 열리는 돈수頓修를 할 수 있는 것이고, 돈오를 하였으나 오랜 수행을 통해서 비로소 깨달음에 이르는 것을 점수漸修라고 합니다. 돈오돈수든 돈오점수든 자신의 불성을 깨닫는다는 전제가 따르지요. 돈수는 수많은 전생의 수련이 쌓여서 금방 활연대오豁然大悟 하지만 대개는 망상과 미망이 불성을 덮고 있어서 이를 닦아내고 온전한 자아를 발견하는데 시간이 많이 걸린다는 것이지요. 이를 점수라고 합니다. 근기가 있는 사람은 참선으로 선정에 드는 것만으로 대오를 할 수 있지만 대부분은 그렇지 못하기 때문에 교학教學을 통해 근기를 기른 후 선정의 과정을 거쳐 깨달음에 이를 수 있다 하여 문자공부도 중요시 합니다. 다이아몬드라는 보석도 제대로 된 가치를 나타내기 위해서는 갈고닦아야 한다는 것과 같다고 볼 수 있습니다."

"불교에서는 어떻게 해서든 깨닫는 것이 가장 중요하군요. 그래서 많은 스님들이 목숨을 걸고 수행했다는 이야기가 전해지는 겁니까?"

"그런데 문제는 깨달음에 있는 것이 아니고 행하지 못함에 있다는 것이 한계입니다. 수행자가 두뇌로 느낀 이치를 가지고 중생의 위에서 행세하며 말로만 보시布施 · 지계持戒 · 인욕忍辱 · 정진精進 · 선정禪定 · 반야바라밀般若波羅蜜의 6바라밀을 외치는 것은 부처님을 빌어서 중생을 현혹하는 것이나 다름없는 것입니다. 수행을 통하여 오감으로 색色, 수受, 상想, 행行, 식識 오온五蘊을 깨운다면 마땅히 오체투지五體投地의 자세로 하심을 이루어야 합니다. 그래서 많은 고승들은 실천을 중요시 했습니다."

"깨달음, 깨침도 결국은 하심의 실천이네요."

"그렇습니다. 변치 않는 성직자의 귀감은 상구보리上求菩提 하화중생下化衆生입니다."

"『대학』편에 나오는 성중자수誠中自修 형외화민形外化民과 비슷한 말이군요."

"자고로 세상의 꼭대기가 아닌 세상의 가장 밑에서 내면의 불을 밝혀야 합니다. 앉은뱅이든 거인이든, 걸인이든 귀인이든 촛불을 서로 건네 붙여 세상을 밝히듯 사람들로 하여금 세상에 불성의 불을 붙일 수 있게 해야 합니다."

"그런 것 같습니다. 불쏘시개는 장작더미 밑에 놓고 바람을 불어야 장작더미에서 불이 타오르지 장작더미 위에 불쏘시개를 던지면 십중 팔구 꺼지지요."

"괜찮은 비유 같습니다."

"스님, 불성을 깨치기 위해서는 꼭 출가를 해야 합니까?"

"왜요, 출가하시게요? 나이가 있어서 어려울 것인데요."

"출가하겠다는 것이 아니라 깨달음의 방법이 그것밖에 없느냐는 것이죠."

"출가는 정식으로 부처님의 제자가 되는 것이니 아무래도 일반인 보다는 더 치열하겠지요. 하지단 출가하지 않고도 깨달은 이들의 이 야기도 있습니다."

"부처님의 재가제자로 10대 제자들과 보살들마저도 그 수준을 이 기지 못해 문수보살이 토론을 벌인 후에야 부처님이 인가를 했다는 유마거사에 대한 이야기는 저도 들었습니다만."

"고려 말 천책天頙스님이 그의 도반인 임계일林桂一이란 사람을 칭하 며 '집에서도 깨쳐 보살이 되었는데 산승의 공허한 말이 무슨 소용이 있겠느냐'라고 찬하는 대목이 보입니다. 그 이외에도 많겠지요. 요즘 사회에도 보이지 않은 깨달은 재가인在家人들이 얼마나 많겠습니까."

"제 친구들 중에도 집에서 매일매일 수행하는 이들이 많습니다. 저 도 수행을 하고 싶기는 한데 몸이 말을 듣지 않습니다."

"황교수님은 말에서는 수행을 추구하다가도 실제 행동에서는 많이 부닥치는 것 같습니다. 좀 더 공부하면 나아질 텐데요."

"스님, 수행을 위해서 출가를 하면 제일 어려운 것이 무엇입니까?"

"다 힘듭니다. 출가 후에 신체적, 정신적으로 더 한계에 부딪힐 수 있습니다."

"성性의 문제는 어떻습니까? 제일 극복하기 힘든 것이 성에 관한 것이라고 하던데."

"왜 갑자기 성에 대한 질문입니까? 옛 스승들은 '승려에게 재물과 여인은 독사보다 심하다'고 경고했습니다. 부처님도 '여인은 쳐다보지 않는 것이 좋으나 어쩔 수 없을 때에는 동생처럼, 누이처럼, 어머니처럼 보라'고 하셨어요. 이성에의 유혹을 벗어나기가 얼마나 어려웠으면 이런 말들이 전해질까요?"

"세상의 모든 피조물은 성이라는 것을 통해서 생기지 않습니까? 공자님이나 석가모니부처님도 모두 부모님들의 성생활의 결과로 나셨지 않습니까? 세상 모두가 성의 아름다움을 노래하는데. 스님에게만 참여하지 말라는 것은 너무 가혹하지 않습니까?"

"부처님이 출가할 때 제일 장애가 되었던 것이 부인 야소다라와의 사이에 난 아들 라훌라Rahulla입니다. 아들이 눈에 밟혔던 거지요. 그런데 라훌라라는 이름은 아수라의 무리 중에서도 가장 힘이 센 자를 일컫는 말이라고 합니다. 성으로 태어난 자식이 그 만큼 무섭다고 할까요. 아무튼 계율을 지켜야 하는 스님들 중에 포기하고 속화되는 제일 큰 이유가 여자와 돈입니다. 선을 중시하는 불교에서 스님의 제1계율이 금욕하는 비구입니다. 제일 힘들다는 것이지요."

"여자는 그렇다 치고 돈에 관한 문제도 만만치 않은 것 같습니다. 요즘 불교관련 홍보매체를 보면 딱 2가지로 귀결되는 것 같습니다. '성불 하십시오'라는 것과 '시주에 동참 합시다' 입니다. 시주에 동참하지 않으면 성불할 수 없다는 말로 들립니다."

"돈을 내가 쓸려고 요구하는 것과 남을 위해서 요구하는 것은 기본적으로 다릅니다."

"뉴스 사회란에 잊을 만하면 한 번씩 나오는 종교인들의 재산 분쟁은 돈의 위력이 얼마나 강한지를 보여줍니다. 부처님을 말한 입으로 돈돈 하는 것을 보면 좀 그렇습니다."

"비록 시주금이라도 돈을 입에 담는 것이 때로는 참으로 부담스러울 때가 많습니다. 사회가 돈의 흐름에 의해서 운영이 되니 어쩔 수 없지만 지나치게 돈을 숭배하는 사회로 전락해 가는 것 같아서 가슴이 아플 때가 많지요. 연일 이어지는 사회의 각종 사고는 자식과 부모가, 아내와 남편이 서로 죽고 죽이는 존속살해의 특징을 가지고 있어요. 사회가 경제적 가치에 전도되면서 나타나는 현상이지만, 경제라는 물질적 가치를 강조하면 할수록 일반 중생의 마음은 평정심을 잃고, 나만 살 수 있다면 어떤 일도 할 수 있는 극단의 아상이 활개 치는 지옥이 되는 것입니다. 스님이든 중생이든 아상을 버릴 수 없다면 부처님이 갔다는 진리의 세계인 무색계를 꿈꾸는 것은 어불성설입니다."

"진리, 무색계와 같은 말은 일반 대중에게는 아무런 느낌을 주지 못하는 것 같습니다. 너무 원론적이라고 할까요?"

"무슨 말이 잘 먹힐까요?"

"글쎄요. 백약이 무효인 것 같은데요. 그저 시간이 흘러가길 기다리는 것밖엔 … "

"교수님은 절망을 느낍니까?'

"저뿐 아니라 많은 사람들이 절망을 이야기합니다. 현재 우리 사회를 아무런 해결책이 없는 아포리아Aporia로 규정하는 사람들도 있습니다."

"인류의 역사를 보면 대개 새로운 사상은 아포리아의 상태에서 나오는 특징이 있습니다. 그러니 절망할 필요가 없습니다. 황교수님도 내면과의 깊은 대화를 하면 새로운 해답을 찾을 수 있을 것입니다."

"그래서 배부른 돼지보다 배고픈 소크라테스가 낫다고 한 건가요? 나는 배고픈 것은 싫은데."

"다들 배부른 소크라테스가 되고 싶어 합니다."

"스님은 부석사에 배부른 소크라테스들이 오기를 원합니까? 배고픈 소크라테스들이 오기를 원하십니까?"

"잘 나가다 삼천포로 빠지는 것처럼 황교수님도 잘 나가다 불교에 대해 의심할 때가 많은 것 같습니다."

"불교적 가치관을 의심하는 것은 아닙니다. 제 생각에 아포리아든, 소크라테스든, 기독교든, 불교든 모두 인간 한계에 대한 인식에서 비롯된 것이라고 봅니다. 인간은 누구나 자신을 구성하는 것들 중에서 적어도 자기 인식의 주체인 영혼만은 불사하기를 바라지만 실은 이미 그것의 한계를 알기 때문에 종교에 매달린다고 생각해요. 그 한계에서 구원받고 싶어 하는 것이지요."

"구원이라, 참으로 어려운 문제입니다. 실은 나도 죽어보지 않아서 잘 모릅니다. 모든 종교가 인간을 구원한다는 목표를 가진다고 하지만 차이는 엄청나지요. 불교의 중생이라는 개념에는 인간뿐 아니라 세상 모든 만물을 포함하고 있다는 것은 인간만이 신의 권위를 대행한다는 사상과는 완전히 다른 가치관일 수도 있어요. 불교에서는 모든 중생이 불성을 가진 주체가 될 수 있습니다. 그런데 피조물로서 자기를 생각하는 사람들은 주체가 아니고 누군가에게 예속되어야 합니다. 죽음 이후에도 누군가에게 예속되어야 행복하지요. 예를 들어 죽음이 나왔으니 말하겠습니다. 다른 종교에서는 엄청 많이 공부한 사도들도 죽음 이후에 '누구의 품으로 간다'고 합니다. 구원을 받은 것이지요. 인간이 자신의 한계를 알기에 구원이라는 말을 쓴다고 하셨는데 그런 면에서 보면 구원은 자기애착의 가장 강력한 표현입니다. 우리 불교의 선사들 죽음을 보면 '나 간다'라는 표현이 많아요. 어떻게 생각하실지 모르지만 '나 간다'에는 주체가 자기라는 것이 분명하고 죽은 다음에 '부처님 계시는 곳에서 환희를 누리면서 살겠다'라는 의미가 없어요. 비로소 '나는 공空을 이루었다'를 말하는 것으로 보아야 합니다. 애착이 없으니 구원도 필요 없는 것이지요. 그런 의미에서 완전히 다르다고 볼 수도 있어요."

"구원까지 나왔네요. 스님, 지옥이 있습니까?"

"죽어보지 않아서 모릅니다."

"불교에서는 '부처를 죽이라, 모든 것이 공하다'와 같은 말들이 많은데 어떤 불교인들은 지옥도 마음이 만든 것이므로 두려워할 필요가 없다고 하던데요."

"모든 것이 마음에 있는 것은 맞지만 간혹 지나친 자아도취자들은 죽음과 지옥을 두려워 않고 제멋대로 생활하는 이들도 있는데, 선무당이 사람 잡는다고 자기가 자기를 잡고 있는 줄을 모르지요."

"지옥이 있다는 말인가요?"

"암이 걸리면 항암치료제를 맞는데 고통스럽지요. 악행의 항암치료제는 그 고통의 끝이 없을 것입니다."

"악행을 해도 그래도 구원은 된다는 것으로 들립니다."

"모두가 불성이 있기에 언젠가는 구원이 되겠지요."

"위안을 주는 것이기도 하지만, 악행의 여지도 주는 것 같습니다."

"선택은 자신의 것입니다."

"스님, 이름 있는 스님들 중에 돌아가실 때 앉아서 임종을 맞은 분들이 있다고 들었는데 그게 무슨 뜻입니까?"

"좌탈입망坐脫立亡이라고 합니다. 오랜 수행을 한 스님들이 앉아서 열반에 드는 것을 말합니다."

"좌탈입망이 스님의 수행을 나타내는 기준이 되는가 하는 질문입니다."

"부처님도 누워서 열반에 들었어요. 좌탈입망이 수행의 기준이 될 수도 있고, 아닐 수도 있습니다. 입적에 들기까지 척추가 견뎌주면 가부좌한 자세를 유지할 수 있고 그렇지 못하면 누워서 입적해야지요. 하지만 좌탈입망은 평소에 얼마나 철저하게 수행정진을 유지했는가를 보여주는 기준이기도 합니다. 죽음의 순간까지도 '이 뭣고'를 놓지 않고 있다는 증거이고, 삶과 죽음조차 경계에 걸리지 않고 스스로 관망한다는 대자유인이라고 볼 수 있죠. 근래의 스님으로는 상원사에서 입적하신 한암선사의 좌탈입망이 제일 유명합니다."

"그럼, 그분들은 다음 윤회의 과정도 관조할 수 있겠네요?"

"그야 알 수가 있나요. 다음에 무엇으로 태어날 것이라고 말씀을 안 해주시니."

"너무 어려워서 잘 모르겠습니다. 그건 그렇고 스님, 아무리 문명이 발달하여 전 세계를 하루에 돌아볼 수 있는 이 시대에도, 세상의 바닥에는 겨울에 온기라고는 전혀 없는 냉골방에서 가까스로 죽지 못해 살고 있는 이들이 얼마나 많습니까. 그리고 자신들의 능력이 되는 한 그들을 찾아다니며 조그마한 보탬이나마 되기 위하여 노력하고 있는 세상의 등불들 또한 얼마나 많습니까. 제가 보기에 그들 중에는 우리 불교 쪽 사람들보다 타종교 사람들이 많은 것 같습니다."

"방송이나 언론에 그런 선행들이 많이 등장하는데 우리 사찰에서도 티 나지 않게 봉사활동이나 이웃을 돕는 이들이 많습니다. 우리 주지스님만 해도 데려다 키우고 공부시키는 아이들이 얼마나 많은데요. 그것을 뭐 자랑해야 할 성질은 아니잖아요."

"그런데 제가 보기에 우리 불교가 요즘 사람들에게 포교하는 방법은 다른 종교보다 소극적이어서 젊은 사람들에게 잘 어필하지 못하는 것 같습니다."

"종교의 전파가 중요하지만 모든 것을 너무 억지로 할 필요는 없습니다. 다른 종교도 요즘 젊은이들에게는 어필하기 쉽지 않을 겁니다."

"제가 보기에 너무 고전적 문법으로 참된 진리라며 그저 불경만 요구하는 것이 효과가 있는지 잘 모르겠습니다."

"불교를 알기 위해서 불경을 아는 것도 매우 중요하지만 실은 서로 마음을 통하는 것이 더 중요하지요."

"스님, 하나 물어보겠습니다. 마음을 전하기 위해서는 중생들이 모두 알아들을 수 있는 쉬운 말로 해야 하는데, 스님들 법문하실 때 보면 우선 어려운 한자성어를 써서 듣는 사람 기를 팍 죽이고 시작합니다. 제가 보기에 스님들이 그래야 중생들의 존중을 받고 권위가 생기는 것으로 여기는 것 같아요. 그 중요하다는 화엄의 일즉일체—即切— 일체즉일—切即— 이것은 그냥 '하나는 곧 전체이고, 전체는 곧 하나이다'라고 하면 될 것을 왜 굳이 문자를 써가면서 둘러가야 합니까?"

"아시겠지만 우리나라 학문의 역사를 보면 조선말까지는 유교와 불교가 최고의 학문이었고 서르 어우러져가면서 전개되어 왔지요. 이 책들은 대부분 한자로 쓰여 있어서 어쩔 수 없었지요. 한문시가 많은 것은 오랜 전통의 흐름으로 볼 수도 있습니다만 운허耘虛스님을 비롯하여 지관智冠스님에 이르기까지 많은 불교의 경전들이 대중화를 위해서 이미 한글화가 되고 있습니다."

"하나 더 물어보겠습니다. 스님들은 깨달음에 이르면 세상이 무상하니 어떤 곳에도 집착하지 말라고 하십니다. 그런데 스님들은 왜 그리 파당을 많이 지어요? 요즘에만 그런 것이 아니더군요. 옛날에도 깨달았다고 하는 분들조차 서로 반목이 심했던 것 같아요. 제가 알고 있는 대표적인 경우가 최치원이 극찬을 했다는 왕건을 도운 희랑希朗조사와 견훤을 도운 관혜觀惠스님에 관한 것인데 두 분 다 불맥에 거론될 정도로 도가 높으신 분들인데 왜 그렇게 커다란 견해 차이를 보이고 고집을 하셨는지요? 그 결과는 엄청난 살육이 뒤따른다는 것쯤은 알고 있었을 것인데."

"그분들이 견해 차이를 보이긴 했겠지만 다투시기야 했겠습니까. 왕건과 견훤이야 자기들 마음대로 살육을 하고 다툼을 했겠지요. 스님들이 파당을 왜 짓는지 스님인 저도 잘 모릅니다. 파당이 없는 것이 곧 불국토라는 말도 있긴 있어요. 불교계 내의 파당을 말하는 것이 아니고 인간들의 이기심이 만들어낸 모든 파당을 말합니다."

"어느 스님이야기 하나 해 볼까요. 본인 스스로 수행자라는 말을 입에 달고 사는데 가관입디다. 보살들이 힘들게 풀먹여 다린 깨끗한 옷을 하루에 한 번 갈아입으며, 임금처럼 대접받으며, 맛난 것 먹고 마시며, 사람을 있고 없음에 차별하여 무시하고, 맛난 것 너무 먹어 남산처럼 부풀어 오른 배를 하고도 모자라 불상을 쳐다보고 당당하다는 듯 큰소리로 '부처님 돈 좀 주세요!' 하는 머리 깎고 승복 입은 이들도 보았습니다. 심지어 제가 아는 여보살과 사통한 사람을 불러다 법상에 앉히고 법문을 하게 하는 도상한 것도 보았습니다. 이렇다면 과연 오늘날처럼 많은 교육을 받은 사람들이 스님들을 부처님의 제자로 여길까요? 이는 부처님의 제자가 아니라 부처님을 해코지하는 마왕 파순이나 다름없는 것 아닌가요?"

"황교수님은 어디 가서 안 좋은 것만 보고 다니시는가 보죠. 이성계가 무학대사를 보고 돼지 같다 하니까, 무학대사가 이성계에게 부처님 같다고 하지 않았습니까. 의미는 잘 아시지 않습니까. 황교수님도 상대방을 긍정적으로 보고 매사에 감사하는 자세를 가지면 얼굴이 부처님처럼 바뀝니다."

"물론 그렇지만 사람이 다 정답으로만 살 수는 없지 않습니까?"

"그러니 수행이 필요하지요. 입에 가시 돋친 말을 담았으니 씻으세요. 정구업진언 수리수리 마하수리 수수리 사바하, 3번 하세요."

"아이쿠, 벌이네요. 수리수리 마하수리 수수리 사바하."

"요즘에는 누구든 신고만 하면 종교인이 될 수 있습니다. 불교만 해도 종파가 얼마나 많은지 모릅니다. 승복을 걸쳤다고 다 같은 승려가 아닙니다. 잘 판단하셔야 됩니다."

"그뿐입니까? 말세인지는 모르나 온몸에 아수라의 얼굴을 그리고 스스로 당당하듯 아수라의 추종자임을 밝히고, 인간의 나약하고 무지한 부분을 파고들어 많은 사람들이 아수라를 추종하고 따르게 하는 무리들이 어찌 사교의 형태로만 나타납니까? 때로는 종교나 사상이라는 이유로 과감하게 국민을 속이기도 합니다."

"옛날에는 가뭄이 들면 임금은 하늘에 제사지내고 자신의 부덕에 대해 사죄하고 머리를 조아렸는데, 요즘은 절집이 무너져도 성직자는 그것을 비바람 탓만 하고 자신을 돌아보지 못합니다. 이웃 종교에서 '종교인들도 영적 치매를 일으켜 세속의 힘만을 탐한다'라는 말이 나왔지요. 우리 불교인들도 되새겨야 할 부분이 많습니다."

"현대 한국불교사의 대 학승으로 칭송받는 탄허呑虛스님은 한국이 곧 세계의 주도국이 된다고 예언하셨는데 이혼, 자살, 살인 등 안 좋다는 것들은 죄다 세계 1위입니다. 나라 돌아가는 꼴이 방향타를 잃고 침몰직전 표류하는 것 같습니다."

"우리가 대각성을 염원할 때까지 더 망가지겠지요."

"요즘 우리 학교현장에서도 불미스런 일들이 연일 보도가 되고 있습니다. 교육을 우려하는 목소리가 많습니다. 대학교육의 목표도 인간형성이 아닌 취업률이라는 돈 버는 것이 최우선 순위입니다. 900원을 벌면 덤으로 자기성찰과 행복을 얻을 수 있는데, 국가의 정책은 반드시 1,000원을 벌어야 한다 하고, 자기성찰이니 행복은 귀신 씨나락 까먹는 소리라고 하네요."

"기업의 논리가 학교에 들어가서 학교는 더 이상 과거의 학교가 아니고 기업의 종속변수로 변하겠지요. 아마 앞으로 더할 것입니다."

"지성, 학문과 같은 대학의 정신을 말하기도 부끄러울 때가 많습니다."

"요즘 학생들은 학교의 가르침보다는 본능을 강조하는 감각적인 상업매체들의 영향을 몇 배 더 받기 때문에 교육현장에서 대응하기가 쉽지 않을 겁니다. 하지만 어찌되었든 선생님들은 학생들을 잘 이끌어야할 의무가 있습니다. 학생들이 비행을 저지를 때 자신을 되돌아보는 선생님들이 얼마나 될까요? 선생님들 스스로 문제의 주인공이 되는 경우도 얼마나 자주 들리는지요. 혹시 황교수님도 마음속으로라도 비행을 저지른 적은 없습니까?"

"험험험, 찔리는 곳이 많습니다. 관세음보살."

"자유가 정의롭고 선한 이들에게만 주어지지 않고 사악한 마구니들에게도 마구 주어져 오히려 그들이 더 힘을 받고 있어요. 요즘의 마구니는 강도나 도둑의 마음에만 있지 않아요. 계층을 가리지 않고 거의 모든 사람의 마음에 파고들어 발동을 하기 때문에 분간조차도 쉽지 않습니다. 나도 스님들에 더한 사회의 부정적 시각이 우려스러울 수준이라는 것은 알고 있습니다. 스님들로서는 불교정화가 안되니 재가불자가 나서서 종단을 개혁해야 한다는 말도 어디에서 보았습니다."

시간이 얼마를 지났을까. 마루에 놓아둔 땅콩에 새들이 날아와 쪼아서 물고 가서 먹고, 다시 와서 물고 가기를 반복을 했다.

"새들이 자꾸 오는 것을 보니 저녁공양 때가 된 것 같습니다. 공양하고 가시지요."

"벌써 시간이 이렇게 지났나요. 스님 저 새들도 불성이 있나요?"

"옛날 중국 당나라에 조주趙州스님이란 분이 있었어요. 어느 날 제자가 스님에게 '개에게도 불성이 있습니까?' 하고 물었습니다. 원래 조주스님은 답이 있는 것도 아니고 없는 것도 아닌 화법을 쓰기로 유명했는데 제자의 질문에 '무無!'라고 했답니다."

"동물에게는 불성이 없다고 보신 건가요? 그럼 모든 중생에 불성이 있다는 불교의 논리에 어긋나네요."

"많은 사람들이 그렇게 묻기도 하고, 개에게 불성이 있는가는 오랜 세월 스님들 사이에 화두가 되기도 했습니다. 화두는 진리를 알려고 하는 것인데, 아시겠지만 진리를 안다는 것이 쉬운 것이 아니지 않습니까."

"그렇지요. 물리학이나 수학에서도 논리적으로 내려진 정의가 세월이 지나면 바뀔 때가 많지요. 하물며 인문학적 진리를 말하는 것이야 어불성설일 수도 있지요. 제가 전공하는 미술도 일종의 인문학이기 때문에 정답을 말하기는 굉장히 어렵습니다. 그래서 저는 학생들에게 강의할 때 자주 '내가 말하는 것은 정답이 아닐 수 있다. 다만 인간의 역사에서 일어났던 현상을 이야기한다. 학생 여러분의 안목이 나보다 더 정확할 수도 있다'라는 전제를 말할 때가 자주 있습니다."

"그러면 학생들의 반응은 어떻습니까?"

"일단은 자신의 의견을 말할 용기를 갖지요. 내용의 수준이야 별개의 것이지만 학생들이 적극적으로 참여하는 것이 중요하니까요. 소가 뒷걸음질 치다가 쥐를 잡을 수도 있듯이 학생들의 안목에 제가 배울 때도 있습니다."

"원래 가르치면서 배운다는 말이 있지 않습니까."

"스님들은 어떻습니까? 저는 스님들이 일반인들과 말하면서 자신이 말한 것이 설령 틀렸더라도 고집을 꺾지 않는 경우를 많이 보았습니다. 틀린 것을 인정하면 자존심이 상하는가 봐요."

"그런 경우도 더러는 있습니다. 자신의 견해가 틀린 것을 인정하면 권위가 흔들린다고 생각하는지 … "

"아무리 지위가 높은 사람이라도 자신의 과오를 인정하지 않으면 진정으로 자신의 과오를 인정하는 범부보다도 추해 보입니다. 금정스님처럼 우리 같은 중생과 대화를 하면서 '모른다'와 '알다'를 겸허하고 솔직하게 말하는 경우를 잘 보지 못했습니다. 대부분의 스님들은 자신들의 견해가 일반인들보다 항상 높은 수준에 있는 것으로 착각해서인지 단정적인 말투를 많이 사용하시더라고요."

"효봉曉峰스님은 열반의 순간 '내가 말한 모든 법吾說一切法은 모두 다 군더더기都是早倂拇'라는 임종게를 하셨고, 성철性徹스님도 '일생동안 남녀의 무리를 속여서生平欺誑男女群 하늘을 넘치는 죄업은 수미산을 덮는다彌天罪業過須彌'라는 열반게송을 남기셨습니다. 서암西庵스님은 '오도송이고 육도송이고 없다'라고 티끌 같은 허위도 인정하지 않으셨지요. 진실을 말하기가 얼마나 두려운 것인데요."

"도가 높으신 큰스님들은 자신을 낮추는 것도 잘하시는가 보내요."

"당연하지요. 큰스님들도 저 자가 어떤 수준 높은 해답을 제시하면 '네가 나보다 낫다'라며 칭찬을 아끼지 않습니다."

"아까 개가 불성이 있는가에 대해서 무無까지만 말씀하셨는데."

"교수님이 논리적인 해답도 정답이 아닌 경우가 많다고 하셨잖습니까? 하물며 '개에게 불성이 있는가'라는 진리를 말하라고 하니 쉽지 않네요."

"그래도 불교계에서 일반적으로 내린 결론이 있을 것 아닙니까?"

"보통은 개에게 불성이 있는 것이 당연한 것인데 왜 쓸데없는 질문을 하는가?라고 합니다."

"그럼 제가 쓸데없는 질문을 한 것이네요."

"그런 뜻이 아닙니다. 아까 이 질문이 스님들 사이에서도 화두가 되기도 한다고 하지 않았습니까. 논리적으로 '이다' '아니다'로 접근할 문제가 아니라는 것입니다. 황교수님은 누구입니까?"

"저는 저지요, 갑자기 왜 그런 질문을?"

"지금 황교수님은 참입니까, 거짓입니까?"

"글쎄요. 갑자기 그런 황당한 질문을."

"지눌스님이 돌아가시기 직전에 '나의 눈 코 입 혀는 어머니가 낳아

준 것이 아니다'라고 게송을 했습니다. 죽음에 이르러서야 이러한 깨달음을 설할 수 있었던 것은 그만큼 우리 자신이 누군지를 규명하기가 쉽지 않다는 것이겠지요. 자신을 알기도 이렇게 어려운데 개에게 불성이 있다 없다와 같은 진리를 정의 내린다는 것이 힘들다는 것이지요."

"아! 그러니까 일반적 논리나 관념으로 문제의 해결을 보려 하지 말고 철저하게 문답을 해보라는 것이네요."

"그럴 수도 있고 아닐 수도 있고."

"예?!"

"하하하"

5. 발원문을 쓰다

蒼空金翅鳥大鳴
新宙耕佛性東注

저녁공양을 마치고 금정과 황교수는 다시 마주 앉았다.

"스님, 범종을 만드는 일은 아무래도 매우 중요한 불사인데 불교에 일천한 제가 불교의 격식은 조금 이해를 해야 할 것 같습니다."

"어떤 것을 알고 싶습니까?"

"일반인들이 보면 가장 궁금한 것이 불경입니다."

"불경의 종류가 엄청 많은데, 간단한 것을 알고 싶겠지요?"

"그렇지요. 해인사에 있는 팔만대장경을 다 이해하면 좋겠지만 말도 안되는 것이지요."

"알고계시는 불경은 어떤 것입니까?"

"알고 있는 불교이야기는 꽤 있지만, 구체적으로 외우는 것은 글쎄요."

"아마 한국인이면 누구나 아는 것이 원효스님의 무애행에서 비롯된 '나무아미타불'이겠지요. 부처님을 외치는 것이지요."

"관세음보살 도로아미타불도 누구나 아는 것이지요."

"또 수리수리 마수리 수수리 사바하도 있지요. 무슨 뜻인지 아십니까?"

"사람들이 짓는 업장 중에서 갈로 하는 구업을 가장 짓기 쉬우므로 이를 정화하는 것 아닙니까. 정구업진언."

"그리고 아는 것은요?"

"반야심경도 세상 사람들이 대부분 알지만 외우는 사람은 생각보다 적을 것입니다. 저도 아직 다 외우지는 못했어요."

"지금 외워보세요. 그래야 반야의 지혜를 얻을 것 아닙니까."

"'마하반야바라밀다심경 관자재보살 행심반야바라밀다시 조견오온개공 도일체고액 사리자 색불이공 공불이색 색즉시공 공즉시색 수상행식 역부여시 사리자 시제법공상 불생불멸 불구부정 불증불감 시고 공중무색 무수상행식 무안이비설신의 무색성향미촉법 무안계내지 무의식계 무무명 역무무명진 내지 무노사 역무노사진 무고집멸도 무지 역무득 이무소득고 보리살타 의반야바라밀다 고심무가애 무가애고 무유공포 원리전도몽상 구경열반 삼세제불의반야바라밀다 고득아뇩다라삼먁 삼보리 고지반야바라밀다 시대신주 시대명주 시무상주 시무등등주 능제일체고 진실불허 고설반야바라밀다주 즉설주왈
아제아제 바라아제 바라승아제 모지 사바하
아제아제 바라아제 바라승아제 모지 사바하
아제아제 바라아제 바라승아제 모지 사바하'

휴~ 맞습니까?"

"다 외우시네요."

"또 필요한 것은요?"

"천수경, 금강경, 대불능엄신주, 화엄경 약찬계 등 수없이 많지만 절에서 예불할 때 일반적으로 하는 것은 절 법당에 비치되어 있는 불경책 범위 내에서 많이 합니다."

"좀 더 알려주십시오."

"그러지 말고 법회에 참석하시지요."

"나중에 당연히 참석해야지요. 그냥 스님의 독경으로 들어보고 싶어서 그렇습니다."

"완전히 개인교습인데요. 비싼데 어쩌지, 하하, 알았어요. 몇 개를 해보겠습니다. 어차피 당장 외우지는 못할 것이고 들어보기나 하십시오."

"예, 이 나이에 외우는 것은 좀 무리지요. 나중에 보고 읽을 수만 있어도 구원받은 것이지요."

"계향 정향 혜향 해탈향 해탈지견향 광명운대 주변법계 공양시방
무량불법승 헌향진언 옴 바아라 도비야 훔 옴 바아라 도비야 훔 옴
바아라 도비야 훔 아금청정수 변위감로다 봉헌삼보전 원수애납수
지심귀명례 삼계도사 사생자부 시아본사 석가모니불
지심귀명례 시방삼세 제망찰해 상주일체 불타야중
지심귀명례 시방삼세 제망찰해 상주일체 달마야중
지심귀명례 대지문수사리보살 대행보현보살 대비관세음보살 대원
본존 지장보살마하살 지심귀명례 영산당시 수불부촉 십대제자 십육
성 오백성 독수성 내지천이백 제대아라한 무량자비성중
지심귀명례 서건동진 급아해동 역대전등 제대조사 천하종사 일체미
진수 제대선지식 지심귀명례 시방삼세 제망찰해 상주일체 가야중
유원 무진삼보 대자대비 수아정례 명훈가피력 원공법계제중생 자타
일시성불도'
대충 이렇게 예불을 시작합ᄂ다."

"저는 보고 읽어야겠네요."

"신심만 있으면 다 외울 수 있습니다. 연세 많으신 할머니들도 잘

외우십니다."

"나중에 해보겠습니다."

"그 다음이 삼귀의 부처님과 불법과 스님들에게 귀의한다는 맹세입니다."

"거룩한 스님들께 귀의한다는 뜻이지요?"

"누구누구를 가리기보다 전체적인 의미이지요."

"귀의불 양족존, 귀의법 이욕존, 귀의승 중중존 그리고 천수경입니다."

"손이 천개는 상징적인 의미이지요?"

"그렇지요. 부처님의 무량한 능력을 상징하지요."

"정구업진언

수리수리 마하수리 수수리 사바하, 수리수리 마하수리 수수리 사바하, 수리수리 마하수리 수수리 사바하

오방내외안위제신진언 나무 사만다 못다남 옴 도로도로 지미 사바하 나무 사만다 못다남 옴 도로도로 지미 사바하 나무 사만다 못다남 옴 도로도로 지미 사바하

개경게

무상심심미묘법

백천만겁난조우

아금문견득수지

원해여래진실의

개법장진언

옴 아라남 아라다 옴 아라남 아라다 옴 아라남 아라다

천수천안관자재보살광대원만무애대비심대다라니

계청

계수관음대비주

원력홍심상호신

천비장엄보호지

천안광명변관조

진실어중선밀어

무위심내기비심

속령만족제희구

영사멸제제죄업

천룡중성동자호

백천삼매돈훈수

수지신시광명당

수지심시신통장

세척진로원제해

초증보리방편문

아금칭송서귀의

소원종심실원만

나무대비관세음

원아속지일체법

나무대비관세음

원아조득지혜안

나무대비관세음

원아속도일체중

나무대비관세음

원아조득선방편

나무대비관세음

원아속승반야선

나무대비관세음

원아조득월고해

나무대비관세음

원아속득계정도

원아조등원적산

나무대비관세음

원아속회무위사

나무대비관세음

원아조동법성신

아약향도산

도산자최절

아약향화탕

화탕자고갈

아약향지옥

지옥자소멸

아약향아귀

아귀자포만

아약향수라

악심자조복

아약향축생

자득대지혜

나무관세음보살마하살

나무대세지보살마하살

나무천수보살마하살

나무여의륜보살마하살

나무대륜보살마하살

나무관자재보살마하살

나무정취보살마하살

나무만월보살마하살

나무수월보살마하살

나무군다리보살마하살

나무십일면보살마하살

나무제대보살마하살

나무본사아미타불 나무본사아미타불 나무본사아미타불

나무관세음보살마하살

나무대세지보살마하살

나무천수보살마하살

나무여의륜보살마하살

나무대륜보살마하살

나무관자재보살마하살

나무정취보살마하살

나무만월보살마하살

나무수월보살마하살

나무군다리보살마하살

나무십일면보살마하살

나무제대보살마하살

　나무본사아미타불 나무본사아미타불 나무본사아미타불'

이렇습니다."

"외우려면 어렵겠습니다."

"다 할 수 있어요. 다음은 신묘장구대다라니입니다."

"무슨 내용입니까?"

"관음보살의 무한 능력을 칭송하는 것입니다."

"나모라 다나다라 야야 나막알약 바로기제 새바라야 모지사다바야 마하사다바야 마하가로 니가야 옴 살바 바예수 다라나 가라야 다사명 나막 가리다바 이맘 알야 바로기제 새바라 다바 니라간타 나막 하리나야 마발타 이사미 살발타 사다남 수반 아예염 살바보다남 바바말아 미수다감 다냐타 옴 아로계 아로가 마지로가 지가란제 혜혜 하례 마하모지 사다바 사마라 사마라 하리나야 구로구로 갈마 사다야 사다야 도로 도로 미연제 마하 미연제 다라 다라 다린 나례 새바라 자라 자라 마라 미마라 아마라 몰제 예혜혜 로계 새바라 라아미 사미 나사야 나베 사미사미 나사야 모하자라 미사미 나사야 호로 호로 마라호로 하례 바나마 나바 사라사라 시리시리 소로소로 못쟈못쟈 모다야 모다야 매다리야 니라간타 가마사 날사남 바라 하라 나야 마낙 사바하 싣다야 사바하 마하 싣다야 사바하 싣다 유예 새바라야 사바하 니라간타야 사바하 바라하 목카 싱하목카야 사바하 바나마 하따야 사바하 자가라 욕다야 사바하 상카섭나네 모다나야 사바하 마하라 구타 다라야 사바하 바마사간타 니사 시체다 가릿나 이나야 사바하 먀가라잘마 이바 사나야 사바하

나모라 다나다라 야야 나막알야 바로기제 새바라야 사바하 나모라
다나다라 야야 나막알야 바로기제 새바라야 사바하 나모라 다나다
라 야야 나막알야 바로기제 새바라야 사바하"

"잘 외우시네요. 스님 운율이 아주 좋습니다."

"이것으로 밥 먹고 살아요."

"네?"

"농담입니다. 누구나 마음만 먹으면 할 수 있습니다."

"저 같이 속세의 때가 잔뜩 낀 사람은 못 외워요."

"그렇지 않습니다. 그 외에도 사방찬, 도량천, 참회계, 준제진언, 발
사홍서원 등 많이 있어요."

"스님, 혹시 잘되게 해달라고 비는 것 없습니까?"

"왜요? 간절한 것이 있습니까?"

"이번에 외국에 사업 프로포즈를 하나 보냈는데 잘 모르겠습니다."

"그래요, 큰 소원을 빌 때 쓰는 진언으로 '옴 아모카 살바다라 사다
야 시베 훔'을 많이 독송합니다."

"그리고는요?"

"글쎄요. 요즘은 자기가 원하는 것을 진솔하게 말하는 것이 제일 좋
습니다. 불교내에서 가장 유명한 발원문으로 '이산혜연선사 발원문'
이 있는데 다음과 같습니다.

시방삼세十方三世 부처님과 팔만사천八萬四千 큰 법보法寶와 보살성문
菩薩聲聞 스님네께 지성귀의至誠歸依 하옵나니 자비하신 원력願力으로
굽어 살펴주옵소서.

저희들이 참된 성품 등지옵고 무명無明 속에 뛰어들어 나고 죽는 물결 따라 빛과 소리 물이 들고 심술궂고 욕심내어 온갖 번뇌 쌓았으며, 보고 듣고 맛봄으로 한량없는 죄를 지어 잘못 된 길 갈팡질팡 생사고해生死苦海 헤매면서 나와 남을 집착執着하고, 그른 길만 찾아다녀 여러 생生에 지은 업장業障 크고 작은 많은 허물 삼보전에 원력빌어 일심참회一心懺悔하옵나니,

바라옵건대 부처님이 이끄시고 보살님네 살피옵서 고통苦痛바다 헤어나서 열반涅槃 언덕 가사이다.

이 세상에 명命과 복福은 길이길이 창성昌盛하고 오는 세상 불법지혜佛法智慧

무럭무럭 자라나서 날 적마다 좋은 국토 밝은 스승 만나오며 바른 신심信心 굳게 세고

아희로서 출가出家하여 귀와 눈이 총명하고, 말과 뜻이 진실하며 세상일에 물 안들고

청정범행淸淨梵行 닦고 닦아 서리같이 엄한 계율 털끝인들 범하리까.

점잖은 거동으로 모든 생명 사랑하여 이내 목숨 버리어도 지성으로 보호하리.

삼재팔난三災八難 만나잖고 불법인연佛法因緣 구족하며 반야지혜 드러나고 보살마음 견고하여 제불정법諸佛正法 잘 배워서 대승진리大乘眞理 깨달은 뒤 육바라밀六波羅密 행行을 닦아 아승지겁阿僧祇劫 뛰어넘고 곳곳마다 설법으로 천겁만겁千劫萬劫 의심 끊고 마군중魔軍衆을 항

복받고 삼보를 잇 사올 제 시방제불十方諸佛 섬기는 일 잠깐인들 쉬오
리까.

그리고 우리 절의 창건자이신 의상대사의 '일승발원문—乘發願文'도
유명한데

오직 바라고 또 바라옵니다.
그 어느 곳 어느 때에 태어나거나 생각과 말과 행동 세가지 일이 한
량없는 공양의 도구가 되어, 시방삼세 온 세계에 가득 채워지이다.
불, 법, 승 삼보께 항상 공양하옵고 육도의 중생위해 보시하기 원입
니다.

한 생각 한 가지 일이 불사를 짓듯이 천만가지 생각과 일, 또한 그리
되어지이다.
작은 악惡 하나부터 일체 악 끊고, 작은 선善 하나부터 일체 선 받들며,
한없는 선지식을 다 만나 뵙그, 항상 법문 들어 큰 기쁨 누리기 원하
옵니다.

저 선지식들 큰마음 발하시듯 저와 중생 모두가 또한 그러하옵고,
저 선지식들 큰일을 행하시듯, 저와 중생 모두가 또한 그리하여지이다.
광대무변한 보현행을 다 구족하고, 아름다운 연화세계 가서 다시 나,
비로자나 부처님 친견하리니, 모든 중생 다 함께 성불하게 하소서.

온갖 법문法門 다 배워서 모두 통달通達하옵거든 복과 지혜 함께 늘어

무량중생無量衆生 제도하며 여섯 가지 신통 얻고 무생법 인無生法忍 이룬 뒤에 관음보살대자비로 시방법계十方法界 다니면서 보현보살 행원行願으로 많은 중생 건지올 제 여러 갈래 몸을 나눠 미묘법문 연설하고 지옥아귀地獄餓鬼 나쁜 곳엔 광명 놓고 신통보여 내 모양을 보는 이나 내 이름을 듣는 이는 보리菩提마음 모두 내어 윤회고輪廻苦를 벗어나되 화탕지옥火湯地獄 끓는 물은 감로수甘露水로 변해지고 검수도산劍樹刀山 날 쌘 칼날 연꽃으로 화化하여서 고통받던 저 중생들 극락세계 왕생하며, 나는 새와 기는 짐승 원수 맺고 빚진 이들 갖은 고통 벗어나서 좋은 복락 누려지이다.

모진 질병 돌 적에는 약풀되어 치료하고 흉년드는 세상에는 쌀이 되어 구제하되 여러 중생 이익한 일, 한 가진들 빼오리까. 천겁만겁千劫萬劫 내려오던 원수거나 친한이나 이 세상 권속들도 누구누구 할 것 없이 얽히었던 애정끊고 삼계고해三界苦海 뛰어나서 시방세계 중생들이 모두 성불하사이다.
허공 끝이 있사온들 이내 소원 다하리까. 유정有情들도 무정無情들도 일체종지一切種智 이루어지이다 입니다.”

“스님, 그럼 저는 이번 범종불사를 위해서 어떤 발원을 해야 할까요?”
“우리 주지스님이 범종불사 발원문을 발표했습니다. 들어보시겠어요?”
“여부가 있습니까. 그 또한 저의 발원인데요.”

“‘부석사에 영산회상 대도량을 중창하고 부석사에 금시조종 조성불

사 발원하니 도비산하 대도량에 금시조종 조성하여 우리모두 이 불
사에 수희찬탄 동참하여 범종소리 울려퍼져 시방법계 진동하면 금
시종종 칠때마다 모든중생 기뻐하니 금시조종 칠때마다 삼계육도
벗어나고 범종소리 들을때면 너와내가 둘아니고 금시조종 들을때면
범부성현 다르잖고 범종소리 들을때면 남과북이 하나되어 이종소리
듣고보는 한물건에 착안하면 이종소리 듣고보는 그당처를 관조하면
이종소리 듣는이들 이내마음 본래청정 이종소리 듣는이들 이내마음
본래성불' 여기까지만 하고 나머지는 다음에 직접 보십시오."

"알겠습니다. 불교세계관에 대한 보편적인 내용을 담은 것 같습니다."

"그렇지요. 불교의 세계가 대개 너무나 보편적이어서 무미건조하
기도 하지만 곱씹을수록 그 맛이 느껴지지요."

"그럼 저는 어떻게 한다 … "

"교수님도 나름의 발원을 세워보시는 것이 좋을 것입니다."

"그렇겠지요. 금시조, 새는 하늘, 새로운 종의 형식, 불성, 동양의 가
치관 … "

"감이 오십니까?"

"한시가 운율이 있어서 좋겠지요?"

"장점이 많습니다."

"유식해 보이기도 하겠네요."

"별개의 문제입니다."

"5분만 시간을 주세요."

"나중에 생각하셔도 되요."

"아닙니다. 마음이 섰을 때 해보겠습니다."

"우선 한글로 읊어보세요."

"그럴까요. 창공에 금시조가 크게 외치니"

"좋습니다."

"새로운 우주를 여는 불성이 동에서 흐른다."

"좋아요."

"정말로 괜찮아요?"

"네, 새로운 시도에 대한 의지가 느껴집니다. 한시화해 보시죠."

"창공금시조대명蒼空金翅鳥大鳴"

"좋고!"

"신주경불성동주新宙耕佛性東注"

"쉽게 되네요."

"더 깊이 연구해야 되는 것 아닙니까?"

"아닙니다, 진짜로 좋아요. 머리를 쥐어짜는 것이 다 좋은 것은 아니지 않습니까."

"창공금시조대명하니 신주경불성동주라."

"좋습니다. 그런데 우리의 모든 염원을 하나로 표현한 진언이 있습니다."

"무엇이지요?"

"옴 마 니 반 메 훔, 여섯 글자입니다."

"그 뜻은 대강 압니다만 … "

"불교의 모든 뜻이라고 보시면 되고 굳이 해석하지 않아도 됩니다."

"나무 석가모니부처님은요?"

"그것도 아주 좋습니다. 모든 것은 마음으로 통하는 것이지 기교로 통하는 것이 아닙니다."

"스님, 범종을 만드는데 마음을 갖추기 위해 두서없이 횡설수설 질문이 많았습니다. 감사드립니다."

"도움이 되었으면 좋겠습니다."

　두 사람은 이후로도 시간이 되면 깊은 대화를 나누었고, 중국학생들과도 식당에 가서 음식을 먹거나 근처의 산에 올라 바람을 쐬면서 점점 더 친숙한 사이가 되어갔다. 바쁜 일정 때문에 1학기 때처럼 많이 다니지는 않았지만 즐겁고 의미 있는 시간들이었다. 그렇게 2학기가 후다닥 지나고 겨울방학이 다가왔다.

　겨울방학은 추워서인지 한국에 남아서 알바를 하는 학생들도 없었고 모두 중국으로 돌아갔다. 황교수는 부석사의 범종불사 회향식 날짜가 다가옴에 서둘러 방학 중으로 범종의 원형작업을 끝내고 종 주조공장에 넘기기로 마음먹었다. 금정은 눈이 오면 부석사 오르는 길에 제설작업을 많이 하기 때문에 제설작업도구들을 점검하는 등 절집의 겨울나기 준비에 여념이 없는 나날을 보내면서 짬짬이 중국어를 공부했다. 눈이 몇 번 오고, 제설작업을 몇 번 하니 벌써 겨울방학이 다 지나가고 있었다.

6. 금정, 유향을 느끼다

꿈에서 유향이 금정에게 "스님! 저 왔어요" 했기 때문이다.

유향의 꿈을 꾸다

눈이 내린 후 날씨가 제법 추운 1월 말, 금정이 황교수와 점심을 약속하고 미끄러운 학교 언덕길을 조심하며 운전하는데 저만치에서 여학생 두 명이 낑낑거리며 무거운 짐보따리를 들고 미끄러운 눈길을 비틀비틀 올라가고 있다. 금정은 이왕 가는 길이니 도와주려고 차를 가까이 다가갔다.

유향과 두아란이었다. 금정은 순간 흠칫했다. 어제 저녁 꿈에서 유향을 만난 것이었다. 꿈에서 유향이 금정에게 "스님! 저 왔어요" 했기 때문이다. 금정은 이상한 기분이 들었다. 이전에 황교수의 부탁으로 과제하는 것을 도와주고 식사하러 몇 번 다니면서 조금 어색했던 기억은 있지만 특별히 가슴에 담은 적은 없었다. 그저 조금 예쁘장한 학생 정도로만 생각했다. 작년 가을 산사음악회에서 노래를 너무 잘해서 인상에 남아있지만 지금은 그것마저도 기억이 가물가물해졌다. 꿈에서 본 것이 바로 눈앞에 그대로 펼쳐지니 신기할 따름이었다.

흔히들 꿈은 예지의 능력을 가진다지만 대개는 본인이 간절히 원하거나 관련이 깊은 일에 대한 염원이 꿈의 형태로 나타나는 것으로 알고 있는데 전혀 관심에도 없었던 유향을 꿈에서 보고, 다음날 다시 현실에서 이루어지니 너무 이상했지만 그냥 그러려니 생각할 수밖에 없었다.

학생들을 숙소 앞까지 태워주고 황교수 연구실로 갔다. 머뭇거리다가 황교수에게 유향을 만난 이야기를 했다.

"교수님, 유향이라는 중국학생 있지요."

"네, 예쁘장하지만 성격은 괄괄한 학생이지요. 아! 그 지난번 스님이 유향의 과제를 도와주셨지 않습니까. 노래도 기가 막히게 잘하지요. 왜요?"

"방금 두아란이라는 학생과 같이 오던데요. 아직 방학 중인데 왜 벌써 왔지요?"

"그래요? 저는 모르는 일인데요. 아! 연구소에서 아르바이트 때문인가 봅니다. 연구소는 프로젝트를 수주 받아서 일손이 필요하고, 중국학생들도 한국에서의 실전 경험이 졸업 후 돌아가서 좋은 경력이 되니까요."

"그래서 그렇군요. 그런데 실은 어제 저녁 꿈에서 유향학생이 나타나 '스님 저 왔어요' 했거든요 참 이상하지요?"

"네? 그것 참 이상한 일이군요. 스님과 유향이 친하게 지내서 그런가요?"

"교수님도 잘 아시잖아요. 저야 교수님과 같이 중국학생들 하고 몇 차례 여행 다닌 게 전부인데요."

"그래도 과제도 도와주고 그래서 그런가요?"

"과제를 도와주었다고 출가한 사람이 여학생에게 무슨 관심을 두겠습니까?"

"그것 참?" 황교수는 고개만 갸우뚱 거리다가 다시 말을 이었다.

"스님, 혹시 전생이라는 거 어떻게 생각하세요?"

"갑자기 무슨 뜬금없는 전생입니까?"

"왜 있잖습니까. 인간의 영혼은 윤회를 한다든가, 너무나 간절히 사랑했지만 이루지 못하고 죽어서 내생에서 이루어지는 그런 인연 말입니다. 옛날이야기에 많이 나오지 않습니까?"

"있긴 있지요. 그런데 저하고 유향이 무슨 전생의 … " 금정은 말을 멈추었다.

"왜요, 뭐 집히는 것이라도 있나요?"

"아닙니다."

"있네요 뭐."

"갑자기 부석사 창건 설화인 의상과 선묘낭자의 이야기가 떠올라서요."

"의상대사가 중국에 유학을 갔는데 그곳에서 몸을 잠시 의탁했던 집의 딸 선묘가 의상스님의 준수한 모습에 반했다는 이야기지요. 요즘으로 치면 시골에서 유학 온 하숙집 청년과 주인집 딸의 이야기와 비슷하긴 한데, 제가 대학생 시절 하숙집 딸이 상당한 미모를 가졌는데 하숙집 아주머니가 경영대학에 다닌 후배를 점찍더니 자기 딸과 사귀게 해서 결국은 결혼을 시키더라고요."

"그때 교수님을 점찍은 하숙집 주인은 없었어요?"

"참! 스님도, 우리나라 부모 중에 미술 하는 사위를 탐탁케 생각하는 사람 누가 있어요."

"그래도 서울대가 아닙니까?"

"미대는 쌀미※자 미대라고도 합니다."

146

"네?"

"그건 그렇고, 유향에 관한 꿈 계속 말씀해주세요."

"저는 잠시나마 제가 과거의 의상이나 또는 다른 신라의 스님이었고, 유향은 당시 중국의 아가씨인데 그동안 한중관계가 가로 막혀 왕래가 없었다가 이제 한중관계가 왕성해지면서 이 흐름을 따라 그때의 인연이 다시 이어진 것이 아닌가 하는 생각이 머리를 스쳐서요. 망상이겠지요?"

"충분히 일리 있는 것 같습니다. 금정스님은 전생에 신라시대의 스님이었고 유향은 스님을 사모한 당나라 아가씨라는 이야기네요."

"그렇다는 것이 아니고 그냥 그런 생각이 스쳤다는 것입니다. 사실은, 지난여름에 제가 신라의 스님이었고 당나라에 유학 가서 어떤 아가씨와 이야기하는 꿈을 꾸었는데 … "

"참 인연도 기구하네요. 그때도 스님과 아가씨인데 또다시 스님과 아가씨라니! 허허 참. 그럼 금정스님이 과거의 그 유명한 의상대사일 수도 있네요. 스님 다시 봐야겠어요."

"무슨 그런 가당치않은 말씀을!"

금정은 황교수의 짓궂은 농담이 허망하게 들리면서도 내심 무슨 인연일까라는 의문이 일어났다.

"교수님은 미술을 하니까 아실 것 같네요. 초문草紋의 그림원리 아세요?"

"예, 조금은 알지요. 페르시아의 팔메트 문양에서 비롯되어 중국 당나라로 건너와 많이 발전했다고 해서 당초문이라고 하지요. 왜 갑자기 초문입니까?"

"초문은 불교장엄에서 많이 쓰이는 장식문양이지만 윤회에 대한 불교적 시각을 연화화생이라는 연기론으로 해설할 때 쓰이기도 합니다."

"우리나라에서는 오대산에 있는 상원사 범종의 당좌에 새겨진 초문이 가장 아름다운 유산 중 하나이지요. 초문은 원래 넝쿨식물이 자라가는 모습을 도안화한 것입니다. 왜요?"

"그렇지요. 교수님이 지적한 대로 상원사 동종의 초문을 생각해 보세요."

"나는 그렇게 자세히 본 적이 없는데." 황교수는 책꽂이에서 범종과 단청 전문가인 곽동해 선생이 쓴 『범종』을 꺼내 펼쳐보았다.

"그냥 장식무늬 아닙니까?"

"우리 종교인들은 문양을 선택할 때 단순히 장식으로만 선택하지 않아요. 교리에 부합되어야 하지요."

"당연히 그렇겠지요. 어디보자 … "하면서 황교수는 상원사 동종의 초문을 살폈다.

"아! 스님, 자세히 보니 약간 특이한 부분이 있네요. 식물의 줄기가 굽이치며 가다가 각각 굽이의 최고지점에서 새로운 가지가 나오는 생장점 비슷한 것이 있고 여기에서 다시 본줄기 외에 2개가 더 뻗어나가네요."

"또 특이한 점은 없습니까?"

"글쎄요?"

"새로 가지가 나오는 부분을 잘 보세요."

"보통, 식물에서 가지가 나면 그 사이에서 다시 싹이 나서 본줄기, 가지 그리고 그 사이의 작은 싹 등으로 구분되지 않습니까?"

"초문에서의 가지는 뻗어가는 것이 일반 식물들과는 다르지요."

"초문은 넝쿨식물을 형상화한 것이기 때문에 이를 장식적으로 활용하기 위해서는 일정한 패턴으로 정리할 필요가 있고, 이와 유사한 사례로는 북유럽의 캘트 문양과 근대의 아르누보 디자인에서 비슷한 사례들을 볼 수도 있습니다. 모두 식물을 장식문양으로 개발한 것이지요. 아! 또 있습니다. 우리나라의 저명한 미술학자인 강우방 선생은 초문의 이러한 지점이나 형상의 특정지점에서 불꽃문양, 구름문양과 같은 새로운 형상이 뻗쳐 나오는 것은 영기靈氣라 했습니다. 저는 옛날 사람들이 그림에 성스러운 능력이나 생기를 불어넣는 표현의 방법으로서 영기는 상당히 일리가 있는 지적으로 봅니다."

"교수님은 현대미술만 공부한 줄 알았는데 우리 전통에 대해서도 관심이 깊으시네요. 학교 다닐 깨 미술교육 제대로 받았나 봅니다."

"제가 우리나라 최초로 고구려 사신도를 입체로 재현하여 만들었잖습니까. 사신도의 그림원리가 모든 면에서 초문의 원리와 비슷합니다. 그리고 미술교육 말씀하셨는데 문제가 많지요. 우리 한국의 미술교육이 서양일색이라 한국 젊은 작가들에게 우리의 주체성이나 전통에 대한 의식은 상당히 문제 있는 수준입니다. 우리 문화계에서 전통문화의 계승을 현장에서 실질적으로 적용하는 것은 대부분 과거의 법칙을 답습하는 장인들에 의해서 이루어지고 있고, 전통문화의 큰 시장인 불교계도 스님들이 보수적인 성향이 많아서 새로운 시대에 맞는 문화를 창출하는데 인색하거든요. 금정스님은 어때요?"

"큰스님들이 보수적인 것은 맞지만 그것은 그만큼 불교적 교리가 올바른 것이라는 신념과 닿아있고, 새로운 것에 대한 검증을 충분히 한 다음에 받아들일 수 있지요. 하지만 문화계에서 적극적 노력을 하면 충분히 길은 있다고 봅니다. 이제 불교계의 중추로 떠오르는 비교적 젊은 스님들은 굳이 과거의 법칙에 얽매이지 않고 새로운 것을 시도하려는 의지를 가진 분들이 많습니다. 저도 기회가 되면 그런 시도를 해보겠지만 모든 것은 상황을 살펴봐야 합니다."

"스님이 빨리 본사사찰의 주지가 되기만을 기다리겠습니다."

"어느 세월에요. 기다리다 너무 늙습니다. 하하하"

금정은 황교수의 말이 너무 황당한지 웃었다.

"교수님, 다시 초문을 살펴보지요. 줄기가 나오는 곳은 그냥 식물의 새로운 생장점일 수도 있고, 미술사학자 강선생의 말처럼 영기의 표시일 수도 있어요. 그런데 영기는 대개 화염문, 운문 등 운기율이 적용되어 위로 뻗쳐오르는 특징이 있는데, 초문의 새로운 가지 줄기는 하나는 휘돌아 쳐서 꽃을 피우고, 하나는 다른 곳으로 뻗어가다가 오히려 본줄기를 감고 있어요."

"그렇군요. 넝쿨식물의 표현인가요? 아니면 … , 이것을 인연이라는 것으로 해석할 수도 있겠네요."

"저는 정확히는 모릅니다. 다만 조그만 문양에도 반드시 특별한 의미를 부여하는 불교미술의 특성상 새로 나온 줄기들이 이런 식으로 뻗어가는 것은 분명히 어떤 이유가 있어서 일겁니다. 교수님이 한번 연구해 보시지요."

"저는 불교지식이 일천해서 알아내기가 어려울 것 같습니다. 제가 듣자하니 석가모니부처님께서 설법하신 12연기라는 만물의 생성소멸과 관계된 인연법이 있다고 하는데 그것에 정통한 분이 있으면 알 수 있지 않을까요? 스님은 부처님 제자이니 잘 아시겠네요."

"석가모니부처님께서 12연기를 이용하여 설법을 많이 하신 것은 맞지만 이것은 굉장히 어려워서 어느 수준에 도달하지 못하면 이해하기가 어렵습니다. 솔직히 말하면 저도 12연기법을 완전히 이해하고 법문할 수준은 되지 않습니다."

"스님이 초문과 인연법을 말씀하시고, 스님의 꿈에 나타난 유향이 그 다음날 진짜로 눈앞에 나타난 것은 흥미로운 일이네요. 앞으로 지켜볼까요? 하하하"

"아니 그러지 마십시오. 출가한 제가 무슨 … "

"스님, 사실 교수들도 겉으로 표시는 하지 않지만 학생들 중에 맘에 드는 학생들이 있습니다. 단순히 이끌리는 것일까요, 불교식 인연 때문일까요, 아니면 사주팔자에서 궁합이 잘 맞아서 일까요?"

"글쎄요, 모두 다 해당될 수 있겠지요."

"얼마 전 뉴스에서 본 것입니다. 모든 생물들은 생리적으로 호르몬을 분비하는데 이 호르몬이라는 물질이 생리적 작용뿐 아니라 이성에 대한 끌림으로 작용할 수도 있답니다. 어쩌면 그 호르몬이 작용하여 사람들을 미혹케 하는 것은 아닌지 모르겠습니다."

"저도 그것을 알고는 있습니다. 이성을 유혹하기 위하여 페르몬 향수라는 것을 뿌리면 효과가 있어서 상품으로 이용하는 경우도 있다고 들었습니다. 그런데 호르몬에 의한 이성의 마비작용은 대개 20개월 정도 효과가 있고 그 다음에는 불같은 사랑도 식듯이 호르몬도 별로 효과가 없다고 하던데요."

"하긴 그래요. 저도 집사람과 결혼하기 전에는 콩깍지가 씌여서 제 정신이 아니었는데, 결혼 후 6개월부터는 엄청 싸우기 시작했습니다. 지금도 그때 이웃 사람들을 만나면 우리 부부가 아직 같이 살고 있냐고 묻지요. 얼마나 자주 심하게 싸웠으면 그러겠어요? 스님, 제가 생각하기에 스님들도 수행을 하지만 결혼한 사람들이 살아가면서 겪는 수행도 만만치 않습니다.”

“모든 중생의 마음속에 불성이 있는데 수행에 무슨 차별이 있겠습니까. 다만 스님들은 온갖 물욕에 빠지고 영혼이 왜곡되어 다른 이들을 괴롭히는 중생들에게 부처님의 가르침을 전하여 자기 속에 내재된 불성을 드러내게 도와주는 것입니다. 아, 그리고 아까 하던 말을 마무리하면 호르몬의 유효기간은 20개월이지만 진정한 사랑은 시공을 초월합니다. 이것은 제가 한 말이 아니고 호르몬을 전공하는 과학자의 말입니다. 이 말은 물질을 추구하는 호르몬끼리의 화합은 길어야 20개월간 합심할 수 있지만 사랑, 우정과 같은 정신적인 가치는 훨씬 오래간다는 것이지요. 그런데 우리가 아는 일반적인 친구사이의 우정이나 사랑은 대개 자기를 위한 애욕의 범주에 듭니다. 진정한 사랑은 자신을 느끼지 않아야지요.”

“스님, 많이 아십니다. 고등학교 때 과학 공부도 열심히 하셨나 봐요.”

“무슨 말씀을, 요즘은 스님들도 세상사를 알아야 중생들을 잘 이해하고 제도할 수 있다고 하여 불교교단에서도 스님들에게 공부를 권하고 있습니다.”

“그래서 금정스님이 중국어학과에 다시 학생으로 등록하셨군요. 졸업 후에는 어떻게 하실 계획입니까?”

“특별히 계획한 것은 없습니다. 오늘은 이만하고 칼국수를 먹으러 가지요.”

“좋지요. 고개 넘어 그 식당으로 갑시다. 아, 유향이 왔으니 불러서 같이 갈까요?”

“다음에 하지요.”

3월, 유향과 중국어를 공부하다

　황교수는 류찬과 중국어 공부를 시작하고 몇 개월이 지났지만 여전히 왕초보 과정에서 지지부진하게 공부하고 있다. 금정은 신학기를 맞이하여 본격적으로 중국어를 향상시키고 싶었다. 지난번 유향과 중국어를 공부하기로 한 약속도 있어서 유향에게 연락을 하니 유향도 기다렸다는 듯 흔쾌히 시간을 내겠다고 했다. 유향과 시간을 조절해 일주일에 이틀, 하루에 1~2시간 공부하기로 했다. 날씨가 좋으면 옥외 벤치에서 아니면 빈 강의실에서 하기로 했다.

　금정은 중국어학과 교수에게 부탁하여 중국에서 발행된 고급 중국어 교재를 구했다. 이 책은 중국정부가 외국인이 중국어를 배울 때 사용하도록 중국사회의 각종 특징을 묘사한 문학들을 편집해서 출판한 것인데, 중국의 역사와 공산당의 이념 그리고 중국인들의 내면적 정서도 살필 수 있게 구성되어 있었다. 학과에서 하는 교육과정이 금정에게는 너무 쉬워서 흥미가 ﾌ지 않았지만 유향과 같이 공부하는 이 중국어책은 다양한 내용뿐 아니라 문학적 수준도 높은 책이었으므로 1과부터 공부할 맛이 있었다. 금정이 열심히 하니 유향도 의욕이 나는지 성어成語나 관용구의 응용표현을 인터넷으로 조사하고 복사해서 상세하게 설명했다.

　또렷한 발음과 맑은 목소리로 설명하는 유향을 보면서 금정은 큰 즐거움을 느꼈다. 설명하는 유향의 입을 쳐다보고 있으면 똑같은 사람의 입인데 어떻게 저런 소리가 나오는지 신기할 정도여서 넋을 놓고 바라보기도 했다. 그래서일까 금정은 공부하기로 한 날이 기다려지고 마음이 살짝 설레기도 했다.

그런데 지난겨울 금정이 꿈에서 유향을 만나고 다음날 진짜로 예상치 않게 유향을 만난 이후 그에게는 이상한 변화가 일어났다. 만약 미리 약속한 날이 아닌데도 유향을 만나는 날은 전날 반드시 유향의 꿈을 꾸게 되었다. 심지어는 꿈에서 유향이 창문을 열고 그에게 인사하면 다음날 똑같이 유향이 창문을 열고 인사를 하여 그는 머리에 무엇으로 한 대 맞은 것 같았다.

비록 금정이 불도를 닦는 승려이지만 매우 특이한 현상이다. 수행할 때 보통 어떤 경지에 들기 전에 비정상적 현상들이 나타나는 경우가 많은데 불가에서는 이를 마구니의 방해 또는 깨달음에 대한 지나친 의욕이나 수행이 부족한 데서 오는 잠재된 욕망이 표출되는 망상이라고 본다. 그는 이제 그런 과정은 다 거쳤다고 생각했는데 최근에 일어나는 유향에 관한 예지몽들은 일반적 경우를 훨씬 벗어날 정도로 정확하고 그리고 지속적이었다. 그후로도 이런 현상이 수없이 있었지만 한 번도 틀리지 않고 계속되었다. 그는 도대체 그 이유를 알 수가 없었다.

어찌되었든 이는 자신의 수행 부족이 원인이라 여기고, 조금 더 정진하면 괜찮아지겠지 하며 틈날 때마다 수행을 하고, 중국어 공부에도 더욱 매진했다. 그래서인지 금정의 중국어 실력은 눈에 보이게 향상되었다. 그럴수록 유향도 더 의욕적이 되고 적극적인 자세로 가르쳤다. 간혹 유향에게 사정이 생겨 공부를 못하게 되는 날이면 그는 왠지 서운하고 마음이 허전하였다.

어느 날, 황교수가 금정에게 유향, 류찬과 같이 식사를 하며 중국어 공부에 대해서 이야기해 보자고 했다. 함께 근처 야채전문 식당으로 갔다.

"유향, 요즘 금정스님은 중국어 공부 잘 하시나?"

"네, 굉장히 열심히 하십니다. 진보도 많이 빠릅니다."

"그래, 부러운 걸. 나는 아직 초급에서 헤매고 있는데, 유향이 류찬보다 좋은 선생님인 것 같다."

"알았어요. 그럼 교수님도 우향하고 공부하세요." 류찬이 삐친 듯 말했다.

"그렇다고 삐치기는. 류찬 선생님 최고, 류찬 라오스 하오빵! 하오빵!"

"그렇게 말씀하시면 듣는 사람 서운하지요. 류찬, 교수님이 농담한 것입니다."

"저도 알아요. 교수님은 농담을 너무 좋아해요."

"너희 둘에게 물어 볼게. 이렇게 우리들이 따로 만나서 공부하는 것에 대해 혹시 다른 학생들이 너희들을 질투하지 않냐?" 황교수가 물었다.

"헤헤헤" 둘이 동시에 웃었다.

"혹시 너희들 다른 학과 학생들이랑 미팅 안 해?"

"무슨 말씀인지 모르겠습니다."

"남자친구를 만들지 않느냐는 말이지."

"교수님도 참, 그것은 학부 때 일이지요. 벌써 졸업했어요. 대학원생들이 누가 미팅을 합니까?"

"그래도 청춘인데."

"우리들은 학부생들에게 할머니 소리 들어요."

"이제 갓 20대 중반인데 무슨 할머니? 할머니들 다 얼어 죽었겠다."

"할머니가 왜 얼어 죽어요?"

"아니다. 너희들은 아직 청춘이란 뜻이다."

"교수님, 그만하세요. 나름 질서가 있겠지요." 금정이 말했다.

"그런데 진철은 남자친구가 자주 바뀌는 것 같던데?"

"진철은 연애전문입니다." 류찬이 말했다.

"선수인가?"

"그냥 즐기는 것입니다. 진지하게 사귀지는 않아요."

"여시구먼."

"여시가 뭐예요?"

"후리찡" 금정이 대답했다.

"아니예요. 진철은 그냥 남자에게 얽매이기 싫어서 그래요. 그래도 남자들이 진철을 많이 좋아하는 것 같아요."

"그러니 여시지."

"류찬, 너는 덩치 큰 놈하고 계속 사귀니?"

"무슨 말인지? 아! 이문요. 그냥 그래요."

"됐습니다. 남의 사생활 그만 물어보고 중국어 공부이야기나 계속하시지요."

"스님, 저는 7살짜리 중국 어린이가 말하는 정도만 되면 소원이 없겠습니다. 그게 제 목표입니다." 황교수가 말했다.

"7살 어린이면 얼마나 잘 하는데요. 저는 속가의 7살 조카와 말싸움하면 집니다."

"스님도 말싸움하면 집니까?"

"교수님은 집에서 사모님하고 말싸움하면 이깁니까?"

"그런 것은 아니지만, 지지 않으려고 노력하지만 상대가 못되지요."

"지는 것이 이기는 것 아닙니까. 지고 사세요."

"애들아, 중국의 부부는 싸움하면 대개 누가 이기나?"

"중국남자들은 여자에게 꼼짝도 못해요." 류찬이 말했다.

"왜?"

"중국은 사회주의를 거치면서 여자들의 권리가 한국보다 훨씬 우위에 있습니다. 그래서 간혹 덩치가 산만한 사람이 조막만한 여자에게 꼼짝 못하고 두들겨 맞는 경우도 본 적이 있습니다." 금정이 옆에서 거들었다.

"그럼 저는 한국에서 태어나길 잘했네요."

"그래서 우리는 중국남자가 세계에서 제일 좋은 남자라고 생각합니다." 류찬이 말했다.

"그럴만하구먼."

"그건 그렇고 스님, 지금 공부하는 중국어 책의 수준은 어때요?"

"교과서가 외국인들을 위해 쓰인 것이어서인지 내용을 자세히 보면 일부 단원은 공산당 선전과 관련된 내용이 많습니다. 하지만 괜찮습니다. 공산당을 선전하는 내용에도 중국문화를 솔직하게 담고 있으니 오히려 중국사회의 특성을 이해하는데 도움이 되기도 합니다."

"그 정도까지 파악할 수 있을 정도면 스님의 중국어 수준이 상당한 것 같습니다."

"한국사람이 중국어 문장을 보고 이해하는 것은 중국어를 잘하는 것과는 다릅니다. 왜냐하면 우리는 이미 한자를 공부했기 때문에 한자로 된 문장은 웬만큼 이해할 수 있거든요. 그런데 문장을 보고 이해하는 독해능력하고 대화하는 것은 차이가 납니다. 중국어의 구사능력은 문장 감각보다는 언어적 감각이 필요합니다. 교수님도 지금 제가 공부하는 책을 보면 아마 많이 이해는 할 수 있을 겁니다."

"우리나라 영어교육도 이와 비슷하지요. 아주 어려운 문장은 잘도 해석하지만 외국인을 만나면 땀을 뻘뻘 흘리잖습니까. 류찬과 공부하면서 책을 보면 뜻은 알겠는데 입에서는 나오지 않아요."

"그래도 꾸준히 하다 보면 교수님도 제 수준 정도 올라오는 것은 시간문제입니다."

"제발 그런 날이 오기를. 그나저나 참 이렇게 중국어를 배우게 된 인연은 보통이 아닌 것 같습니다. 스님, 그렇지 않습니까?"

"모릅니다. 만나면 헤어짐도 있습니다."

"김빠지게 그런 말씀을."

"사실 아닙니까."

류찬과 유향도 이 말을 알아들었는지 얼굴에 그림자가 비쳤다.

"봐요. 얘들이 슬퍼하지 않습니까?"

"그래요? 저는 모르겠는데요. 학생들 슬퍼요?"

류찬과 유향은 조용히 웃기만 했다.

"앞으로 열심히 합시다. 짜여우 화이팅!" 분위기가 어색해지자 황교수가 외쳤다.

4월, 경주에 가다

3월은 언제나 그렇듯이 학기 초의 업무들이 많아서 바쁘게 지나갔다. 바람이 불고 꽃잎이 날리자 4월이 온줄 알게 되었다. 황교수는 중국에서 건너온 대기 중에 누런 황사가 날아다니고, 빨리 핀 꽃잎들은 벌써 떨어지기 시작하자, 또다시 중국학생들을 데리고 한국문화를 견학시킬 생각을 하게 된다. 작년 일년, 열심히 돌아다니다 보니 습관이 된 것 같았다. 금정에게 어디를 갈까 물어보더니 그래도 한국에서 문화유적하면 경주가 좋다며 그쪽으로 일정을 잡았다. 남쪽은 꽃이 빨리 진다며 4월 초순, 말이 나자마자 바로 가기로 했다.

황교수가 시간을 서둘러 잡은 이유는 경주에 꽃이 피어있는 기간에 그가 연구한 적이 있는 이차돈의 순교터인 흥륜사에 들러서 4월 광풍에 꽃잎이 날리는 장면을 보고 싶어서라고 했다. 이차돈의 순교 장면을 묘사한 것 중에 '이차돈의 목이 떨어지자 목에서 흰 피가 솟아오르고, 광풍이 불고 꽃잎이 휘날렸다'라는 대목을 확인하고 싶단다. 요즘 사람들 중에 이차돈의 목에서 진짜로 흰 피가 나왔다는 것을 믿는 사람들이 별로 없듯이 황교수 자신도 이러한 기록은 아마 법흥왕과 이차돈이 귀족집단에게 불교의 의대함을 보여주기 위해 마술과 같은 어떤 특수한 기술을 써서 이러한 현상을 만들지 않았을까 추측했었다. 잔뜩 우유를 마시고 배에 힘을 주고 있을 때 칼로 목을 치면 우유와 피가 섞여 흰 피가 되지 않았을까 하고 묻기도 했다. 4월 초의 날씨는 꽃이 피고 바람이 부는 날이 많아서 천기를 잘 살피면 이러한 상황을 만들기가 비교적 용이하지 않았을까?

금정도 경주에 여러 차례 가보았지만 언제 보아도 좋은 불교유산이 많이 있는 곳이니 흔쾌히 동의했고 인원이 많아서 그도 차를 가지고 가기로 했다. 중국학생들도 중국에서 많이 들었던 한국문화유산의 보고인 경주에 간다고 하니 신이 났다. 거기다 1박을 하니 얼마나 좋을까. 또 콧구멍에 바람을 쐬는 것이다. 왕창.

학기 중이라 시간이 충분치 않으므로 일정을 주말 1박2일로 잡았다. 흥륜사, 대능원, 석굴암, 불국사, 박물관 그리고 동해에 가서 문무왕의 해중왕릉까지. 대충 둘러보기에도 시간이 많이 촉박하지만 중국학생들에게 다시 기회가 오기 어려우므로 최대한 많이 둘러볼 계획을 세웠다.

황교수의 조수석에는 류찬이 탔고, 금정의 조수석에는 유향이 탔다. 경주는 먼 거리라 새벽같이 출발했다. 고속도로 천안휴게소에 도착하니 아침 식사시간이 되어, 우동으로 가볍게 하고 다시 출발했다.

황교수는 운전할 때 자주 듣는 클래식 경음악을 틀었다. CD의 한쪽 면이 끝나니 차량용 오디오가 덜컥덜컥 소리를 낸다.

"이제 클래식 그만 듣고, 너희들이 노래 불러볼래? 대개 여행가면 신나는 노래 부르잖아?" 황교수가 제안했다.

"우리가 부르는 노래는 중국노래여서 교수님은 못 알아들으실 것인데요?"

"괜찮아, 마음이 즐거우면 되지."

"그러면 우리 같이 할 수 있는 노래를 하자." 두아란이 말했다.

"지난번 노래방에서 불렀던 것 경쾌하던데 테테테테테 하는 것." 황교수가 요청했다.

"'텔미', 또 잊어버렸어요. 중국어 어떻게 공부하시겠어요? 큰일이다." 류찬이 혀를 끌끌찬다.

"알았어, 알았어. 열심히 할게."

"내가 선창할게, 같이 따라해." 두아란이 시작했다.

"너도 날 좋아할줄은 몰랐~어
어쩌면 좋아 너무나 좋아
꿈만 같아서 나 내 자신을~

......

Tell me tell me tell tell tell tell tell tell me ... "

"하나 더 해봐. 중국노래도 좋아."

"이번에는 우리 남자들이 부르겠습니다." 이문과 동비가 나섰다.

"석문정도 같이 해." 황교수가 노래를 싫어하는 석문정에게 말했다.

"예, 알겠습니다. 교수님." 석문정도 웬일인지 함께 부르겠다고 했다.

"쩌시에니엔 이거런 펑예궈 위예조우 这些年 一个人 风也过 雨也走 혼자서

비바람의 세월을 헤쳐왔네.

여우궈레이 여우궈추어 하이찌더지엔츠섬머 有过泪 有过错 还记得坚持

甚麼 눈물도 흘리고 잘못도 했지만 그래도 잊지 말아야 할 것은 알지

쩐아이궈 차이회이동 회이찌고 회이회이서우 真爱过 才会懂 会寂寞 会回

首 정말로 사랑해서 알았어, 쓸쓸해지 고 그립겠지만

종여우멍 종여우니 짜이신종 终有梦 终有你 在心中 내 마음엔 언제나 꿈이 있

고 네가 있어

펑여우 이셩이치조우 나시에르즈 부짜이여우 朋友 一生一起走 那些日子

不再有 친구여, 함께 함께 한 그 세월 다시는 없겠지만

이쮀화 이뻬이즈 이셩칭 이뻬이쥬 一句话 一辈子 一生情 一杯酒 우정 이 한

마디 일평생 한 잔 술에 담아

펑여우 부청구단궈 이셩펑여우 니회이동 朋友 不曾孤单过 一声朋友 你会

懂 친구, 이 한마디에 더 이상 외롭지 않을거야

하이여우상 하이여우통 하이야오조우 하이여우워 还有伤 还有痛 还要走

还有我 다치고 아프겠지만 그래도 가자해, 친구야 내가 있어"

"내용은 모르지만 가슴에 전해지는 것이 무척 감동적이다."

"다음에 교수님께 가르쳐드리겠습니다." 동비가 말했다.

일찍 출발을 해서인지 오전 10시쯤 경주에 도착했다. 황교수의 희망대로 가장 먼저 흥륜사에 갔다. 흥륜사의 앞마당에는 이차돈 순교 기념탑이 있고 벚꽃과 여러 가지 꽃들이 피어있지만 바람이 불지 않아 황교수는 약간 실망했다. 금정이 흥륜사에 관한 이차돈 순교의 기적을 학생들에게 설명해 주었다. 황교수와 금정이 법당에 들어가 참배를 하니 모두 따라 들어가 묵념을 했다. 황교수가 물었다.

"스님, 이차돈 순교 때 흰 피 나온 것 믿습니까?"

"모릅니다. 그랬다니 그렇겠지요."

"불교의 일이니 어찌 믿지 않습니까?"

"교수님은 단군신화에 웅녀가 사람으로 변했다는 것 믿습니까?"

"아, 그거야 신화를 위해서 지어낸 것 아닙니까?"

"한국인은 그것을 다 사실인 것처럼 교육시키잖아요."

"그럼, 스님은 안 믿어요?"

"그건 믿고 믿지 않고의 문제가 아니지요. 판단의 문제일 뿐이지요."

"그래도 옛날 불교이야기에 물고기를 먹었다가 뱉었는데 다시 살아나고, 신라의 김교각스님이 중국 구화산에 가서 옷자락을 펼치니 구화산九華山을 덮었다는 이야기도 있지 않습니까?"

"그럼 교수님은 김교각스님의 옷자락이 진짜로 그 넓은 구화산을 덮었다고 믿어요?"

"그거야 스님이 더 잘 아실 것 아닙니까?"

"저는 직접 보지 않아서 모릅니다."

"진짜로 이차돈 순교 기적을 믿지 않나 보네요."

"달마의 제자인 2조祖 혜가스님이 입적했을 때 몸에서 우유색의 피가 나왔다는 이야기는 있어요."

"혜가스님의 이야기에서 참고했을 수도 있네요."

"이차돈의 순교가 66년 앞섭니다."

"그럼 진짜일 수도 있네요."

"아까 말씀드렸다시피 저는 직접 보지 않아서 모릅니다."

"그건 그렇고 스님, 우리가 어찌하여 이렇게 여기에 같이 왔을까요?"

"인연이 있어서겠지요."

"인연이라면 과거에도 우리가 만났다는 건데. 과거에 우리가 만났다는 것을 믿으세요?"

"모릅니다." 금정은 황교수를 슬쩍 보면서 말했다.

"헤헤 아시지 않나요?"

"또 뭘 더 물어 보시려고?"

"거 뭐 꿈이랄까. 인연이랄까 이런 것이 진짜로 시공을 초월하여 이루어질까? 이런 것들."

"그런 것 저는 모르니 묻지 마세요." 금정은 외면해 버렸다.

"스님, 혹시 요즘도 꿈을 꾸시나요?"

"무슨 꿈?"

"저한테 지난번 말씀하셨잖아요."

"황교수님은 남을 놀리는 것이 재미있나 봅니다."

"아니, 그런 것이 아니고."

"모릅니다."

"또 모릅니다 입니까? 사실인가 보네요."

"……"

다음 행선지는 대능원이다. 한정된 장소에 거대한 무덤들이 이렇게 펼쳐진 곳은 중국에도 없는 광경이다. 그것은 중국과 한국의 묘제 방식이 달라서이다. 이러한 무덤의 방식은 유라시아 대초원을 누볐던 스키타이족의 이동경로를 따라 있는데 경주처럼 이렇게 한곳에 집중적으로 조성된 경우는 없다. 이는 과거 신라 김씨 왕조의 선조들이 스키타이의 후예인데 경주에 와서 그들 전통의 무덤방식을 썼기 때문이다. 하지만 무덤을 한정된 좁은 구역 안에서 해결하려다 보니 이렇게 많이 조성되었고, 그러다 결국 더 이상 묘지문제를 해결하지 못하게 되자 산으로 매장지를 옮기게 된 것이다. 황교수가 중국학생들에게 설명하자 중국학생들은 과거의 한국역사를 새롭게 환기하는 듯했다.

각자 자유롭게 대능원의 거대한 무덤 사이로 걸어가며 감상하고 있는데 유향이 금정을 쫓아가서 말을 건넨다.

"스님"

"누구야? 아, 유향 왜?"

"여기 무덤들을 보니 이상한 생각이 들어요."

"무슨 이상한 생각?"

"제가 한국에 오고 나서 얼마 되지 않아 어느 더운 여름날 꿈을 꾸었는데 누구를 만났어요. 스님처럼 머리를 깎았는데 누구인지는 생각이 나지 않았어요."

"그래? 머리를 깎은 사람은 스님 말고도 있는데. 조폭이 아닐까?"

"아이참 스님도, 그런 사람은 아니었어요. 아주 옛날사람 같았는데 경주에 있는 사람들이 원래는 중국의 넓은 초원지대에서 살았고 이 사람들은 황금을 아주 잘 다루는 사람들이어서 신라는 황금문화가 많이 발달했다고 하고, 제가, '나도 신라에 가고 싶은데 데려가 줄 수 있냐'고 물으니까 안된다고 했어요. 그런데 제가 지금 경주에 왔잖아요? 좀 이상해요. 그리고 다른 이야기를 나눈 것도 생각이 나요."

"무슨 이야기?"

"제가 그 사람에게 신라에는 불교가 언제부터 전래되었냐고 물으니 신라에는 생각보다 오래전에 부처님법이 들어왔는데 인도에서 여자가 오고, 일곱 부처님이 왔다는 것까지 생각이 나는데 나머지는 잘 모르겠습니다."

"정말 이상하네. 유향의 꿈이 꽤 정확하고 꿈이야기가 정말로 옛날 신라의 이야기야."

"그래요?"

"이상하네. 다른 생각나는 것이 없어?"

"글쎄요. 아마 제가 신라의 황금으로 만든 물건을 … , 아! 또 생각이 나요. 누군가의 목을 잘랐는데 목에서 흰 피가 나오고 … 스님, 이것은 아까 스님이 말씀해주신 그 절의 이야기하고 비슷하네요. 정말로 이상하네요."

"그 꿈들이 정말이야?"

"네, 정말입니다. 제가 왜 거짓말을 해요. 내가 옛날에 신라사람이었나?"

"그럴 수도 있지."

"그런데 중국말로 이야기했어요."

"유향이 중국인이어서 그렇지 않을까?"

"모르겠어요. 어쨌든 여기 경주에 오니 갑자기 그 꿈이 생각이 나네요."

"앞에 두 사람, 무슨 이야기를 그렇게 재미나게 하십니까? 아이구! 유향의 종아리가 생각보다 통통하네." 황교수가 뒤에 따라가면서 시비를 걸듯 말을 한다.

"아, 황교수님. 유향이 경주에 오니까 낯설지 않다고 하네요."

"유향이 원래 한국하고 인연이 많은 사람인가 보지요. 스님하고도 인연이 많고"

"무슨 말씀이세요. 교수님?" 유향이 물었다.

"아? 두 사람이 걸어가는 것은 뒤에서 보니 질투가 나서 하하하"

"교수님 조심해 주세요. 유향이 오해합니다."

"무슨 오해요? 사실을 말한 것인데." 황교수는 시치미를 뗐다.

"아무렇게나 던진 돌에 개구리가 맞으면 어떻게 됩니까?"

"그게 무슨 뜻입니까?" 유향이 물었다.

"아니다. 내가 스님의 연못에 돌을 던졌는데 잠자던 개구리가 깨어났다고."

"도무지 무슨 말인지 모르겠어요."

"봄이면 개구리가 많이 나온다는 말이다."

"네? 중국에서 개구리가 나오는 시간은 오래전에 지났는데 여기 개구리는 늦게 깨는가 보네요."

"응? 금정스님 개구리는 특히 잠이 많아서 이제 깨어나."

"교수님 이제 그만 하세요."

"옛썰!"

❋

　대능원을 보고나니 벌써 점심시간을 넘겼다. 근처 식당에서 간단하게 먹고 바로 동해바닷가로 향했다. 나머지 유적은 다음날 새벽부터 바쁘게 다니면 해결할 수 있지만 해중왕릉은 멀리 있어서 먼저 해결해야 하기 때문이다.

　4월 초이지만 이미 초록의 기운이 완연한 추령고갯길을 넘어 감포 앞바다에 갔다. 동해바닷가는 경사가 완만한 서해와는 달리 바다가 갑자기 깊어지고, 거친 파도가 우르릉 우르릉 소리를 내며 몰려온다. 중국학생들은 파도와 함께 강하게 불어오는 해풍을 맞으며 모래사장에 일렬로 늘어서서 바다 멀리 수평선을 바라보았다.

　황교수가 학생들에게 눈앞 바다에 떠 있는 문무왕 해중왕릉과 관련된 이야기를 해주었다. 학생들은 자기들도 일본에 대한 감정이 좋지 않은데 한국도 옛날부터 일본어게 많이 시달렸고 그래서 왕이 혼령으로나마 일본을 물리치기 위해 자기의 무덤을 바다에 쓴 것을 알고는 왕의 호국서원護國誓願에 다들 고개를 끄덕이며 깊은 관심을 보였다.

　일행은 해가 지기 전에 다시 경주로 돌아와 경주의 토속적인 식당에서 전통음식을 먹고, 예약한 숙소로 가기로 했다. 학생들은 황교수와 금정이 자신들을 위하여 이렇게 멀리까지 운전을 해주고 또 숙소도 황교수의 이름으로 반값 할인을 받았으니 음식비를 포함하여 비용은 전부 자기들이 부담하겠다고 하였다. 황교수와 금정은 학생들의 마음이 정 그렇다면 고맙게 받기로 했다.

　식당에서 음식을 주문했는데 두부전, 채소찜, 생선튀김 등 전부 전통 한국식이다. 기름기가 거의 없었지만 중국학생들도 이제 한국음식에 익숙해져서인지 맛있다며 잘 먹었다. 황교수는 학생들과 맥주를 몇 병 주문해서 마시고 부족한지 또다시 경주민속주를 주문해서 마셨다. 황교수가 술을 마시는 속도가 점점 빨라졌다. 금정은 음료수만 마시면서 혹시나 황교수가 취할까봐 주의를 기울이고 있었다. 먼 거리를 운전해서 몸이 피곤한 상태에선 술에 취하기 쉽기 때문이다. 아니나 다를까, 갑자기 벌떡 일어나 노래를 부르고 춤을 추던 황교수는 식탁에 걸려 쓰러졌다. 금정은 곧바로 자리를 파하고 학생들과 함께 숙소로 향했다. 황교수는 숙소에 가서도 남학생들 방으로 가서 다시 술을 마셨다.

황교수가 학생들 방으로 가서 늦게까지 돌아오지 않아서 금정은 먼저 잠자리에 들었다. 침대에 누워서 천장을 보고 있으니 낮에 유향의 말이 생각났다. 금정은 유향의 꿈이 이상하다고 생각하다가 갑자기 침대에서 벌떡 몸을 일으켰다. 불현듯 그가 옛날 스님으로 당나라에 갔고 거기서 어떤 큰 부잣집 딸과 이야기 한 꿈의 내용이 떠올랐다. 그 내용이 유향이 말한 꿈 내용과 같았기 때문이다. 게다가 꿈을 꾼 시기도 같다. "정말 유향과 나는 같은 꿈을 꾸고 있는 것일까? 전날 꿈을 꾸면 반드시 만나게 되고, 그러면 … , 어쩌면 나처럼 유향도 평소에 내 꿈을 꾸면 다음날 나를 만나는 것은 아닐까, 무슨 인연일까?" 금정이 상념에 밤늦도록 뒤척이고 있었지만 황교수는 방으로 돌아오지 않았다. 새벽에 금정이 눈을 뜨니 황교수는 옷을 입은 채로 침대에 꼬꾸라져 자고 있다. 다음날 아침, 황교수는 무엇이 불안한지 금정에게 전날 저녁의 상황이 기억나지 않는다며 거듭 물어보았다. 금정은 가관이었다고 놀렸다.

아침 일찍 석굴암으로 향했다. 날씨는 더없이 화창하다. 고갯길을 굽이굽이 올라가 산위의 주차장에 도착하니 멀리 동해바다가 보인다. 모두들 산정상의 맑은 공기로 심호흡을 하니 전날의 피로와 취기가 사라지는 듯 개운해졌다. 주차장에서 석굴암으로 향하는 산길은 날씨가 상쾌하여 걷기에 더없이 좋다. 황교수는 전날 과음하여 아직 술냄새가 남아있어 부처님 뵙기가 민망했겠지만 별수 없다.

석굴암의 보호각 안으로 들어가니 석굴은 유리로 막혀서 본존불의 자태를 제대로 볼 수가 없다. 그때 마침 불상 앞에 공양물을 바치는 보살이 큰 다라에 과일을 잔뜩 들고 왔다. 여보살이 힘들어 보이는지 유향이 달려가서 도와주니 보살이 고맙다고 했다. 금정도 같이 드니 보살은 황공하다며 금정에게 꺽듯이 예를 갖춘다. 보살이 자물쇠를 풀고 문을 열어 다라를 든 유향과 금정이 안에 들어갈 수 있게 했다. 이렇게 보호 유리막 안으로 들어갈 수 있는 것은 보통의 영광이 아니다. 황교수가 자기도 도와줄 걸 하고 아차! 했겠지만 이미 늦었다. 전날 과음한 술 냄새 때문에 부처님이 거절한 것 같았다.

금정과 유향이 부처님 앞에서 예를 갖추는 동안 황교수와 중국학생들은 유리칸막이 밖에서 부러운 눈으로 두 사람을 쳐다보았다. 금정은 기분이 묘했다. 유향은 부처님께 예를 올린 후 사진으로만 보았던 석굴암을 안에 들어와 직접 보니 본존불의 웅장함과 돌에 스민 장인들의 염원이 느껴진다며 감개무량하였다. 중국의 불상은 칼로 깍은 듯이 매끈하고 형태가 분명한 것이 많은데 이 부처님은 돌을 거칠게 다듬어서인지 형태는 중국에 비해 선명하지 않았지만 장중하면서도 선정에 든 얼굴 표정은 꿈속에서 보는 것 같은 아우라를 느낀다. 주위에 빙 둘러 부조로 새겨진 보살상들의 표정들, 이 굴속의 모든 것이 중앙의 큰 부처님을 따라서 삼매에 든 것 같았다. 금정은 유향과 같이 있는 이 굴속이 마치 꿈속 같았다.

다음 행선지는 불국사이다. 이곳도 중국학생들은 이미 사진으로 많이 본 한국 최고의 문화유적이어서 관심이 많은 듯 했다. 청운교, 백운교를 돌아 불국사 경내로 들어서니 석가탑과 다보탑이 들어왔다.

"여러분, 이곳 불국사 사진은 중국에서도 많이 보았지요?" 황교수가 학생들에게 물었다.

"네, 한국을 소개하는 책에서 많이 보았어요."

"와 보니 느낌이 어때요?"

"좋은 것 같은데 중국하고는 많이 다릅니다." 진철이 답했다.

"절 앞의 돌계단이랑, 마당에 있는 두 탑은 독창성과 조형미가 얼마나 우수합니까!"

"중국에 가면 훨씬 큰 것들이 많아요." 이문이 대답을 하면서 류찬의 어깨를 감싸 안으려 하자 류찬이 이문을 밀쳤다.

"이문은 무조건 큰 것이 좋은가 봐."

"중국에 비해 크지는 않지만 조형미는 매우 우수한 것 같습니다." 조형안목이 있는 왕현이 말했다.

"그런데 이곳 돌계단과 절터를 둘러싼 석축, 그리고 어제 본 석굴을 만든 기법은 다른 곳에서는 보이지 않아요. 내가 아는 건축가는 이 기법들이 당시 로마와 교역을 하면서 들어온 기법이 아닌가 하더라고요." 황교수가 계속 말했다.

"신라도 로마나 아라비아와 교류를 했나요?"

"그럼요. 그런 기록들이 있어요. 처용이라는 아라비아인은 아예 신라 여인과 결혼을 해서 여기에 살았대요. 지금 한국에 처용이 나오는 유명한 가면극도 전해지고 있어요."

"그 가면이 어떻게 생겼어요? 정말로 아라비아 사람처럼 생겼어요?" 왕후란이 물었다.

"얼굴이 붉고 좀 독특하게 생겨서 아라비아 사람으로 알고 있는데, 어떤 얼굴학자는 얼굴을 측정해보니 경주 근처 사람들의 표준으로 나온다고도 합니다. 나는 잘 몰라요."

"처용가면을 보고 싶어요." 왕후란이 질문했다.

"관광기념품 상점에 가면 많이 있고, 이따가 박물관에 가도 있을 것이야."

"꼭 하나 사야겠습니다."

"중국에서는 가면假面 또는 견구面具라고 하는데 한국에서 말하는 '탈'이라는 뜻하고는 조금 달라."

"어떻게 달라요?"

"중국의 대표적인 리엔푸臉譜 가면은 화려한 화장을 통하여 인물의 캐릭터를 많이 표현하는데, 한국의 탈은 인간사회에서 발생한 문제라는 탈의 의미도 있어. 얼굴에 탈을 쓰고서 사회의 탈을 치료한다는 뜻이야."

"그래요? 재미있네요. 교수님, 저는 중국과 한국의 가면들을 주제로 연구를 해보고 싶은데요."

"해봐. 여러 모로 많이 활용될 것 같은데."

"아, 그리고 이곳 불국사와 아까 보았던 석굴암은 실은 김대성이라는 한 사람이 지었다고 합니다." 금정이 말했다.

"예? 어떻게 한 사람이 지었어요? 돈이 엄청 많았던 사람인가요?" 두아란이 물었다.

"김대성이라는 사람은 특이하게 자기의 전생을 기억하고 있어서 전생의 부모를 위해서 석굴암을 짓고, 현생의 부모를 위해서 이곳 불국사를 지었다고 해."

"신기하네요. 정말로 대단한 효자인가 봅니다. 저도 제 부모님께 그렇게 효도할 수 있으면 좋겠습니다." 두아란은 중국에 있는 부모님이 생각난 듯 말했다.

"두아란은 부모님을 생각하는 마음이 지극한가봐?"

"부모님은 가정형편이 많이 어려운 데도 저를 유학 보내주셨어요. 열심히 해서 빨리 졸업하고 돌아가서 부모님을 도와야 합니다."

"불국사와 석굴암은 원래 부모에게 효도를 하기 위해서 지은 절인데, 지금은 그저 관광지가 되어버렸어. 우리 같이 부처님께 부모님을 위해 기도드리자." 황교수가 부모님을 위해서 기도드리자고 하니 갑자기 학생들의 표정이 숙연해졌다. 금정은 일행을 이끌고 대웅전에 들어갔다.

"불국사에서 부모님을 위해 기도드리자는 황교수님 제안은 정말로 훌륭합니다. 부모님의 은혜를 생각하면 누구나 마음이 순화되고 업장이 풀립니다. 제가 간단하게 '부모은중경父母恩重經'을 선창하면 여러분은 한마음으로 따라 해주세요.

"회탐수호은懷耽守護恩! 어머니 품에 품고 지켜주시고"
"회탐수호은懷耽守護恩! 어머니 품에 품고 지켜주시고"

"임산수고은臨産受苦恩! 낳으실 제 고통을 이기시니"

"임산수고은臨産受苦恩! 낳으실 제 고통을 이기시니"

"생자망우은生子忘憂恩! 낳으시고 세상 근심고통을 잊어버리시고"

"생자망우은生子忘憂恩! 낳으시고 세상 근심고통을 잊어버리시고"

"인고토감은咽苦吐甘恩! 쓴 것을 삼키고 단 것을 뱉어 먹이시니"

"인고토감은咽苦吐甘恩! 쓴 것을 삼키고 단 것을 뱉어 먹이시니"

"회건취습은廻乾就濕恩! 진자리 마른자리 가려주시고"

"회건취습은廻乾就濕恩! 진자리 마른자리 가려주시고"

"유포양육은乳哺養育恩! 젖먹이고 길러주시니"

"유포양육은乳哺養育恩! 젖먹이고 길러주시니"

"세탁부정은洗濯不淨恩! 손발이 닳도록 언제나 깨끗이 닦아 주시고"

"세탁부정은洗濯不淨恩! 손발이 닳도록 언제나 깨끗이 닦아 주시고"

"원행억념은遠行憶念恩! 나 먼 길을 떠나갈 때 걱정하시네"

"원행억념은遠行憶念恩! 나 먼 길을 떠나갈 때 걱정하시네"

"위조악업은爲造惡業恩! 자식을 위해서는 나쁜 일조차 마다 않으시니"

"위조악업은爲造惡業恩! 자식을 위해서는 나쁜 일조차 마다 않으시니"

"구경연민은究竟憐愍恩! 나를 끝까지 불쌍히 여기고 사랑해주시는 가없는 은혜"

"구경연민은究竟憐愍恩! 나를 끝까지 불쌍히 여기고 사랑해주시는 가없는 은혜"

"왼쪽 어깨에 아버지 업고 오른쪽 어깨에 어머니 업고서 수미산須彌山을 백천만 번 돌더라도 그 은혜를 다 갚을 수 있을까!"

"왼쪽 어깨에 아버지 업고 오른쪽 어깨에 어머니 업고서 수미산須彌山을 백천만 번 돌더라도 그 은혜를 다 갚을 수 있을까!"

옆에서 불상을 보던 관광객들은 이들의 갑작스런 '부모은중경' 구령을 의아한 듯 쳐다보았다. 학생들은 진심으로 기도를 올렸는지, 부모님이라는 말에 감정이 북받쳤는지 눈가가 젖어있다.

황교수가 대웅전 뒤 건물 강당에 중국에서 제작해서 불국사에 선물한 김교각 상이 있다고 알려주자 중국학생들은 궁금해 하며 바로 그쪽으로 가자고 했다. 건물 안으로 들어가니 성인의 2배 정도 되는 청동으로 된 김교각 상이 있다. 학생들은 상을 보면서 바로 기도를 하기 시작했다. 그들이 왜 이렇게 기도하는지는 황교수와 금정은 어림짐작으로는 알고 있다. 김교각은 중국에서 이미 지장보살이 된 성인으로 추앙을 받고 있고, 김교각이 설법했던 구화산이 안휘성에 있어서 안휘성, 이웃한 호북성의 무한에서 온 중국학생들에게는 감회가 남다르기 때문이다.

"스님은 중국에 갔다 오셨지요. 아까 보니 중국학생들이 석가탑, 다보탑은 시큰둥해 하는 것 같았는데, 김교각 상을 보고는 왜 그렇게 높이 추앙합니까? 제가 보기에는 김교각 상이 별로던데."

"중국인과 한국인의 미적 감각은 많이 다릅니다. 중국인의 심미안에는 화려한 감각을 강조한 부분이 많은데 우리 한국인의 심미안은 가능한 자연미를 살리는 것이기 때문에 중국인들이 한국의 문화유산 특히 돌의 거친 느낌이 남아있는 석조문화유산에는 무덤덤해질 수 있습니다. 오랜 세월에 걸쳐 형성된 문화의 차이를 억지로 강요할 수는 없지 않습니까?"

"하기야, 우리 문화는 웬만큼 심미안이 없으면 보지 못하지요."

"황교수님, 여기 와서 김교각 보살상을 만나니 감회가 새롭습니다."
왕현이 다가와 말한다.

"아, 왕선생님 집이 안휘성이니 더 새롭겠네요."

"네, 우리 중국사람들 김교각 보살님을 너무너무 좋아합니다."

"그래요? 김교각스님이 이곳 신라사람입니다. 왕자였어요."

"네, 저도 알고 있습니다. 여기가 그분이 태어난 곳이라니, 교수님 저희들을 여기에 데리고와 주셔서 감사합니다."

"왕선생님, 중국에서는 김교각스님을 어느 정도 존경합니까?"

"우리는 스님이라고 부르지 않고 지장보살님으로 부릅니다. 돌아가셨을 때 산이 울고 돌이 굴러 떨어졌으며, 종은 아무리 쳐도 소리가 나지 않았답니다. 죽은 후에도 시신은 3년간이나 썩지 않고 살아 있는 듯 생생했고, 옮기려고 하자 뼈에서 쇳소리가 났답니다. 쇳소리는 지장보살의 소리입니다. 그분이 세상 모든 사람들을 계도하여 지옥의 마지막 한 사람이 없어질 때까지 성불하지 않겠다는 지장보살의 원을 세운 것이 사실이었던 것이지요. 구화산에는 99미터 높이의 김교각 지장보살상이 세워져 있습니다."

"엥, 99미터 높이? 금정스님 사실입니까?"

"네, 사실입니다. 중국은 기본적으로 우리와는 스케일이 달라요. 구화산과 김교각이 모셔진 사원은 중국의 4대 불교 성지가 되었어요. 그만큼 김교각에 대한 중국인들의 존경이 대단하다는 것이지요."

마지막으로 경주박물관으로 갔다. 먼저 성덕대왕신종 앞으로 가서 종소리가 '에밀레' 하고 울린다는 옛날이야기를 들려주고 이 종이 세계 종소리 콘테스트에서 1등을 했다고 소개했다. 그리고 박물관 전시장 건물들을 알려주고 건물의 순서에 따라 각자 알아서 관람하라고 했다. 금정과 황교수는 역사와 문화에 대해 이것저것 대화하면서 유물들을 천천히 감상하며 전시관을 돌았다. 석불 전시관의 삼화령 미륵삼존불三花嶺彌勒三尊佛 앞에서 걸음을 멈추었다.

"스님, 한국의 불상들은 왜 이렇게 아기처럼 해맑게 웃고 있는 것이 많을까요?"

"그것은 교수님 전공이 아닙니까?"

"우리나라 불상은 다른 나라의 조각들과 비교해서 유난히 아기의 얼굴을 하고 있습니다. 세계 조각의 역사를 살펴보면 인류가 평화로웠던 시대에 만들었던 작품들은 얼굴에서 웃는 모습이 많이 표현되고, 전쟁과 같은 고난의 시기에 만들어진 미술품의 얼굴들은 찡그리거나 화난 얼굴이 많습니다. 아무래도 시대적 상황이 반영되었다고 볼 수 있겠지요. 그런데 우리나라는 세계에서 가장 많이 침략 받은 나라인데도 불상의 얼굴에 미소가 가득한 것을 보니 우리 민족의 DNA에는 원래 낙천적인 성품이 있는 것 같습니다. 중국에서도 우리 민족과 어울려 살았던 선비족이 세운 국가 북위北魏의 불상들은 환하게 미소 짓는데 중국 한족의 불상에서는 근엄함이 많아요."

"아 그렇습니까? 우리 부처님상호는 염화미소라고 해서 내면 깊숙이에서 우러나오는 그런 미소이지 않습니까? 저는 제대로 염화미소가 표현된 부처님을 만나면 저도 모르게 환희심에 미소 짓게 되요. 그러니 부처님을 만드는 불모佛母들은 삿된 마음을 버리고 정말 제대로

_176

만들어야 합니다. 그렇지 않으면 죄를 짓는 것입니다. 종교미술은 일반미술과는 기준이 달라요. 황교수님은 부처님 얼굴 만드신 적 있습니까?"

"아직 사찰에 참배용으로 조성한 것은 없습니다, 스님이 기회를 한번 줘보세요. 옛날에 미국에 갔을 때 거기서 만든 적이 있었는데 사람들이 슬픈 얼굴이라고 하더라고요."

"마음에 슬픔이 많습니까?"

"슬픔이 없는 사람이 어디 있겠습니까? 스님은 없어요?"

"작은 감정에는 웬만해서 흔들리지 않습니다. 기뻐하고 성냄이 그렇게 좋은 것이 아니거든요."

"그런데 얼마 전에 재미있는 글을 본 적이 있어요."

"무슨?"

"얼굴이 해맑은 사람은 사실은 가슴이 여리고 상처가 많은 사람이랍니다."

"음, 일리 있는 것 같습니다."

"우리나라 미술의 얼굴에 미소가 많은 것은 혹시 우리나라가 과거부터 외적의 침입과 같은 엄청난 고통을 많이 당해서 그것을 내면으로부터 극복하기 위해서 일부러 표현한 것은 아닌지 모르겠다는 생각이 들어서요. 아니면 그 해맑은 얼굴을 만든 장인이 사회의 밑바닥에 살면서 너무나 많은 핍박을 받은 것은 아닌지 … "

"글쎄요. 그렇게는 생각해보지 않았는데요. 왜요? 불사를 하면서 스님들이 많이 괴롭히던가요?"

"제가 그렇다는 것이 아닙니다. 지금은 그런 시절도 아니구요. 옛날 신분사회 시절 장인匠人들이 비록 밑바닥 노예의 인생으로 살았겠지만 그들도 인간으로서 자존은 느끼고 있었을 것이라는 말입니다. 그들이 당한 고통의 댓가는 정말로 지옥의 삼악도를 경감시켜 줄까요? 극단적인 경우이지만, 몇 년 전 제가 아는 장인들 중에 불사를 하고 사기를 당해 도저히 해결할 방법이 없어서 자살한 사람도 있습니다. 그의 전생에 죄가 많아서 일까요? 아니면 악연일까요?”

“뭐라고 할 말이 없습니다.”

“저는 우리나라 불상의 얼굴을 보면 이런 느낌이 들기도 합니다. 신분사회에서 천민으로서 아무런 인간적 대접도 받지 못했던 장인들이 불상을 만들면서 부처님을 만든다는 영광을 표현하기도 했겠지만, 그 힘든 세상에서 벗어나게 해달라고 얼마나 부처님에게 빌었을까? 스님들은 부처님의 염화미소라고 할지 모르지만 저는 그 상처받은 장인들의 한을 다 불사르고 나온 미소라고 생각해요.”

“사실과 관계없이 설득력이 있는 것 같아요.”

황교수와 금정이 둘러보고 나오니 학생들은 벌써 나와서 벤치에 앉아 다리를 주무르며 쉬고 있었다. 왕후란은 기념품 코너에서 샀는지 처용탈을 손에 들고 있다.

“다들 잘 감상했어?”

“오늘 너무 많이 걸어서 다리가 아파서 빨리 둘러보았어요.”

“그럼 대충 보았겠네.”

“그래도 볼 것은 다 본 것 같습니다.”

“한국미술이 중국미술보다 좋다는 생각이 들지 않나?”

“그것은 황교수님이 한국사람이기 때문에 그래요.” 두아란이 대답했다.

"유향은 신라의 미술을 본 느낌이 어때?"

"중국하고는 많이 달라서 낯선 느낌이 있었지만 황금장신구는 아주 예뻤어요."

"그래 신라인들의 황금 다루는 기술이 보통이 아니었지."

"교수님 잠깐 기다려 주세요. 저 화장실 갔다 오겠습니다." 금정이 양해를 구했다.

"큰 거예요? 시원하게 보고 오세요. 우리는 쉬면서 기다리겠습니다."

금정은 건물 안으로 들어가 곧바로 기념품 매장으로 가서 신라의 황금세공 귀걸이 이미테이션을 하나 사서 밖으로 나왔다.

학교로 돌아오는 길, 1박2일 동안 바삐 돌아다니느라 지쳤는지 차에 오르고는 아무도 말이 없다. 차가 고속도로에 들어서 달리기 시작하자 학생들은 곧바로 골아 떨어졌다. 경주에서 서산까지 먼 길을 황교수와 금정은 졸리는 눈을 껌뻑이며 어두운 고속도로를 운전해서 돌아왔다.

5월, 부여에 가다

5월, 점점 여름이 다가오자 날씨가 더워지면서 학생들의 복장이 가벼워졌다. 황교수와 학생들은 또 몸이 근질근질해졌다. 황교수는 4월에는 신라의 수도였던 경주를 갔다 왔으므로 다음 견학은 백제의 수도였던 부여로 가자고 했다. 부여에서 함께 하루를 보낼 수 있는 전통한옥으로 된 숙소도 선배에게 부탁해서 해결해 놓았다. 금정은 근처에 잘 아는 절이 있는데 마침 가서 볼 일도 있어서 오후 늦게 참여하기로 했다.

출발 하루 전, 이문이 황교수에게 찾아와 이번 여행은 사정이 있어서 못가겠다고 했다. 황교수는 이문이 류찬과도 사귀고 잠은 많지만 워낙 노는 것을 좋아해서 당연히 가는 줄로 알았는데 이상했다. 유향에게 물어보니 이문이 다른 학과 여학생을 사귀는 것이 류찬에게 발각되어 헤어졌다고 했다. 황교수는 마음껏 사랑을 할 수 있는 이들의 젊음이 부러웠다. 못 간다니 서운했지만 덩치가 큰 이문이 빠지면 자동차 공간에 여유가 있어서 잘된 점도 있다.

부여는 경주처럼 먼 거리가 아니어서 조금 여유가 있다. 천천히 달리면서 주변의 경치를 감상하면서 갔다. 부여에는 점심때 도착했다. 맛집으로 유명한 쌈밥집에서 식사하고 궁남지로 갔다. 궁남지에는 우리나라 최대 연꽃 조성지가 있다. 아직 연꽃이 피는 시기는 아니지만 궁남지 자체가 백제문화를 간직하고 있다.

아직 본격적으로 연꽃이 피는 시기는 아니지만 드넓은 연밭에 드문드문 연꽃이 피어있다. 궁남지 중앙 인공섬에 세워진 포룡정抱龍亭에서 황교수가 궁남지에 대한 역사와 전설을 설명했다.

"이곳은 신라의 선화공주와 결혼한 백제 무왕의 전설이 있는 곳으로 무왕의 어머니가 이곳에 왔다가 용과 교감이 있어서 무왕을 잉태한 곳이다."

"교수님, 용이 아니라 다른 남자와 바람난 것 아닙니까?" 진철이 물었다.

"낸들 아니, 그렇다니 그런거지."

"이렇게 작은 연못에서도 용이 살았나요?"

"원래는 엄청 큰 호수였는데 지금은 연밭이 되어버린 호수의 주변에 사람들이 농사를 짓게 되면서 이렇게 작아졌다."

"연못과 정원이 너무 단순한데요."

"일본의 역사책에서, 이곳의 연못이 있는 정원기술은 나중에 일본 정원기술에 많은 영향을 주었다고 쓰여 있다니 원래는 지금보다 훨씬 크고 화려했을 것이야."

"여기가 그렇게 역사가 깊은 곳입니까?" 왕현이 물었다.

"역사는 원래 소멸되어 가는 것입니다."

"다른 한국의 문화유적에는 소나무들이 많이 심어져 있던데 여기는 왜 버드나무들이 심어져 있어요?" 왕후란이 물었다.

"이곳 궁남지는 왕이 정부인이 아닌 후궁들과 유희를 즐기는 곳이라서 굳센 의지를 나타내는 소나무를 심지 않고 바람에 흔들리는 버드나무를 심었다는 이야기도 있단다."

"교수님, 여기 있는 여학생들 모두 우리 후궁들입니다." 석문정이 말하자.

"석문정 아저씨는 우리 후궁들 하인입니다." 유향이 말했다.

"맞아요, 맞아요." 모두들 맞장구 쳤다.

"나는 후궁들을 태우는 늙은 가마꾼이네." 황교수가 말하자 왕현이 무안해 했다.

연못을 돌아 나오면서 연못 주위에 설치된 여러 개의 작은 분수 물줄기가 연못으로 떨어지는 것을 보고 무엇이 연상되냐고 황교수가 석문정에게 물으니 석문정은 키득키득 거렸다. 옆에서 걷고 있던 동비도 알아들은 듯 키득거렸다.

궁남지에서 부소산으로 갔다. 부소산에는 백제가 멸망할 때 삼천 궁녀가 떨어진 낙화암이 있다. 낙화암 정자에서 그곳의 역사를 설명하고 여학생들에게 혹시 옛날에 여기서 떨어진 궁녀들이 아닌지 모르겠다고 하자 모두들 "피!" 했다. 가파른 돌 언덕길을 내려가니 고란사가 있고, 강에는 나루터가 있는데 관광용 배를 운행하며, 배를 타면 차를 세워놓은 나루터에 도착한단다. 다들 다리가 피곤하여 배를 타고가자 했다. 마지막 타임, 날이 어스름해지기 시작할 때 배를 타고 백마강을 흘러갔다. 배를 타고 가면서 황교수가 학생들에게 '꿈꾸는 백마강' 노래를 아느냐고 물으니 다들 모른단다. 그래서 직접 노래를 부르니 학생들이 들어봤단다. 황교수는 부르는 김에 2절까지 마저 불렀다. 배가 목적지에 도착하니 날이 저물었다. 일행은 근처 식당에서 저녁을 해결하고 전통한옥으로 된 숙소로 향했다.

숙소의 규모는 꽤 크다. 숙소 주변은 산보를 하기에 꽤 괜찮은 환경이어서 황교수가 류찬에게 산보를 가자고 하니 류찬은 다리가 아파서 싫단다. 황교수는 팔을 휘두르며 혼자서 산보를 갔다.

날이 어스럼해지고, 이들이 여장을 풀고 휴식을 취할 때 금정이 숙소에 도착했다. 유향이 가장 먼저 뛰어가 금정을 맞이했다. 일행은 금정에게 오늘 여행을 이야기해 주었다. 그런데 금정은 바쁜 일이 있다며 잠깐 대화를 나누고는 일어섰다. 황교수가 무슨 일이기에 이렇게 서두르느냐고 묻자 근처에 금오신화를 쓴 김시습과 관련이 있는 무량사가 있는데 그곳에 약속이 있어서 가야 한다고 했다. 금정이 일어서자 황교수와 유향이 그의 자동차까지 따라가서 배웅했다. 금정이 유향에게 좋은 추억을 만들어 가라고 하고 어둠 속으로 떠나자 유향과 황교수는 그의 차 불빛이 어둠속으로 완전히 사라질 때까지 그 자리에 서 있었다.

유향과 황교수가 여전히 숙소로 들어가지 않고 대화를 나누고 있다.

"유향아, 금정스님이 갑자기 가니 서운하니?"

"같이 있으면 재미있을 텐데요."

"우리끼리 재미있게 놀면 되지 뭐."

"교수님."

"왜?"

"교수님은 사모님하고 어떻게 만났어요?"

"갑자기 그런 것은 왜 물어?"

"첫눈에 반했어요? 아니면 으랫동안 같이 친하게 지내다가 결혼을 하게 되었어요?"

"나, 첫눈에 뿅 갔어. 왜 물어?"

"제 생각에 대개 사랑은 첫눈에 사랑하는 것 같아요. 중국속담에서는 '이젠 종칭一見鐘情'이라고 해요. 보자마자 감정에 울림이 있다는 뜻이랄까요. 사랑하는 사람들에게 물어보면 가장 많이 듣는 말입니다."

"듣고 보니 그렇네. 대개 첫눈에 자기 스타일의 사람은 눈에 확 들어오지. 오랜 동안 알고 있어도 사랑의 감정은 어느 날 갑자기 느끼는 경우가 많아."

"여자들은 첫눈에 사랑하는 경우도 있지만 오랜 시간 사귀다가 심리적으로 의지할 수 있을 때 사랑을 느끼기도 하는 것 같아요. 현실적이라고 할 수 있지요. 사회생활에서 여자는 남자에게 의지해야 되잖아요."

"유향은 사랑의 박사인가, 어떻게 그렇게 잘 알아?"

"누구나 다 아는 것 아닐까요?"

"나는 지금까지 몰랐는데. 유향은 사랑한 사람이 있어?"

"대학까지 졸업했는데 당연히 있었지요. 그런데 지금은 헤어졌어요."

"왜?"

"아버지가 큰 사업을 하시는데 사귀던 남자친구가 사업가형이 아니어서 집안의 반대가 컸어요."

"마음이 많이 아팠겠네. 혹시 그래서 유학을 오게 되었나?"

"네, 그것도 이유가 되었어요. 지금은 마음이 많이 안정되었어요."

"그것이 유일한 사랑인가? 석문정이 유향을 많이 아껴주던데."

"석문정 아저씨는 좋은 사람인데 여자에게는 관심이 없는 사람입니다. 중국의 도교사원에서 도사님이 되려는 것 같습니다."

"왜, 도사도 스님들처럼 결혼을 하지 않나?"

"그런 것은 아닌데 비슷하게 수행을 하니까 여자를 사귀는 것은 마음에 없는 것 같습니다."

"아직 나이도 젊은데, 좀 그렇다. 도사면 어떻고 스님이면 어때. 나는 아무 관계 안하는데."

"그러니 교수님은 이미 결혼을 했지요."

"그렇구먼. 하나 물어봐도 될까?"

"무엇을 요?"

"유향이 금정스님을 보는 눈빛이 조금 다른 것 같아서."

"모르겠어요. 저도 금정스님을 보면 많이 친하게 느껴져요. 그런데 스님이지 않습니까?"

"스님이 아니면?"

"지금 스님인데요."

"스님 중에 결혼한 사람도 많아."

"중국에도 결혼한 스님들이 있어요."

"그런데 금정스님이 속한 조계종은 절대로 결혼은 허용하지 않아."

"스님하고는 조금 이상한 인연 같아요."

"어떻게?"

"어디서 자꾸 본 것 같아요. 어떤 때는 꿈에서도 보이기도 해요."

"엥, 그래. 나는 안보여?"

"교수님요? 쪼금 보일 때도 있어요."

"하하하, 스님하고는 꿈에서 어떻게 만나나?"

"생각이 선명하게 날 때도 있지만 잘 나지 않을 때도 있어요. 어떤 때는 아주 오래전 옛날사람으로 만나기도 해요."

"자주 꿈을 꾸나 보네. 정말 보통 인연이 아닌 것 같아."

"모르겠어요. 어떤 인연인지.'

"아마 금정스님도 유향의 꿈을 꾸는지 모르겠다."

"스님도 제 꿈을 요?"

"교수님 뭐하세요. 학생들이 많이 기다리고 있습니다."

그때 저쪽에서 석문정이 다가왔다.

"응 그래, 유향하고 잠깐 이야기했어. 지금 갈게. 오늘 저녁은 뭐하고 놀 것인가?"

"교수님, 어떻게 놀면 재미있을까요?"

"너희들이 재미있는 게임을 만들어야지. 나는 몰라."

"우리가 카드하고 몇 가지 준비했어요."

"무슨 게임인지 궁금한데? 술도 준비했냐?"

"교수님 또 술 드시게요. 지난번에 보니 교수님 술 취하니까 우스워요."

"흠흠흠, 그때는 이술 저술 섞어 마셔서 그랬어. 오늘은 안 취하니 걱정 접어둬. 술 있어 없어?"

"맥주하고 음료수 좀 준비했어요."

"오케이. 들어가자."

자리를 정리하고 놀이를 준비했다. 학생들은 자기들이 중국에서 하던 카드게임을 하겠다고 했다. 황교수는 어떻게 하는 줄 몰랐기 때문에 옆에서 맥주를 마시며 지켜보고 있었다. 카드게임은 서로 패를 빼가면서 조건이 맞으면 스톱을 외치는 비교적 쉬운 것이었다.

게임이 몇 차례 진행되는 것을 보고나니 황교수는 자신도 할 수 있는 것 같아서 끼어들었다. 정식으로 벌칙을 정하고 함께 게임을 즐겼다. 벌칙은 마지막 패자의 얼굴에 모두가 사인펜으로 낙서를 하는 것이었다. 패자의 얼굴에 낙서가 더해질 때마다 모두들 깔깔거리며 즐거워했다. 어떤 사람은 원숭이 얼굴이 되었고, 어떤 사람은 도깨비 얼굴이 되었다. 얼마나 시간이 지났을까 멀쩡한 얼굴이 하나도 없다. 당연히 황교수가 게임에 익숙하지 않아 가장 많이 패자가 되었으므로 얼굴은 개, 원숭이 온갖 동물이 조합된 낙서로 뒤덮였다.

유향과 밤길을 걷다

부여 여행 며칠 후, 금정과 유향은 시간이 여의치 않아 저녁을 먹고 나서야 중국어 공부를 하게 되었다. 저녁을 먹고 나니 빈 강의실이 많아서 마음대로 골라잡을 수 있었다.

이날 공부하는 책의 내용은 『축영대祝英臺와 양산백梁山伯』이라는 중국의 옛날이야기이다. 최근 중국의 유명한 장예모張藝謀라는 영화감독이 이것을 중국 특유의 거대한 스케일과 환상적인 연극으로 만들어 주목을 받았다. 내용은 축영대와 양산백이라는 청년들이 같은 서당에서 공부를 하는 것으로 시작된다. 축영대는 사실 여자인데 사정이 있어 남장을 하고 있었다. 한국에서 얼마 전 인기리에 방영되었던 드라마 「성균관스캔들」에서 남장을 한 여주인공 김윤희와 비슷한 캐릭터이다. 양산백과 축영대는 서로 친한 친구로서 지내게 되었는데 어찌어찌 하다가 축영대가 여자라는 것을 양산박이 알게 되고, 그때부터 둘은 남녀로서 사랑을 하게 된다. 하지만 축영대 아버지의 반대로 둘은 헤어지게 된다. 그래도 혼인을 신청하러 축영대의 집을 찾은 양산백은 하인들에게 두들겨 맞고 쫓겨나 상심이 깊어져 결국 죽게 된다. 어쩔 수 없이 아버지가 선택한 사람과 결혼을 하게 된 축영대가 혼인식에 가던 도중 양산백의 무덤 앞을 지나게 되는데, 그때 무덤이 갈라지고 이를 본 축영대가 양산백의 무덤 속으로 뛰어든다. 무덤이 닫히고, 무덤 위에는 두 사람의 영혼인 듯 나비 두 마리 가 서로 희롱하며 날아간다는 내용인데 『로미오와 줄리엣』, 『춘향전』처럼 중국의 대표적인 사랑이야기이다.

원작에서 사용했던 어휘들은 고어가 많아 어려웠겠지만 교재에 실린 글은 현대적으로 각색했기 때문에 비교적 이해하기가 쉬웠다. 공부를 하면서 두 주인공의 처지에 빠져들었는지 금정과 유향 모두 심장이 두근거리고 얼굴이 상기되었다.

공부를 마치니 시간이 꽤 많이 늦었다. 건물 밖으로 나오니 학생들의 모습은 거의 보이지 않는다. 가로등 만이 빛나고 있는 초여름 밤공기는 상쾌하기 그지없다. 이런 고요한 정경이 마음에 들어서 금정은 바로 부석사로 돌아가지 않고 유향에게 잠깐 산보하자고 했다. 유향도 흔쾌히 수락했다. 금방 공부한 축영대와 양산백의 사랑의 여운이 두 사람에게 남아 있는 것 같았다.

유향이 금정에게 바짝 붙어서 걸었다. 유향의 머릿결에서 나는 샴푸향기가 금정의 코끝을 스치고, 유향의 작은 숨소리도 그의 귀에는 뚜렷이 들렸다. 걸음을 옮길 때마다 살짝살짝 스치는 유향의 옷깃이 금정의 팔을 통해서 찌르르 찌르르 심장으로 전해졌다.

"벌써 방학이네. 유향은 언제 중국으로 돌아가?"

"기말고사가 끝나면 바로 돌아갑니다."

"비행기표는 예약했나?"

"네, 친구들하고 같이 했어요."

"난 유향과 공부하게 된 것을 참으로 특별한 인연이라고 생각해."

"저도 그렇게 생각해요. 중국 속담에 '인연이 있으면 천리를 달려와 만나다'고 했어요. 황교수님이랑 금정스님이랑 모두 특별한 인연이 있는 것 같아요."

"요즘 내 중국어 실력이 많이 늘고 있는데 유향이 잘 가르쳐줘서 그런 것 같아. 정말 고맙게 생각해."

"아닙니다. 스님이 열심히 해서 입니다. 저는 잘 가르치지 못해요."

"아니야. 유향이 없었다면 이렇게 빨리 진도가 나가지 못했을 것이다."

"칭찬해 주시니 감사합니다."

"예전에 처음 중국에 가서 중국어를 배울 때, 이웃에 살던 꼬마가 중국말을 너무 잘해서 저만큼만 할 수 있으면 소원이 없겠다고 했어.

이제 조금만 더 공부하면 중국인과 대화하는데 큰 어려움이 없을 것 같아."

"지금도 중국인과 대화하는데 어려움이 없을 것입니다."

"아니야. 아직은 많이 부족해."

"스님은 다음에 중국에 가실 기회가 있습니까?"

"왜?"

"중국에는 여행할 수 있는 곳이 많습니다. 오시면 우리 중국학생들이 모시고 다니겠습니다."

"그래, 실은 나도 이번 여름에 중국에 갈지 몰라. 현재로서는 일정이 북경 근처 불교유적과 사원을 다니는 것인데, 무한에 들릴 수 있는 여유가 있을지 모르겠다."

"꼭 오세요. 유향이 중국에서 기다리고 있겠습니다. 황교수님도 같이 오시면 좋겠어요."

"황교수님이 좋으니?"

"네, 교수님들 중에서 우리 중국학생들에게 가장 잘해줘요."

"그런데 황교수님은 좀 힘들지 모르겠다."

"왜요?"

"부석사종을 완성해서 타종식을 할 때가 다 되었는데 사정이 어떻게 될지 모르기 때문이다."

"그래요? 아쉽네요."

"실은 무한에도 내가 가보고 싶은 곳이 있어."

"어디요?"

"보통사라고 알지?"

"보통사요, 당연히 알지요. 제가 다니던 학교와 비교적 가깝고 역사도 오래되었습니다."

"그래, 그곳은 스님들에게는 가보고 싶은 중요한 곳이란다."

"그곳에서 가까운 곳에 장춘관이라는 도교사원이 있는데 석문정이 거기에 다니는 것으로 알아요."

"그래, 혹시 중국에 갈 수 있으면 석문정하고 같이 그곳도 가보면 좋겠네."

"석문정은 사람이 어때?"

"좋아요. 나이는 좀 많지만 마음이 넓고 유머가 많습니다. 원래는 미술을 하지 않았는데 어떻게 여기에 같이 오게 되었어요."

"원래 여기 오기 전부터 알던 사이인가?"

"아닙니다. 여기 와서 만났어요."

"석문정이 좋니?"

"무슨 말씀이세요?"

"석문정을 이성으로 좋아하느냐는 말이지."

"그렇게 생각해 본 적이 없습니다. 우리들하고 자주 만나고, 힘든 일이 있으면 많이 도와줍니다."

"석문정을 좋아하는 줄 알았어."

"진짜 아닙니다."

"석문정은 한국어를 잘 못하는 것 같은데."

"노력은 하는데 잘 늘지가 않습니다."

"오늘 날씨가 정말로 좋지?"

"네, 정말 좋아요."

금정과 유향은 가로등이 비추는 교내의 산책길을 걷다가 얕은 개울을 건너고 가파른 비탈길을 올랐다. 금정이 먼저 건너고 유향이 다음에 건너는데 유향이 개울을 건너서 비탈을 오르다가 휘청하였다. 금정은 본능적으로 손을 뻗어 유향의 손을 잡았다. 밤공기에 식은 손이었지만 유향의 부드러운 손길이 금정에게 전해졌다. 유향이 자세를 바로잡으면서 고맙다고 했다.

"아! 유향이 중국어를 잘 가르쳐줘서 고마움을 표하려고 작은 선물을 하나 준비했는데."

"선물요? 스님이 제 과제도 도와주시고, 한국어도 가르쳐 주시잖아요. 괜찮습니다."

"아니야. 지난번 경주에 갔을 때 유향이 신라의 황금장신구가 인상적이라고 해서 기념품 가게에서 하나 샀단다."

"아! 저도 궁금해서 가보았는데 많이 비싼 것 같던데
… "

"그 중에 마음에 든 것이 무엇이었지?"

"밤톨 크기의 굵은 고리가 있고 밑에 작은 나뭇잎이 달린 것이었는데."

"신기하네."

"뭐가요?"

"내가 생각한 것 하고 꼭 같아서. 이것 아닌가?" 금정이 작은 상자를 열어 그 속에 든 신라시대의 귀걸이를 보여주었다.

"맞아요! 와! 예쁘다."

"자, 선물이야. 유향선생님 잘 가르쳐줘서 고맙습니다."

"고맙습니다. 정말 고맙습니다."

유향은 너무 좋아하며 금정의 팔을 꼭 껴안았다.

"흠흠, 별 것도 아닌데 이러지 마세요."

유향이 금정의 팔을 껴안자 유향의 볼록한 가슴이 그의 팔에 느껴졌다. 그는 팔에 힘이 빠졌는지 유향을 뿌리치지 못하고 말로만 "이러면 안 된다"고 되뇌었다.

유향이 머무는 기숙사로 발길을 돌렸다. 도서관에서 늦게까지 공부를 한 학생들이 나오고, 운동복을 입고 조깅을 하는 학생들도 보였다. 다른 방향으로 이문이 모르는 여학생과 팔짱을 끼고 즐겁게 가고 있다. 기숙사 가까이에 가니 누군가 그들을 부르는 소리가 들렸다. 석문정이다. 유향이 "수어차오차오 차오차오따오說曹操 曹操到"했다. 이 말은 조조를 말하니 조조가 왔다는 것인데 '호랑이도 제말 하면 온다'는 뜻이다.

"스님! 안녕하세요?"

"석문정 뭐해?"

"쭈어윈똥러 운동합니다." 석문정이 중국어로 대답했다.

"스아, 티엔치 전머양 그래, 날씨 어때?"

"쭈어윈똥 페이창 하오 운동하기에 좋아요. 니먼 쭈어 섬어 뭐하세요?"

"워먼 따오시엔자이 쉬에시러 우리 지금까지 공부했어." 유향이 대답했다.

"쩐더 헌런쩐쉬에시라 정말로 열심히 공부하시네요."

"응, 진징파스 쩐더헌런쩐더쉬에성아 응, 금정스님 정말로 열심히 하는 학생이야."

"스아, 워저양더런 쩐메이요우멘즈야 그래, 나 같은 사람 정말 면목이 없다."

"스먼딩, 니수어섬머 니예여우하오창추 석문정, 너 무슨 말을 해. 너도 장점이 있어."

"헤헤, 진징파스 쎼쎼 금정스님 감사합니다!"

"나 워시엔조우러 나 먼저 갈게."

"파스 닌만조우 스님 살펴가세요.'

"안녕히 가세요."

"니먼 완안! 너희들도 좋은 밤"

시간이 너무 늦어 금정은 서둘렀다. 부석사로 돌아가는 차안에서 금정은 팔소매를 코에 대고 쿵쿵 냄새를 맡아보았다. 유향의 체취가 남아있는지 궁금해서이다. 시간이 지날수록 유향을 생각하는 시간이 점점 많아져 갔다.

7. 중국여행

유향이 있기에 이 넓은 중국대륙이 의미가 있고,
중국의 하늘은 유향을 덮는 포근한 이불이다.

무한으로 가다

금정의 중국어 실력은 이제 상당한 진보를 보였다. 그래서 중국에
가서 활용을 해보았으면 하는 마음을 먹고 있었다. 방학을 이용하여
불교종단에서 추진하는 중국불교계와의 교류 그리고 중국불교문화
유산을 관람하는 프로그램이 있어서 참가하기로 했다. 북경 근처에서
의 일정은 거의 공식적인 행사의 참여와 불교 인사들과 교류회 등이
대부분이었다. 같이 간 스님들이 금정에게 중국어 통역을 시키기도
했다. 일상의 평범한 것들은 할 수 있었지만 공식적인 대화에는 더 적
응이 필요했다. 공식일정 외의 시간에 골목가게에 가서 물건을 사거
나 길거리 음식으로 군것질할 때에는 그의 중국어도 꽤 유용하게 쓰
였다.

그는 북경 근처의 정규 프로그램 외에 개인적으로 일주일을 더 내
어 무한에 가서 보통사普通寺와 귀원사歸元寺 등 불교유적지 몇 곳을 둘
러볼 생각이었다. 주지스님의 허락도 받았다. 중국학생들을 중국에서
만나면 어떨까 하는 기대감도 있었고, 유향과 만나는 것도 기대가 되
었다.

북경에서의 공식적인 일정이 끝난 후, 금정은 일행과 헤어져 무한행 고속전철을 타는 서북경역으로 갔다. 중국의 고속전철은 허셰하오和諧号라고 한다. 중국정부가 가장 중요시하는 가치관인 '화합한다'는 의미이다. 한국의 고속철보다 장점이 많다. 북경에서 무한까지 특별한 일이 없으면 8시간이 걸린다. 자주 문제가 발생하기 때문에 아예 1~2시간의 연착을 예상해야 하는 다른 급의 기차와는 차이가 많다. 그래서 약속시간을 비교적 잘 지킬 수 있다.

　오전 일찍 금정은 무한으로 가는 기차에 올랐다. 고속철 내부는 쾌적하였다. 옆에 앉은 중국인이 그의 옷차림이 이상했는지 슬쩍슬쩍 보다가 금정이 발가락 무좀 때문에 신발을 벗자 기분이 언짢은지 신발을 신으라고 한다. 고속철을 타기 직전에 발을 씻었다며 사정을 구하자 그 중국인은 못 참겠는지 "다오메이 王재수!" 하고는 다른 빈자리로 가버렸다. 금정은 멋쩍었다. 석가장과 정주를 지나서 정시에 무한역에 도착했다.

　무한에 도착하니 유향, 류찬, 석문정, 진철이 나와서 금정을 맞았다. 유향이 중형세단 급의 차를 가지고 왔다. 누구 차인지 물으니 아버지가 유향에게 선물로 사준 것이란다. 유향의 아버지는 몇 개의 기업을 운영하므로 경제적으로는 넉넉한 가정이다. 유향이 운전을 해서 홍산광장 부근의 체인형 모텔 숙소로 갔다. 금정이 카운터로 가서 예약을 하려니 유향이 이미 그들 명의로 예약을 하고 계산도 끝냈다. 학생들이 함께 숙소 안까지 따라 들어가 마실 물과 세면도구 등 여러 가지를 점검하고 챙겼다. 유향이 식수 물병을 챙겨주면서 특히 먹는 물은 조심해서 마셔야한다고 했다.

숙소에 짐을 내리고 약간의 휴식을 취하니 벌써 저녁시간이 되었다. 근처 식당으로 갔다. 금정이 육식을 하지 않는 것을 알고 몇 종류의 채소볶음요리를 주문하고, 자신들은 고기요리를 시키고 작은 거북이 찜도 시켰다. 양고기를 뜨거운 물에 데쳐서 샤브샤브처럼 먹는 훠궈火鍋를 시키고 맥주도 주문해서 마셨다. 진철이 금정에게 '거북이 맛있어요' 하면서 완전한 모양의 죽은 거북이를 건네기도 하고, '한잔 하실래요?' 하면서 재미있는지 웃었다. 그러면 유향이 진철의 옆구리를 쿡쿡 찔렀다. 석문정은 "스님, 스님" 하면서 요리를 계속 권했다.

식사를 끝내고 나니 석문정이 발안마를 받으러 가자고 했다. 안마는 중국에서 대중목욕탕처럼 남녀노소 누구나 가는 곳으로, 과거 중국에 있을 때 의료시술의 경지에 이른 발안마를 받으러 몇 번 간 적이 있기에 금정은 부담 없이 따라갔다. 그런데 지금 가는 곳은 이전에 가본 곳과는 완전히 달랐다. 화려한 호텔식 건물 전체가 안마건물이었다. 건물에 들어가니 입구가 다른 남녀 목욕시설이 따로 있고, 목욕을 하고나니 고급스런 가운이 준비되어 있다. 가운을 입고는 남녀가 함께 음식을 먹고 차를 마시며 휴식을 취할 수 있는 너른 휴게시설로 갔다. 휴게실에서 다시 안마를 받는 방으로 안내되었다. 방에는 고급스런 쿠션이 4개가 놓여있고 벽에는 50인치가 넘는 커다란 최신식 TV가 걸려 있었다. 조금 있으니 안마봉사원들이 나왔다. 모두 여성봉사원이었다. 금정은 깜짝 놀라서 석문정에게 남자봉사원으로 교체해 줄 것을 요구하자 진철과 류찬은 웃었지만 유향은 웃지 않았다. 석문정은 금정에게 죄송하다면서 매니저를 불러 사정을 이야기하고 남자봉사원으로 교체해 주었다. 금정은 공식적인 장소에서는 당연히 수행자의 자세를 견지하지만 이렇게 학생들과 어울릴 때는 그들의 사정에 맞추어 자신이 좀 융통성을 발휘하는 것이 전체적 분위기를 위해서 좋다고 생각하기에 완강하게 거부하는 제스처는 취하지 않았지만 여성안마봉사원은 아무래도 무리였다.

그렇게 이들의 첫날 환영행사를 마치고 숙소로 돌아온 그는 자세를 가다듬고 정좌를 한 후 명상을 허보았지만 마음이 혼란스러워 잘되지 않았다.

북경에서 무한에 올 때까지 금정의 마음에는 그가 스님으로서 가 보고 싶은 귀원사와 보통사에 대한 궁금증은 그다지 크지 않았다. 대신 유향에 대한 생각이 한순간도 머리에서 떠나지 않았다. 사실 한국에서 중국으로 출발을 준비하던 때부터 그랬다. 그는 이렇게 유향에 대한 그리움이 발동하는 마음이 제발 빨리 진정되기를 바랬지만 마음 한편으로는 더 깊은 관계를 꿈꾸는지도 모른다.

장춘관 · 보통사 · 귀원사

금정은 아침 일찍 일어나 여행할 때 호신불로 갖고 다니는 휴대용 불감을 모셔놓고 108배를 하고 반야심경을 읊고는 예를 갖추었다. 사람들이 막 출근을 시작하는 시간, 시간에 쫓기는지 걸어가면서 식사를 하는 사람들이 많다. 근처 골목식당에서 나는 독특한 향기에 이끌리어 가서 보니 밥그릇만한 종이컵에 국수가 담겨있는데 국물은 없고 까만 소스가 뿌려져있다. 무엇이냐고 물으니 '러깐면熱干麵'이라고 한다. 호기심에 먹어보니 진한 참기름 깻묵 맛이 입안에 느껴져서 어색하다. 그래도 참고 억지로 먹으니 그릇을 비울 때쯤에는 오히려 맛있다는 느낌이 들었다. 식사를 하고 오니 석문정이 아침 일찍 혼자 왔다. 다른 학생들은 일이 있어 오지 못하고 유향은 나중에 시간을 봐서 올 것이라고 했다.

금정은 여름이라 간편한 여름용 승복을 갖추어 입고 모텔을 나섰다.

석문정은 우선 자기가 다니는 도교사원인 장춘관長春觀에 가자고 했다. 장춘관을 들어서니 긴 머리를 묶어서 뒤통수의 윗부분에 올려붙이고 짙은 감색의 두루마기를 입은 도교신자들이 석문정을 맞는다. 이들이 반갑게 맞는 것을 보니 석문정이 꽤나 열심히 다니는 것 같았다. 석문정은 사원의 중심건물인 대청전大淸殿으로 가서 태상입덕太上立德상 앞에서 무릎을 꿇고 도교식 예를 갖추었다. 거기에 근무하는 사람들도 석문정을 보고 인사를 하고, 옆에 있는 금정이 누구냐고 물었다. 한국에서 온 스님이라고 소개를 하니 그들이 반갑게 맞았다. 금정도 상대를 존중하는 예를 갖추었다.

석문정이 수많은 도교적 신상들이 모셔진 방으로 금정을 안내했다. 그곳은 자신의 나이, 즉 태어난 해의 운을 관장하는 신장들이 있는 곳인데 100살 먹은 사람은 100년 전의 년도를 관장하는 신장상이 있어야 하기 때문에 신장상은 100개 이상이어야 한다. 그래서인지 꼬불꼬불한 통로를 따라서 45센티 크기의 자그마한 신장상들이 종이를 덮어쓰고 빼곡하게 늘어서 있다. 금정이 자기가 태어난 해에 해당하는 신장상의 종이 덮개를 여니 푸른색 옷을 입고 날카로운 덧니를 드러낸 신장이 충혈된 눈을 부릅뜨고 노려보고 있다.

석문정의 도움으로 일반인 출입금지 표시가 있는 골목으로 들어가 그곳에서 거주하는 도사들의 생활도 볼 수 있었다. 도사들의 배웅을 받으며 장춘관을 나왔다. 석문정은 도교가 중국사상과 문화의 원류라고 강조하면서 도교에 대한 상당한 자부심을 표했다. 불교에도 도교와 습합된 부분들이 많다.

　장춘관을 나오니 날씨가 점점 더워진다. 보통사에 갔다. 이곳은 금정이 무한에서 가장 가보고 싶은 곳이다. 송대宋代에 지어진 것으로 석사자, 만근종 등 훌륭한 불교문물이 있기도 하지만 그가 이곳에서 특별히 찾고 싶은 것은 중국불교협회 부주석이자 임제종 44대 종정傳人, 본환本煥스님이 지송持松스님을 계사로 수계를 받은 곳으로 유명하기 때문이다. 본환스님은 91일간 불면 용맹정진 하였고, 화엄경, 지장경 등 20여 권, 20여만 자를 혈서로 자혈사경刺血寫經 하였다. 문수보살을 친견한다는 발원으로 오대산까지 3백 킬로미터와 오대 5봉우리를 모두 3보1배로 답사하여 불생불멸不生不滅, 불구부전不具 不全, 부증불감不增不減의 자성을 찾는 공부를 하여 마침내 고통과 번뇌, 무명, 교만, 질시, 시비 등 일체의 그릇된 생각을 항복시키는 항복기심降伏其心을 얻은 지행합일知行合一에 이른 대표적인 스님이다. 그토록 투철한 지행합일의 근원은 어디서 왔을까? 대륙을 장엄국토로 만든다는 일념 때문일까? 어떠한 발원이든 일체의 개인적 욕망이 들어가면 결코 이루어질 수 없는데 본환스님의 그토록 위대한 행적이 어디에서 출발해 이루질 수 있었는지가 너무 궁금했다.

　석문정이 금정을 안내하여 석사자와 만근종을 보고 절 뒤편 언덕에 있는 명나라 때 지어진 망루 같은 탑으로 올라갔다. 중국의 탑은 한국과 달리 사람이 올라갈 수 있는 것이 많다. 탑에 올라가 주변을 돌아

보니 경내와 사찰 주변이 한눈에 들어왔다. 금정은 어떻게 여기에 오게 되었는지 만감이 교차했다. 본환스님은 이곳에서 출발하여 그 엄청난 수행자의 모범을 보여주었는데, 지금 그는 유향이라는 여인에 끌리어 이곳에 왔으니 복잡하게 헝클어진 심경을 어떻게 풀어야 할지 몰랐다.

탑을 내려와서 석문정은 사찰 뒤편 야트막한 산으로 금정을 안내했다. 그곳에는 키가 작은 수풀들 사이사이로 여러 돌들이 박혀있는데 돌에는 글씨들이 쓰여 있다. 그 글들은 과거 스승 스님이 제자를 가르치다가 제자의 공부 정도를 시험하기 위해 바위에 글을 써놓고 사라지면, 제자가 그 글을 찾아 해답을 푼다는 것이었다. 스승이 제자의 수행 상태를 점검하기 위해 주고받는 문답인 법거량法擧量이며, 화두를 주는 것과 비슷한 것이다. 석문정이 그 중 한 돌을 가리켰다. '愛情是慾望之根 애정은 욕망의 뿌리'이라는 글귀였다. 금정은 마음이 찔끔했다. 석문정이 그의 마음을 알 리가 없는데 가리킨 돌에 새겨진 글이 정확하게 그의 마음을 겨누는 비수처럼 느껴졌기 때문이다. 금정은 부처님이 자기를 꾸짖기 위해 석문정으로 하여금 이곳으로 인도한 것 같다고 생각했다.

보통사를 보고 택시를 타고 귀원사로 향했다. 택시를 타고 가는데 오른쪽에 큰 누각이 있어서 석문정에게 물으니 황학루黃鶴樓라고 하면서 이따가 갈 것이라고 했다. 곧이어 중국 공산당이 중요하게 생각하는 2층 구조로 만들어진 장강대교를 건너고 나서 교차로를 돌아 조금 더 가니 귀원사가 나왔다. 귀원사는 이름그대로 근본으로 돌아간다는

의미인데 '歸元性不二 , 方便有多門 방법은 여러 가지가 있으나 근본으로 돌아
가는 것은 둘이 아니다'라는 문구로 유명하다. 청대에 지어진 것인데 나한
상들이 유명하다는 정도는 금정도 이미 알고 있는 내용이다.

오후 2시경 택시에서 내리니, 용광로라는 말이 무색하지 않은 무한
의 여름 날씨가 제대로 느껴졌다. 섬뜩한 느낌이 들 정도로 덥고 습했
다. 내륙이고, 한수漢水와 중국에서 가장 큰 강인 장강長江이 합쳐서 흐
르고 있으며, 한국의 웬만한 도시보다도 큰 동호東湖를 비롯하여 셀 수
없이 많은 호수들이 있어 습기가 무척 많아서 덥고 후텁지근한 것이
무한 날씨의 특징이다. 그래서 웃통을 훌렁 벗어재끼고 상반신을 드
러낸 다츠보打赤膊를 한 사람들이 많은 도시이다. 금정은 아주 간편한
승복을 입지 않았다면 곤욕을 치를 뻔했다.

석문정이 잠시 주변을 두리번거리더니 헤이! 하고 누군가를 부르
며 손을 흔든다. 유향이 오고 있었다. 금정은 유향을 보니 이상하게도
보통사에서 느꼈던 자책감이 사라지고 만족감이 들고 마음이 안정되
었다.

유향은 아버지 회사에서 바쁜 일이 있어서 오전에 일을 보고 오는
것이라고 했다. 유향은 집에서 자기가 만든 것이라며 과일과 채소를
곁들인 간식을 싸가지고 왔다. 그늘을 찾아서 먹으니 꿀맛이다.

귀원사에 들어가니 정원의 중앙에 5백 제곱미터㎡정도 크기의 기
다란 직사각형으로 된 연못이 있는데 사람들이 방생을 하는지 거북이
가 엄청나게 많다. 연못에는 물이 보이지 않을 정도로 거북이들이 우
글거리고 있다. 한국의 연못에서 한가하게 노니는 물고기나 거북이를
생각하면 안 된다. 금정은 북경에서 무한으로 오는 도중 곳곳에서 보
았던 개미처럼 많은 사람들을 떠올리며 중국이란 나라는 사람을 비롯

하여 모든 것이 많은 것 같다고 생각했다.

연못을 지나 대웅전으로 들어가는 입구가 있는데 역시 다른 곳과 마찬가지로 미륵으로 변한 포대화상布袋和尙이 관람객을 제일 먼저 맞는다. 한국에서 미륵부처님은 다음 세상의 부처, 즉 미래불이어서 일상에 지친 사람들이 꿈꾸는 이상향을 대변하지만, 중국의 미륵인 포대화상은 크리스마스 때 선물을 나누어 주는 산타클로스처럼 재물을 나누어 주는 부처이기 때문에 현세복락을 중시하는 중국인들에게 가장 중요한 부처이고 그 다음이 석가모니, 아미타 등의 부처님 같다.

귀원사는 무한 사람들에게 소원을 빌면 영험이 있다는 곳으로 유명해서 미륵상 앞에 마련된 복전함에 엄청 많은 사람들이 시줏돈을 넣는다. 얼마나 많은 사람들이 돈을 넣는지 제대로 들어가지 않는 지폐를 막대기로 밀어 넣는 일을 전담하는 직원까지 있다.

다음 건물로 들어가니 귀원사에서 유명한 나한상들이 있는데 벽을 따라서 설치된 유리관 속에 1미터 정도 크기의 개금한 나한상들이 온갖 표정을 하면서 끝없이 늘어서 있다. 대부분 붓으로 개금한 것이 너무나 거칠고 조악하여 보기에 썩 흡족하지 못한 것들도 많이 눈에 띄었다. 금정은 이 나한들을 보고서 마음에 큰 느낌이 와 닿지 않았지만 옆에서 따라 걷던 유향은 지나가다 나한들 앞에서 연신 손을 이마에 갖다 대면서 고개를 숙였다. 유향은 중국인인 것이다.

건물 뒤로 나오니 편평한 공터에 커다란 관음상이 덩그러니 서 있는데, 주변이 아직 정리가 되어있지 않은 것으로 보아 불사 중인 것으로 보였다. 관음상 얼굴은 이목구비를 뚜렷하게 표현한 중국의 불상이어서 한국사람인 금정의 눈에는 나한상들만큼이나 이질감이 들었다. 그래도 금정은 승려인지라 관음상에 예를 갖추었고 석문정과 유향도 옆에서 고개를 숙이고 기도를 했다. 유향은 금정에게 자기 할머니와 어머니가 자주 귀원사에 들러서 소원을 빈다고 말했다.

황학루에 오르고, 장강을 건너다

귀원사를 보고나니 시간은 오후 4시쯤, 여전히 날씨는 덥다. 황학루까지 유향의 차를 타고 갔다. 무한의 상징 얼굴로 자주 쓰이는 황학루는 5층인데 높이가 30미터쯤 됨직하다. 중국의 건물답게 복잡한 구조를 가진 지붕의 처마들이 모두 하늘로 치솟아 화려한 자태를 나타낸다. 가까이 가보니 나무로 지어진 것이 아니고 최근에 지은 듯 모두 시멘트로 되어있다. 규모는 원래의 2배로 뻥튀기 되었단다. 황학루를 소개하는 내용에는 빠지지 않고 당나라의 시인 최호崔顥가 지은 시「등황학루」登黃鶴樓를 소개하고 있다.

"昔人已乘黃鶴去 옛 사람 황학 타고 이미 떠나버려
此地空餘黃鶴樓 이 땅에 부질없이 황학루만 남았구나
黃鶴一去不復返 황학은 한 번 떠나 다시 오지 않고
白雲千載空悠悠 흰 구름만 천 년 그대로 유유히 떠도네
晴川歷歷漢陽樹 맑은 내 건너 한양의 나무숲 뚜렷하고
芳草萋萋鸚鵡洲 꽃다운 풀 앵무주에 더부룩 자랐구나
日暮鄕關何處是 날은 저무는데 내 고향은 어디멘고
煙波江上使人愁 안개 낀 장강 언덕에서 시름겨워 하노라"

시의 내용은 인생의 부질없음을 회고하는 내용을 담고 있는데 어떻게 보면 고승들이 사바세계를 보면서 짓는 시름 같기도 하다. 시성詩聖이라는 이태백조차 이 시를 보고는 너무 훌륭하여 황학루에서는 시를 남기지 않고 남경에 가서야 이 시의 운율에 맞추어 「등금릉봉황대」登金陵鳳凰臺를 지었다고 한다.

엘리베이터를 타고 황학루의 맨 위층에 유향과 올라서니 금정은 마치 유향과 옛날 당나라 시대에 이 누각에 올라 경치를 감상한 듯 상기되고 상쾌한 기분도 들었지만, 곧 무상한 현실에 갈피를 잡지 못한다는 시인의 마음처럼 번뇌에 시름겨워 장탄식이 나왔다.

시계를 보니 5시가 다 되었지만 여름이라 아직은 낮이다. 무한의 중앙을 가로지르는 장강을 바라보니 뿌연 날씨 속에서 도도하게 동으로 흘러가고 있다. 금정이 유향에게 장강을 배로 건너보고 싶다고 하니 황학루에서 가까운 곳에 장강을 건너는 여객선 나루터가 있다고 했다.

나루터에는 장강을 건너는 사람들을 가득 실은 여객선이 밧줄에 묶인 채 강물에 흔들리고 있다. 이 여객선은 유람용이 아니라 다리가 많지 않은 무한시에서 한구漢口지역과 무창武昌지역을 잇는 중요한 교통수단이다. 이런 승선시설이 몇 군데 마련되어 있으며, 여객선은 온종일 반복하여 장강을 건넌다.

금정은 배의 지붕에 올랐다. 강바람이 시원한 느낌을 준다. 배는 곧 머리를 돌려 장강을 건너간다. 장강은 황하와 함께 중국문명의 2대 물줄기이다. 멀리 티벳의 설산에서 시작하여 이곳 무한을 거쳐 상해까지 11개의 성省 6천여 킬로미터를 돌고 돌아 황해로 간다. 강물은 혼탁하기 그지없다. 그 많은 굴곡을 거쳐 왔으니 깨끗한 것이 이상하지 않은가? 순간 금정 마음속에서 어떤 외침이 올라왔다.

大河何淸啊 큰 강이 어찌 맑을 수 있는가!

　금정은 불교의 수행을 생각해 보았다. 산속에서 청정한 마음으로 수행한 마음이 사바세계에 내려오면 어떻게 될 것인가. 산속의 맑은 물이 세상의 강에 오면 쉽게 더러워지는 것은 자명한 일, 대하를 거쳐 바다에 이르러야 비로소 깨끗해지고 모든 것을 품게 되는 것이다. 수행은 어디서든지 할 수는 있으나 수많은 중생이 뒤엉키는 사바의 대하를 거쳐 큰 깨달음의 바다에 다다라야 진정한 수행이 아니겠는가? 그럼 수행의 완성은 청정한 산속에 있지 않고 중생의 대하로 뛰어들어야 한다. 그래서 옛 스승들은 실천을 그렇게 외치지 않았는가.

　배가 강의 중간에 다다르니 빠른 유속 때문인지 물결이 거세다. 그때 윗도리를 벗은 노인이 자그마한 플라스틱 통을 허리에 끈으로 묶고 강물 속으로 몸을 던진다. 잠시 후 또 한 명이 장강의 거센 탁류 속으로 뛰어들었다. 한국이라면 주변에서 난리가 났을 것이다. 이곳에선 익숙한지 물에 뛰어든 사람들이 죽을 수도 있는데 아무도 막지 않는다. 저렇게 위험 앞에 당당하게 몸을 던지는 것이 대륙의 기질인가 생각해 보았다. 그리고 저것은 어쩌면 성성한 견성오도見性悟道를 담은 호리병 하나만 허리에 차고 목숨을 두려워하지 않고 세상의 탁류에 뛰어든 큰스님들의 자세가 아니었겠는가라는 생각이 금정의 머리를 스친다.

　금정이 장강의 탁류를 보면서 이런저런 생각에 잠겨있는데 석문정이 다가가 무슨 생각을 하느냐그 묻는다. 금정이 답했다.

　"따허허칭아大河何淸啊!"

강변에서 공명등을 날리다

　무한에 온 지 셋째 날 토요일, 중국에도 토요일에는 쉬는 사람들이 많다. 금정은 어제와 같이 일찍 일어나 좌선과 식사를 하고 학생들을 기다렸다. 오전 10시가 되었을까 유향이 밖에 도착했다고 카운터에서 연락을 했다. 금정은 가벼운 차림으로 문을 나섰다. 1층 라운지에 나오니 무한에 있는 학생들뿐 아니라 안휘성에서 왕현, 왕후란, 동비도 왔다. 중국의 남부 광주廣州에 일이 있어 오지 못한 두아란을 빼고는 모두 다 왔다. 금정은 여기서 모두를 보게 되니 너무나 반갑다. 그들의 얼굴에도 반가운 마음이 그대로 드러났다. 유향이 차를 몰고 왔고, 이문이 조금은 낡아 보이는 소형승용차를 몰고 왔다.

　"이문, 이차 누구거야?"

　"제 차입니다. 똥차입니다." 특유의 능청스러움으로 답했다.

　"잘 굴러가면 되지 뭐."

　"졸업하면 정식으로 사업하려고 이번 여름방학부터 연습 삼아서 친구와 작은 사업을 시작했습니다."

　"무슨 사업?"

　"학교에서 배운 전공이지요. 그런데 아직 어떻게 될지는 모르겠습니다."

　"그럼 많이 바쁠텐데. 이렇게 시간을 내도 돼?"

　"오늘은 토요일이니 괜찮습니다. 또 오늘은 우리 모두 같이 모여서 기쁩니다."

　"왕현하고 왕후란, 동비는 여기서 멀텐데?"

　"호호호 괜찮습니다. 이렇게 만나니 정말 기분이 좋습니다." 왕현이 웃으며 대답했다.

"그럼, 오늘은 종교시설 보다는 유원지가 좋겠네."

"네, 그래서 오늘은 동호 유원지와 모산의 공원에 가서 놀고 저녁에는 강변에서 공명등을 날리기로 했습니다. 안휘성에서 온 친구들은 오늘 저녁에 우리들 집에서 같이 자기로 했습니다." 류찬이 말했다.

"그래, 재미있겠는데."

유향과 이문의 차에 나누어 타고 동호로 갔다. 시야가 탁 트일 정도로 동호는 무척 넓다. 호수의 주변을 따라서 만들어진 도로를 달리면서 보니 길가에 배를 반으로 쫙 가른 물고기들을 많이 말리고 있다. 무한의 사람들은 강과 호수의 도시여서 민물어족자원이 풍부하다. 물고기의 내장을 빼내고 햇볕에 며칠을 말린 후 요리를 한다. 호수 주변에 식당들이 늘어선 지역이 있는데 자동차가 지나가니 식사를 하라고 호객행위를 한다.

호수가 넓어서인지 제법 파도가 치는 호수물이 철썩철썩 호수의 가장자리를 때리는 곳곳에는 죽은 물고기들이 많이 떠 있고 창문을 열고 달리니 역한 물고기 썩는 냄새가 난다. 금정이 물이 오염되어서 죽은 물고기가 물에 떠오르느냐고 물으니 학생들은 별일 아니라고 한다.

가로수길 중간 중간에 작은 다리들이 놓인 호반도로를 지나니 옛 성곽의 문처럼 생긴 유원지 입구가 나온다. 동호에 있는 모산 유원지로 들어가는 입구인데 여기서는 동호가 동쪽과 서쪽으로 나누어진다. 서쪽은 사람들이 사는 주거지역과 붙어 있어서 물도 지저분하고 냄새도 많이 나지만 동쪽은 유원지로 개발되어서인지 물이 깨끗하고 풍광도 아름답다.

원래 이곳은 중국의 초나라 문명이 번성했던 지역이다. 공원을 들어서니 중국의 고대 역사 테마를 스토리텔링 형식의 조형물로 만들어놓은 조각공원이 사람들을 맞이한다. 소를 탄 노자상과 함께 도덕경을 새긴 돌판을 수십 미터에 걸쳐 조성해 놓았고, 중국 고대역사에서 장군과 미녀들이 주인공으로 나오는 극적인 장면들을 사건의 순서대로 만들어 놓았다. 어느 골짜기에는 큰 돌들을 쌓아 수십 미터 높이의 인공 암벽을 만들어 편평하게 다듬고는 만 자는 족히 됨직한 한자를 가득 새겨 놓았다.

의미가 서로 연결이 되지 않는 조각품들을 순서 없이 이곳저곳 늘어놓은 한국의 조각공원들과는 완전히 다르다. 금정에게는 한국의 조각공원보다 스토리텔링에 따라 만들어진 중국의 조각공원이 훨씬 인상이 깊다.

조각공원이 끝나는 곳에서 산위를 보니 누각이 있다. 모산은 높이가 서울의 남산 정도의 야트막한 산이다. 산꼭대기에 세운 누각은 정자가 아니라 웬만한 성곽처럼 크게 보인다. 리프트를 타고 올라가니 4~5층으로 된 누각 안에는 2,3층 관객이 동시에 볼 수 있게 2개 층이 하나로 뚫린 구조의 공연장이 있다. 몇 명 되지 않는 관객이 지켜보는 무대 위에는 크기가 다양한 종을 걸어놓고 연주하는 중국의 고대 악기인 거대한 편종 세트를 설치하고 치면서 고전연극을 하고 있다. 공연 관람 후 누각의 꼭대기에 가니 인색하기가 바늘 들어갈 빈틈도 없어 보이는 노파가 작은 범종을 걸어놓고는 복을 부르는 종이라며 한 번 치는데 10위엔을 받고 있다. 금정은 귀원사에서도 느꼈지만 상술에는 중국인을 따를 수 없다.

누각에서 산 아래까지 꽤 먼 거리를 잇는 미끄럼 타는 도구를 어린

아이들 마냥 신나게 타고 내려오니 아직 낮이지만 해는 이미 상당히 서쪽으로 기울었다. 왔던 길을 다시 돌아가니 물놀이 배를 빌려주는 곳이 있다. 사공이 노를 저어 천천히 유람을 즐기는 것, 물위를 빨리 달리는 모터보터가 있다. 동호는 굉장히 넓어서 노를 저어가는 것은 한계가 있어서 모터보터 2대를 빌려서 나누어 탔다. 금정이 먼저 배에 올라 자리를 잡자 유향이 옆에 앉았고 뒤이어 석문정, 류찬, 왕현이 타고 다른 학생들은 다른 모터보터에 올랐다. 모터보트는 시원한 바람을 맞으며 동호의 수면 위를 나는 듯이 달린다. 물결이 일어 보트가 털썩털썩 할 때마다 유향의 몸이 금정의 몸에 쿵쿵 부딪힌다.

　동호를 출발해 무한의 중심가 장안로에 향했다. 장안로는 근대 역사적 유적이 많이 남아있는 유서 깊은 거리이다. 무한 학생들이 안휘성에서 온 학생들을 위해서 무한의 맛있는 음식을 대접하기 위해서 이곳에 왔다. 식당에 들어가서 음식을 시키는데 큼직한 냄비 안에는 기름이 거의 반이나 차있고 바닥에는 소금이 하얗게 깔려있다. 기름 속에는 빨갛게 익은 손가락만한 크기의 새우들이 가득 들어있다. 요리 이름이 샹라샤香辣蝦라고 한다. 금정이 그 맛이 어떤지 궁금하다며 먹어보겠다고 했다. 학생들이 놀랐다. 새우 맛은 느끼하지만 짭짜름하고 고소하다.

　식당에서 나오니 이미 어두워졌다. 장안로에 가득한 상점들은 저마다 휘황한 불빛으로 손님을 부른다. 장안로에는 서울의 명동처럼 현대식 상점들도 많지만 곳곳에 근대식 건물들이 많이 남아있다. 일행은 걸어가면서 아이쇼핑을 즐겼다. 의상에 관심이 많은 진철은 옷가게 앞을 절대 그냥 지나치지 않고 가게 안을 살피거나, 마음에 드는

옷이 걸려있으면 기필코 몸에 한 번 대어보기라도 해야 했다. 장안로
가 끝나는 지점에서 도로를 건너니 바로 장강의 강변 공원이다.

　서울 한강의 둔치처럼 공원을 꾸며 놓았다. 많은 시민들이 간편한
운동복 차림으로 잔디가 잘 정돈된 둔치길을 따라 시원한 여름 밤바
람을 즐기며 걸어가고 있다. 금정과 학생들도 이들을 따라 앞서거니
뒤서거니 함께 신나게 걸어갔다. 잔디길이 거의 끝나는 지점에 가니
얇은 천으로 된 주머니 속에 작은 촛불을 넣어 그 열기로 공기를 데워
서 마치 기구처럼 날리는 공명등孔明燈을 하늘로 띄워 보내고 있다. 삼
국지에 나오는 제갈공명이 발명했다고 하는데, 하늘로 보낸다 하여
천등天燈, 풍등風燈으로도 불린다. 하늘에게 비는 자신의 소원을 등에
적어 날려 보내는데 멀리 날아갈수록 소원이 이루어질 가능성이 많다
고 했다. 밤하늘에는 이미 누가 띄웠는지 불을 담은 공명등들이 밤바
람을 따라서 하늘 높이 흘러가고 있다. 금정은 예전에 한국에서 속가
의 친구들과 어울려 재미삼아 소원을 적어 공명등을 날려 보낸 적이
있는데 그때 날린 공명등 하나가 하늘로 올라갔다가 기적과 같이 1미
터도 틀리지 않고 등을 날린 원래지점으로 그대로 돌아왔다. 친구들
이 적은 소원의 내용은 '우리 집에 백억 돈뭉치 쾅!', '애인 12명 만들
기', '우리 아들 성적 전국 1등' 등과 같은 과욕들이어서 하늘이 거부
한 것 같다며 웃었던 기억이 났다.

　"내가 보니, 중국사람들은 잘살게 해달라고 비는 방법이 아주 발달
한 것 같아. 절에 가면 미륵에게, 도교사원에 가면 그 많은 신들에게,
밤하늘에는 풍등으로 … "

　"세계 어느 나라든 잘살게 해달라는 방법이 많이 발달했어요. 나무
에, 돌에, 바다에." 왕현이 말했다.

"맞아요. 죽어서 천국에 가게 해주세요, 돈 벌게 해주세요, 건강하게 해주세요, 해주세요, 해주세요." 금정이 답했다.

"스님 같은 분들은 사람들의 '해주세요'를 대신 빌어주시는 분들이잖아요." 왕후란이 말했다.

"맞아요! 맞아요!" 류찬과 진철이 맞장구친다.

"스님, 저는 친구와 사업은 시작했지만 걱정이 많습니다." 이문이 말하니,

"이문, 스님에게 기도 좀 해달라고 해." 진철이 말한다.

"금정스님이 우리들을 위해 기도해 주시려면 힘드시겠다." 왕현도 가세한다.

"스님, 스님이 사람들의 사업을 위해서 기도를 하면 정말로 효과가 있어요?" 동비가 묻는다.

"스님은 중국에 여행 온 것이야. 자꾸 부담을 드리면 안 돼. 여기는 절도 아니잖아!" 유향이 제지하듯 말한다.

"사람들은 사업을 하든, 결혼을 하든, 시험을 치든지 결과가 좋지 않을 때 불행해진다는 생각 때문에 많이 기도를 합니다. 인생이라는 것이 미래를 알지 못해서 그렇겠지요." 금정이 말하자,

"결과를 알 수 있으면 재미가 없을 수도 있어요. 지화간부상비엔화 計劃赶不上變化, 계획은 변화를 따를 수 없다. 인생은 어차피 모험이잖아요." 동비가 대담하게 말한다.

"맞습니다. 결과를 알면 무슨 재미가 있겠어요. 부처님도 미래를 점치는 것보다 열심히 노력하는 것이 낫다고 하셨어요." 금정이 답하자,

"그래도 앞날에 무슨 예상치 못한 것이 나타날지 얼마나 불안합니까?" 왕현이 인생을 아는 듯 이야기한다.

"사람들이 자기가 노력한 것보다 더 원하기 때문에 기도하는 것이 아닐까요?" 동비가 다시 의외의 대답을 한다.

"동비학생, 나이는 어리지만 정말 대견한 것 같아요."

"동비는 사업을 해보지 않아서 얼마나 마음을 졸이는지 잘 몰라요." 이문이 다시 사업이 걱정이 되는 듯 말한다.

"스님, 이문이 걱정이 많은 것 같으니 스님께서 좋은 말로 안심을 시켜주세요." 류찬이 말한다.

"우리는 어떤 문제에서든 스스로 해결 방법을 알아내지 못하면 성공하지 못합니다. 이문이 이제 사업을 시작했는데 앞으로 많은 문제에 부딪히면서 해답을 찾아서 성공하게 되겠지요. 그것은 우리 같은 스님들이 찾는 것이 아니고 이문 본인이 찾아야 되요."

"그러면 스님들은 무엇을 해주실 수 있나요?" 진철이 묻는다.

"글쎄, 이문이 올바르고 정당하게 살아가면 나쁜 마구니들이 이문을 괴롭히지 못하게 빌어줄 수 있지만, 이문이 온갖 편법과 나쁜 방법으로 사업을 하면 우리도 어쩔 수 없어요."

"그럼, 결국 모든 것은 본인하기에 달린 것이네요?" 류찬이 묻는다.

"그렇다고 할 수 있지."

"그런데 공부를 덜한 사람에게 시험을 잘 치게 할 수 있다. 상대방은 싫어하는데 이상한 방법으로 좋아하게 할 수 있다. 적성에 맞지 않는 분야에서 성공할 수 있게 해준다고 말하는 종교인들도 있던데요?" 유향이 물었다.

"그렇게 사람들을 속이는 이들도 있는데, 사람들의 욕망과 어리석음을 이용하는 것이지."

"스님들 중에서도 그런 사람들이 있던데요?" 왕후란이 묻고,

"스님 옷을 입은 사람들이지." 조용히 듣고 있던 석문정이 대답했다.

"절도 가지고 있고 불상도 모셔놓고 있었어요." 류찬이 묻고,

"여러 종류의 사람들이 있지." 금정이 대답했다.

"그만해요. 금정스님은 우리를 위해서 기도도 해주셨고, 이렇게 우리를 찾아오셨는데 스님과는 아무 관계없는 난감한 질문을 하지 말아요. 다들 성공하고 싶어서 안달이 났어요." 석문정이 자기는 성공에 관심이 없다는 듯 말한다.

"아저씨는 도사님이니까 우리들 마음을 몰라요." 진철이 말했다.

"학생들이 말한 온갖 모순점들이 불교에도 있어요. 우리 같은 스님들이 반성할 부분들도 많아요. 하지만 사람들에게 참된 삶의 방법을 일깨우기 위해 노력하는 스님들도 많이 있어요."

"스님, 오늘 우리들의 참다운 소망을 적어서 하늘로 날려 보내요." 왕현이 말했다.

"좋아요. 그러면 내가 특별히 여러분들의 참다운 소망이 이루어지도록 기도드리겠습니다." 금정이 말하자,

"좋아요." 다들 같이 대답했다.

학생들은 등주머니에 자신들의 소원을 적고 기도를 한 후 불을 붙여 하늘로 날렸다. 불을 담은 공경등은 금세 둥실둥실 하늘로 올라갔다. 금정도 학생들을 따라 공명등에 소원을 적는데 유향이 유심히 살펴보고 있다.

南無阿彌陀佛 觀世音菩薩 나무아기타불 관세음보살

바람에 일렁이는 촛불에 비친 유향의 얼굴은 등불 공양을 받은 법

당 안 관음보살의 금빛 얼굴처럼 환한 미소가 일렁인다. 이들이 날린 공명등들은 보이지 않을 만큼 높이 올라 순풍을 타고 서쪽 밤하늘로 사라져 갔다.

소림사와 공자성

강변에서 숙소로 돌아가는 차에서 류찬이 금정에게 다른 지방으로 여행을 가지 않겠느냐고 묻는다. 자기들이 한국에서 여행 다닐 때 금 정이 황교수와 함께 도와줘서 갚으려고 하는 것 같았다. 금정이 괜찮 다고 했지만 류찬이 아랑곳 않고 유향과 진철에게 같이 여행을 가자 고 제안했다. 유향은 사정이 있다고 한다. 진철이 흔쾌히 오케이 싸인 을 보냈다.

금정은 마땅히 가보아야 할 달마대사와 혜가스님의 자취가 있는 소 림사에는 아직 가본 적이 없어서 가까우냐고 물으니 류찬이 갈 수 있 다고 했다. 금정이 너무 멀면 가지 않아도 된다고 했더니 류찬과 진철 이 자기들도 가보지 못했다며 꼭 가자고 했다. 다음날 함께 박물관에 가서 호북성의 역사를 둘러보고, 한구역으로 가서 안휘에서 온 학생 들을 배웅하고, 금정은 류찬, 진철과 함께 밤기차를 타고 소림사로 향 했다.

무한에서 하남성河南省 소림사까지는 꽤 멀기 때문에 야간 침대차에 서 자고 새벽이면 하남성의 중심도시 정주鄭州에 닿는다. 3층으로 마 주보게 설계된 침대차 한 칸에는 6명이 이용할 수 있다. 같은 칸에서 하룻밤을 함께 보내는 사람들은 밤에 느끼는 적막감 때문인지, 이것도 인연이라고 생각하는지 남녀노소를 가리지 않고 스스럼없이 친구처럼 이야기를 한다. 밤이 깊어지면서 곳곳에서 코고는 소리가 들렸다. 이런 밤기차에 익숙하지 않은 금정은 거의 잠을 자지 못한 채 정주역에 도착했다. 역 근처 골목길에 있는 작은 식당에서 팥죽과 튀긴 밀전병으로 아침을 때우고 소림사로 가는 버스터미널로 향했다.

소림사에 가까울수록 산에 나무가 줄어들고 매우 건조한 느낌이 든다. 조금 더 가니 온통 바위투성이 산이 나오는데 소림사가 있는 숭산嵩山의 줄기들이다. 류찬이 이곳은 연중강우량이 매우 적어서 이곳 사람들은 거의 일년에 한 번 목욕을 한다는 이야기가 있을 정도라고 했다. 도중에 수령이 4천5백 년이 되었다는 향나무가 있는 아주 오래된 숭양서원嵩陽書院을 거쳐서 점심때쯤 소림사 주차장에 닿았다.

주차장에 내리니 웃통을 벗은 거대한 무술승의 동상이 가장 먼저 맞는다. 부처님의 형상은 눈에 들어오지 않는다. 입구의 길 양옆으로 큰 규모의 무술학교가 있는데 운동장에는 무술을 수련하는 학생들이 바글바글하다.

5백 미터쯤 더 걸어가니 오래된 돌로 된 작은 문이 있는데 소림사의 옛 대문인 것 같다. 옆에 선종조정禪宗祖庭이라고 쓰여진 담벼락 옆의 입구로 들어가니 무협영화에서 보았던 그런 전설적 모습의 절이 아니다. 다른 곳과 마찬가지로 포대화상이 가장 먼저 관람객을 맞는다. 대문 양 옆에 높이 솟은 고루鼓樓와 종루鐘樓 그리고 마당에 세워진 검은색 돌로 만든 달마의 부조가 인상적이었지만, 명성에 비해 전반적으로 규모가 작다. 금정은 법당에 들러 부처님께 예를 갖추고는 다른 관광객들처럼 경내를 둘러보고 대문을 나왔다.

소림사를 나와서 조금 위쪽으로 가니, 길옆 나무에는 무엇을 싣고 다니는지 낙타 한 마리가 고삐에 묶여있다. 건너편에 기와집이 한 채 있고, 건물로 들어가니 실내에는 온갖 기괴한 표정과 몸짓을 하고 있는 신장상들로 가득하다. 낙타가 이들을 태우고 왔는가? 비좁은 공간에 빽빽하게 채워놓아서 모신 것이 아니라 감옥에 가두어 놓은 느낌이다. 공포에 찬 표정들은 악귀를 쫓는 신장이 아니라 지옥감옥에 갇히어 울부짖는 영혼의 모습이다. 누구의 영혼들일까?

들리는 소문에 미국 MBA출신의 주지스님이 소림사를 주식회사로 상장하여 이제 소림사는 달마가 면벽수행을 하고 혜가慧可가 자기 팔을 잘라서慧可斷臂 달마에게 깨달음을 구했던 그런 곳이 아니란다. 혜가스님이 4대 조사 이후에는 타락할 것이라는 예언이 실현된 것일까? 아니면 뛰어난 경영학자의 눈이 종교의 허상을 간파해서일까? 이제는 부처님 법보다는 세속의 경제법이 사찰을 점령해 버렸다. 그것도 엄청난 수의 무술수련생들을 동원해서.

혜가는 깨달음을 얻은 뒤에 시기하는 자가 준 독약을 먹기도 했고, 짐짓 미친 척도 하고, 남의 머슴살이까지 하며 참된 가르침을 전하려 했지만 지금의 소림사는, 아니 달마와 혜가를 스승으로 삼고 있는 수많은 중국과 한국의 불교사찰들은?

소림사의 뒤편 탑림塔林에 아직까지 남아있는 벽돌을 쌓아 만든 무수한 탑들은 언젠가 부처님의 법이 다시 돌아올 것을 기다리는 것인지 아니면 곧 허물어질 것인지 알 길이 없다. 금정은 혜가스님의 마지막 전법게가 생각났다.

"本來緣有地 본래부터 마음 땅이 있어

因地種花生 그곳에 씨를 뿌려 꽃이 피지만

本來無有種 본래 종자가 없음으로

花亦不曾生 꽃도 역시 피는 것이 아니로다"

금정은 소림사를 보지 않은 것만 못하다고 생각되어 후회도 되었지만 이 지경을 확인한 것도 나쁘지는 않다는 생각에 스스로를 위로했다. 혜가는 죽어 몸에서 흰 젖이 흘러나왔다는데 지금 스님들이 죽으면 어떤 색의 물이 나올까? 금정은 자기가 죽으면 악취 나는 시체 썩은 물이 계곡을 넘칠 것 같은 자괴감이 들었다.

금정이 상념에 잠겨 잔디밭을 걸어가고 있는데 류찬과 진철이 사진을 찍자고 한다. 그래도 사진을 찍을 때는 웃어야 하기에 '치에즈笳子 가지'했다.

소림사에서 정주로 돌아오니 중국의 대도시 퇴근시간 교통상황을 대변하듯 버스가 10미터 가는데 10분이 걸렸다. 도저히 참지 못하고 버스에서 내려 걸어서 숙소로 갔다. 무한으로 돌아가기에는 시간이 늦어서 모텔에서 하루를 더 자고 돌아가기로 했다. 금정은 저녁을 먹다가 공자의 사당이 있는 곡부曲阜까지 얼마나 먼지 물었다. 상당히 멀고 교통편이 마땅치 않단다. 류찬과 진철은 무한으로 돌아가고 했다. 금정은 다음 기회를 볼 수도 있으나 이왕 근처에 왔으니 어렸을 때부터 아니 전생부터 귀가 따갑도록 들은 유교의 창시자 공자의 사당을 꼭 가보고 싶었다. 주머니 사정을 보니 무리를 해서라도 갔다 올

여유는 있어 보였다. 전날 침대차를 이용하고 잠을 제대로 못자서 너무 피곤하여 일찍 각자의 방으로 가서 잠자리에 들었다.

다음날, 어젯밤 일찍 잠자리에 들어서인지 일찍 일어났다. 서둘러 준비를 하고 곡부에 가는 방법을 안내에 물어보니 택시를 타는 방법 밖에 없단다. 거리로 나와 택시를 잡으니 기사가 장거리는 회사의 허락을 받아야 한다며 전화를 하고는 한국돈 몇10만 원을 내야 한다고 했다. 류찬과 진철의 얼굴을 보니 난색을 표한다. 중국에서 근로자의 한 달 임금과 비슷하기 때문이다. 금정은 택시기사에게 알았다고 말하고 먼저 택시에 올라 류찬과 진철에게 타라고 말했다. 두 사람도 어쩔 수 없다고 판단했는지 택시에 올랐다. 오늘 중으로 곡부의 공자사당을 보고 돌아와야 하니 최대한 빨리 가도록 기사에게 부탁했다.

자욱한 안개속에, 택시는 포플러 나무가 끝없이 이어진 평야지대의 도로를 달렸다. 포청천이 활동했던 개봉開封을 지나 5시간 이상을 달린 후에야 곡부에 닿았다. 페스트푸드점에서 햄버거로 간단한 요기를 한 후 공자유적지를 둘러보기로 했다.

곡부 공자의 유적은 거대한 성곽으로 둘러싸여 있어서 마치 공자성 孔子城 같다. 성 안에는 공자묘가 있는 공림孔林, 공자의 사당인 대성전 大成殿, 그리고 일종의 행정기관 유적인 공부孔府 3개 지구로 나누어져 있다.

먼저 마차를 타고 공림으로 갔다. 금정은 역사의 주인공 공자의 묘가 궁금했기 때문이다. 그곳에는 공자의 친척들을 포함하여 공자와 관련된 수많은 사람들의 무덤이 있는 공동묘지이다. 무덤들 사이로 난 길을 따라 안쪽으로 가니 공자묘가 있는데 조금 큰 무덤일 뿐이다. 군이 산만한 무덤을 조성해서 시체가 어디 있는지를 감추어야 할 만큼 두려운 허물이 없어서 일 것이다. 무덤 앞에는 전서체로 '대성지성문선왕大成至聖文宣王'이라고 쓰인 비석이 있다. 60년대 문화대혁명 때 이 비석과 이곳 유적들이 홍위병들에게 무참하게 파괴되었는데 80년대에 다시 복원되었다고 한다. 중국에서 공산주의 이념이 광기를 부렸던 문화대혁명 때에 참수된 비석들은 인간역사 광기의 증거들이다.

공자의 무덤 앞에 한 남자가 엎드리고 있다. 이곳의 주인은 수천 년간 공자이니 금정이 공자의 무덤에 예를 갖추려고 아무리 기다려도 그 남자는 일어나지 않는다. 다가가 자기도 예를 갖추고 싶다고 말하려니 그 남자는 갑자기 울기 시작했다. 처음에는 흐느끼더니 조금 뒤부터는 대성통곡을 하며 울기 시작했다. 금정은 말을 하려다 말고 뒤로 물러나 선채로 간단히 예를 갖추었다.

시간이 늦어져, 금정과 류찬은 대성전으로 뛰다시피 가는데 진철은 안 봐도 된다며 천천히 걸어간다. 돌다리를 건너고 몇 개의 대문과 정원을 지나서 대성전으로 갔다.

대성전은 동양문화의 한 축인 유교를 창시한 공자를 기념하는 곳이다. 한대漢代 이후 수많은 역사의 부침을 겪다가 공자를 숭상한 청대淸代 옹정황제雍正皇帝가 황궁의 구조에 어울리게끔 중창해서인지 규모가 엄청나다. 집의 규모만 큰 것이 아니다. 공자의 업적을 기린 비석의 크기도 엄청나고, 이 비석을 바치고 있는 무거운 것을 들기 좋아한다는 용의 자식인 거북용 비희贔屭의 돌조각도 엄청나게 크다. 지붕이 너무 크고 넓어서일까 생각보다 빨리 어두워진다. 급한 걸음으로 공자의 상을 모신 본전 대성전에 도착하니 이미 날이 어두워지기 시작했다. 넓은 사당의 안쪽에 악기들을 배치하고 조성된 공자상은 거대한 어두운 공간에 홀로 앉아서 흰 앞니를 드러내고 웃고 있다.

날이 어두워져서 관리인에게 간신히 부탁해서 공부청사는 보는 둥 마는 둥하고 쫓겨나듯이 나왔다. 이들이 공자성을 돌아보는 동안 내내 주변에서 대기하고 있던 택시기사를 불러서 다시 정주의 숙소로 돌아왔다.

금정은 어제 소림사를 본 것과 오늘 공자묘에서 본 장면을 생각했다. 어제는 자신이 소림사를 보고 마음속으로 불교의 타락을 자책하고 스스로의 모순에 절망을 느꼈듯이, 오늘 공자묘 앞에서 울던 그 남자도 눈앞에서 허물어지는 중국사회의 윤리상황을 보고 공자에게 어떻게 사죄할 길이 없어서 그렇게 서럽게 통곡한 것은 아닐까?

황산에서 길을 잃다

곡부를 돌아본 다음날, 기차를 타고 오면서 옆자리에 동석한 사람들과 카드게임을 하며 자연스레 친해지면서 무한으로 돌아갔다. 무한역에 내리니 유향이 마중을 나왔다. 금정은 유향의 얼굴을 보자 소림사와 곡부를 다녀온 피로가 말끔히 사라지는 느낌이었다.

"아니, 유향이 어떻게 나왔어?" 금정이 반색하며 물었다.

"류찬이 연락해서 시간을 맞추어 나왔습니다. 여행은 재미있었습니까?"

"아주 유익했어. 그런데 류찬과 진철은 아마 피곤할 것이야."

류찬과 진철이 유향에게 손사래를 치는 것으로 보아 많이 힘들었던 모양이다.

"엄마하고 같이 왔습니다."

"응? 어머님이 왜?"

"엄마도 불교에 대한 신앙심이 깊은데 스님이 오셨다고 하니까, 오늘 일부러 시간을 내어서 같이 온 것입니다."

기차역을 빠져 나와 주차장에 나가니 유향의 어머니가 차에서 내려 금정에게 예를 갖추었다. 유향의 어머니는 중간 정도의 키에 복장이 수수하고 얼굴이 복스러운 품위 있는 중년의 아주머니였다.

"폐를 끼친 것 같아 죄송합니다."

"아닙니다. 먼 여행에 고생이 많았지요."

"그렇지 않습니다. 학생들이 먼 길에 고생이 많았습니다."

"스님은 한국에서 중국학생들을 많이 도와주셨다고 들었습니다."

"아닙니다. 황교수님이 주로 도와주고 저는 옆에서 같이 다녔을 뿐입니다."

"스님이 무한에 오셨다고 해서 유향의 아버지가 오늘 꼭 스님을 대접해드리라고 해서 나왔습니다."

"저는 학생들의 교수도 아닌데 … "

"유향이 스님에게 많이 고마의하고 있습니다."

"감사합니다. 제가 유향학생 가족의 건강과 평안을 위해 기도드리겠습니다."

"그래주시면 어떻게 감사를 표해야할지 모르겠습니다."

"아닙니다. 스님으로서 당연한 의무입니다."

함께 금정이 머무는 숙소 근처의 식당으로 같다. 미리 예약을 해놓았는지 붉은 치파오 정복을 단정하게 차려입은 종업원들이 정해진 장소로 일행을 안내했다.

"여기는 스님들도 마음 편하게 식사가 가능한 야채를 요리의 재료로 많이 사용하는 음식점입니다. 우리 부부도 가끔 여기 와서 야채음식을 먹는데 차를 마시면서 먹으면 맛이 깔끔하고 건강에도 좋습니다. 마음껏 드세요."

"이렇게까지 신경을 써주시니 … "

잠시 후 음식이 나오는데 가지볶음, 청경채 볶음과 같은 기본적인 야채요리 이외에 버섯요리와 탕, 새순요리 등 대부분 채소요리였다.

"학생들은 힘을 내야하니 고기요리를 주문하지 그래."

"아닙니다. 우리도 다이어트 해야 합니다." 학생들이 웃었다.

"잘 먹겠습니다." 금정이 인사를 했다.

"스님, 많이 드세요."

"내일은 안휘성 친구들과 같이 안휘성에 있는 황산으로 가기로 했습니다. 스님 황산에 가보셨어요?" 유향이 말했다.

"아니, 여기서 너무 멀지 않을까?"

"아닙니다. 2~3일이면 갔다 올 수 있습니다. 언제 한국으로 가세요?"

"응 시간은 여유가 있어. 돌아가는 비행기표의 시간은 오픈되어 있으니 괜찮아."

"그럼 됐습니다. 우리 내일 합비로 가서 안휘에 있는 학생들이랑 같이 가요."

"류찬과 진철은?"

"우리는 지금 너무 피곤해서 안돼요."

"나도 피곤한데." 금정은 학생들에게 피해를 주는 것 같아 부담스러웠다.

"이미 안휘성 친구들하고 약속을 했습니다."

"알았어. 할 수 없지. 오늘 푹 자두지 뭐."

"내일 일찍 숙소로 오겠습니다."

"알았어. 류찬과 진철은 고생이 많았다. 푹 쉬어라."

"스님, 편안히 쉬세요." 유향의 어머니가 인사를 했다.

"살펴 가십시오." 금정은 두 손을 합장하고 인사를 했다.

다음날 이른 아침, 금정이 간간한 여행준비를 마치고 있으니 유향이 잠에서 막 깬듯 부기가 남아있는 얼굴로 왔다. 두 사람은 서둘러 한구역으로 가서 고속철을 타고 합비로 갔다. 합비역에 도착하니 아직 오전이다. 왕현, 왕후란, 동비가 기다리고 있었다. 곧바로 황산행 전용 터미널로 이동해서 버스에 올랐다. 황산관광특구까지는 5~6시간이 걸렸다. 숙소에 짐을 풀고 저녁을 먹고 난 후 함께 차를 마시는 시간을 가졌다.

"스님은 여기 처음입니까?" 왕현이 물었다.

"황산이 아름답다고 이야기는 많이 들었는데 이렇게 오기는 처음입니다."

"황산은 유네스코에도 등재된 중국에서 아름답기로 유명한 산입니다."

"그런데 내일 날씨가 좋을지 모르겠습니다."

"왜요? 오늘 날씨가 좋고 일기예보도 내일 날씨가 좋다고 했는데."

"황산의 날씨는 아무도 몰라요. 일년에 3백 일이 구름에 쌓여서 맑은 황산을 보면 정말로 재수가 좋은 것입니다." 왕후란이 말했다.

"그래? 얼마나 구름이 자주 끼면 그런 말이 있을까."

"스님이 부처님께 내일 날씨 맑게 해달라고 기도해주세요." 유향이 말했다.

"나는 제갈공명과 같은 능력이 없어요."

"그럼 유향 네가 기도해봐. 유향이 예쁘니 황산의 산신령이 들어주실지 몰라." 동비가 말하니,

"내가 뭘 예쁘다고." 유향이 퉁명스럽게 말했다.

"나도 유향이 기도하는 것이 더 효과 있을 것 같아요." 금정도 거들고,

"거봐, 스님도 네가 예쁘다고 하잖아." 왕후란도 거들자,

"다들 날 가지고 놀아요." 유향이 얼굴을 붉히며 말했다.

"왕후란이 기도해도 효과가 있을 것 같아." 금정이 말하니

"왜 이번에 나를 가지고 … " 왕후란이 눈을 찡그렸다.

"예쁜 사람을 자꾸 이야기 하니 예쁘지 않은 사람 속이 쓰립니다. 그것 아세요? 아름다움은 시기심을 먹고 태어난다는 것." 왕현이 자기는 미인이 아니어서 심술이 난다는 투로 말한다.

"무슨 아름다움과 시기야?" 왕후란이 물었다.

"비너스의 사과는 시기의 여신 에리스가 창조한 것입니다."

"일리가 있어요." 금정이 동의했다.

"알았어요. 그럼 산신령이 시기하지 않게 못생긴 내가 하겠습니다. 황산의 산신령님 내일 구름이 없게 해주세요." 동비가 눈을 감은 채 말을 했다.

"큰일 났다. 우리 중에 제일 못생긴 동비가 기도해서 산신령이 도와주시지 않을 것 같다." 왕후란의 말에 모두 웃었다.

다음날 새벽, 아직 날이 어두운데 동비가 먼저 일어나서 산에 갈 준비를 한다. 옆 침대에서 자던 금정도 일어나 준비를 했다. 잠시 뒤 유향, 왕현, 왕후란도 부스스한 얼굴로 밖으로 나왔다. 곧바로 황산 케이블카 타는 곳으로 가는 셔틀버스 정류장으로 갔다. 벌써 황산에 가려는 사람들이 삼삼오오 모여서 웅성거리고 있다. 한국말이 많이 들리는 것으로 보아 한국 관광객들도 많은 것 같다. 금정은 한국의 여행사들이 만리장성, 장가계, 황산 등 풍광이 뛰어난 몇 군데를 전략 관광지로 삼아서 관광단을 모집하고 있어서 이들 관광지에 오는 외국인 관광객들 중에 한국인들이 가장 많다고 들은 적이 있다. 셔틀버스를 타고 케이블카가 있는 곳으로 가니 벌써 부지런한 사람들이 대기하고 있다. 케이블카를 타는 대합실에는 금세 사람들로 바글바글해졌다. 일행은 일찍 온 덕분에 비교적 빨리 황산 케이블카를 탈 수 있었다. 한 시간이 지나지 않아 옥병루玉屛樓에 도착하여 등산을 시작했다. 해가 떠서 이미 날이 밝아야 하는 시간인데도 자욱한 안개 때문에 시야가 어둑하다.

　"어제 못생긴 동비가 빌어서 산신령이 도와주지 않아요." 왕후란이 말하자,

　"야! 그럼 예쁜 네가 하지 왜 안했어." 동비가 쏘아 붙인다.

　"알았어, 미안해."

　"아, 날씨가 금정스님에게 자비를 베풀지 않습니다." 왕현이 말했다.

　"내가 제갈공명보다 못하다고 했잖아요. 왕선생님."

　티격태격 산행을 시작했다. 안개가 자욱한 산길 옆으로 가지가 힘차게 뻗은 소나무들이 많이 보였다. 비교적 평탄한 지형의 잡목지대에 듬성듬성 서 있는 소나무는 키가 큰 것들이 많은데 바위가 많은 가

파른 지역의 소나무는 대개 키가 작다. 키는 작지만 곧게 뻗은 줄기와 가지는 기상이 넘친다. 꾸불꾸불 용트림하며 자라는 한국 소나무와는 다른 모습이다.

2시간 정도 산행을 해서 산장에 도착했다. 산장식당에서 식사를 하고 휴식을 취한 후 다시 산행을 시작했다. 산행을 할수록 안개는 오히려 점점 짙어진다. 조금 더 올라가니 중국 특유의 위험한 바위 절벽에 구멍을 뚫고 길을 만든 잔도棧道 구간이 나온다. 사진으로 본 황산의 잔도는 천하절경이었지만 오늘은 안개에 가려 아무것도 보이지 않는다. 얼마나 어두운지 낮이지만 사진을 제대로 못 찍을 정도이다.

잔도를 따라 걷다보니 왕현, 왕후란, 동비가 먼저 가고 조금 떨어져서 금정과 유향이 같이 걸어가게 되었다.

"스님, 오늘 날씨가 정말 좋지 않습니다. 아쉬워요."

"아니야. 이렇게 유향과 이곳에 올 수 있어서 너무 감사해." 금정은 자신도 모르게 이 말을 뱉고는 흠칫 놀랐다.

"그래요. 저도 스님과 같이 올 수 있어서 너무 좋습니다."

"황산의 산신은 욕심이 많은가 봐."

"왜요?"

"이렇게 아름다운 경치를 남에게 보여주기 싫어서 항상 구름 속에 감추어버리잖아. 내가 산신령이라면 언제나 맑게 해서 누구든 쉽게 경치를 감상하게 하겠다."

"부처님은 도와주지 않습니까?"

"안 도와주셔. 날씨가 맑을 때까지 내가 알아서 기다려야지."

"예?"

"사실, 부처님은 인간의 세속적인 소원을 들어주시는 분이 아니야. 그저 우리에게 길을 가르쳐 주신 분이지."

"그런데 왜 사람들을 절에 오게 해서 소원을 빌게 만듭니까?"

"그래야 사람들이 마음 편안허 하니까."

"정말로 부처님은 인간들의 스원을 들어주지 않아요? 그럼 앞으로 절에 가서 기도할 필요 없겠네요."

"아니지, 부처님께 기도하면 기도하는 사람의 마음속에 있는 불성을 깨어나게 해서 부질없는 욕망을 줄어들게 하지. 그러면 그만큼 마음이 행복해지니 기도를 들어주지 않는다고 볼 수 없어. 부처님은 직접 중생들의 현실적인 욕망을 들어주시지는 않지만 미륵보살, 관음보살 등을 통하여 대신 중생들의 소원을 돌보게 하시지. 그래서 중생들은 미륵이나 관세음보살을 많이 찾는 것이야."

"기적적인 것을 빌어도 들어주나요?"

"어떤 것? 아무리 기적적인 것이라도 진심으로 빌면 이루어질 수도 있어. 세상에는 알지 못하는 힘이 작용할 때도 있으니까. 유향의 마음에 꼭 이루어야 되는 기적적인 소원이 있는가봐. 말해봐."

"아닙니다. 지금까지 살아오면서 원하는 것이 많았는데 제 마음대로 되지 않는 것이 더 많았어요."

"유향은 뭔가를 성취하고자 하는 의지가 강해서 그런 생각을 하게 되지."

"어떻게 아세요. 제가 성취욕디 강하다는 것을."

"어려서부터 뭔가를 이루어야 한다는 요구를 많이 받은 사람은 성인이 되어서도 그렇게 되는 경우가 많아. 일종의 세뇌인 것이지. 내가 보기에 유향의 부모님은 큰 기업을 유지하고 발전시키기 위해서 상속

자인 유향에게 많은 것을 요구했을 것이야. 예를 들어 학업성적은 어느 정도 도달해야 한다. 남자친구는 이러이러한 사람을 사귀어야 한다. 도덕적으로 어떠해야 한다. 그런 것이 계속해서 누적이 되면 유향은 자기도 모르게 그런 사람이 되어야 된다고 생각하지. 하지만 그런 것에 너무 불만을 가질 필요는 없어, 인간은 누구나 그러니까. 우리 스님들도 고기를 먹지 말라. 여자를 멀리 하라. 하지 마라, 하지 마라 투성이의 말을 계속 들으면 '하지 마라'가 마치 나의 본성인 것처럼 느껴지기도 하지."

"스님, 그러면 스님도 결혼을 하고 싶기도 합니까?"

"그 질문은 나에게 맞지 않는 것이다."

"왜요. 그냥 말을 하면 되지 않습니까?"

"그렇지 않아. 깊은 생각 없이 말을 너무 가벼이 하는 것은 좋지 않아."

"기독교의 목사님들은 종교인이지만 결혼을 하지 않습니까?"

"그것은 기독교의 문제이지 불교의 문제는 아니야. 내가 그들에게 이래라 저래라 할 수 없어."

"스님들이 보시기에 목사님들도 중생이네요. 결혼도 하고 아이들도 낳으니까요."

"불교에도 결혼을 허용하는 종파도 있기는 하지만 개인의 가치관에 따라 선택의 자유가 있어."

"그럼. 금정스님도 앞으로 종파를 바꾸면 결혼을 할 수도 있겠네요?"

"이야기가 점점 이상하게 되어간다. 나는 이미 결혼을 하지 않는다는 계율을 지켜오고 있고 그것이 올바른 길이라고 믿기 때문에 그런 일은 없을 것이야."

"누구를 사랑하는 것도 안 되나요?"

"사랑은 욕심의 근원이기 때문에 하지 않지."

"그럼, 가슴이 차가운 사람이네요."

"허허, 내가 말하는 것은 나를 위한 사랑을 하지 않는다는 것이야. 남에게 감사하고 이타적으로 하는 사랑은 오히려 더 가슴이 따뜻한 사람이지."

"제가 보기에 스님들도 예쁜 여자를 보면 마음에 갈등이 있을 것으로 생각해요."

"그럴 수도 있겠지." 그리고 '너처럼'이라는 말이 하마터면 입 밖으로 나올 뻔하였다.

"스님은 옛날에 사랑한 적 없습니까?"

"우리 이제 그런 대화는 그만하자."

"왜요. 저는 재미있는데요."

"나는 재미없어요."

"아니? 안휘성 친구들이 어디 갔지 눈에 보이지 않네요."

"여기 잔도가 여러 갈래인가? 아닌 것 같은데, 가다보면 만나겠지. 안개속이어서 보이지 않는 것일 거야."

"제가 먼저 가서 찾아보겠습니다. 왕현! 왕후란! 동비!" 유향이 친구들 이름을 외치면서 안개속으로 사라졌다.

유향이 옆에서 사라지자 금정은 순간 길을 잃어버린 것 같았다. 잔도가 여러 갈래로 갈라지지 않은 것은 알지만 지금 아무도 없고 안개속에서 앞도 잘 보이지 않으니 순간적으로 당황한 것이다. 금정은 곧 마음을 가다듬고 유향이 사라진 안개속으로 침착하게 걸어갔다. 이렇게 안개속 천길 낭떠러지에 걸린 잔도에서 길을 잃고 있는 상황이 꼭 자기가 유향에 대한 애정으로 쿨도로서의 길을 잃고 헤매는 것 같았다.

　잠시 뒤 유향이 다시 돌아왔다. 짧은 순간 침울했던 금정의 마음은 다시 밝아졌다. 안휘성 학생들이 잔도에서 기다리고 있었다.

　잔도를 벗어나 다시 등산길로 접어들었다. 하지만 가도 가도 안개 길이니 일행은 흥미를 잃었다.

　"스님. 오늘은 날씨가 너무 안 좋습니다."

　"그렇군."

　"조금만 더 가보고 그래도 희망이 없으면 점심을 먹고 내려가지요?"

　"바쁜 일이 있나?"

　"그런 것은 아닙니다만."

　"우선 식사를 하고 조금 더 기다려 보자. 황산의 날씨는 순간순간 바뀐다고 하니 혹시 날씨가 맑아질지 모르지 않은가?"

　"알았습니다."

　조금을 더 가다가 휴대한 음식을 먹었다. 식었지만 그런대로 먹을 만했다. 잠시 휴식을 취한 후 다시 두어 시간을 더 가도 날씨는 좋아질 기미가 보이지 않았다. 오히려 짙은 안개구름에 옷이 축축해졌다. 할 수 없이 등산을 중단하고 내려가기로 했다. 내려올 때도 다시 케이블카를 타고 내려왔다. 그렇게 도중에 중단하고 내려와도 숙소에 오니 거의 저녁시간이 다 되었다. 따뜻한 물로 피로를 풀고, 저녁식사를 하고, 차를 마시며 구름 때문에 황산을 보지 못한 아쉬움을 이야기로 달래다 숙소로 들어갔다.

　동비는 밖에서 담배를 연거푸 몇 개비를 피우고는 방에 들어가 침대에 누워 금정과 몇 마디 하더니 바로 쌔근거리며 잠이 들었다. 금정은 잠든 동비의 얼굴을 쳐다보았다. 등산에 지쳤는지 업고가도 모를 정도로 깊은 잠에 빠져든 것 같았다. 어린 동생 같아서 귀엽고 착해 보였다. 인연이 닿아 여기까지 와서 한 방에서 지내는 것도 보통 인연은 아니다. 금정도 피곤한지 눈이 가물거리며 잠이 들려고 했다.

꿈인지 생시인지 방안에 안개가 자욱하다. 방문이 열리고 전통의상을 곱게 차려입은 여인이 금정에게 다가왔다. 가까이 다가와서 얼굴을 자세히 보니 유향이다. 미소를 띠고는 있는데 얼굴에 수심이 가득하다.

"어떻게 왔는가?"

"스님과 같이 있고 싶어서 왔습니다." 스스럼없이 금정의 침대머리에 앉더니 금정에 기대어 팔짱을 꼈다. 팔을 통해 느껴지는 여인의 느낌에 금정이 멈칫하자 유향이 뺨을 금정의 얼굴에 갖다 대었다. 매끈한 유향의 살갗이 느껴지고 향긋한 체취가 그대로 전해졌다. 얼굴을 부비다가 서로 얼굴을 돌리니 자연스레 두 사람의 입술이 포개졌고, 긴 유향의 머리카락이 금정의 얼굴을 감쌌다. 금정은 부드러운 유향의 입술을 느꼈고 곧 달콤한 타액이 전해졌다. 너무나 달콤하였다. 금정의 두 손은 끊임없이 유향의 육체를 애무하였고, 유향의 두 팔도 쉼없이 금정의 머리와 등을 쓰다듬으며 놓치지 않으려 했다. 열락의 가쁜 숨소리도 격렬하게 터져 나왔다. 하복부가 불끈거리는 느낌이 있어 유향을 더욱 강하게 포옹하였다. 아담한 유향의 상체는 금정의 두 팔에 쏘옥 들어왔고, 탄력 있는 가슴의 봉긋함이 금정의 가슴에 그대로 전해졌다. 꿈인 것 같기도 생시인 것 같기도, 어떻게 진행이 되었는지 분간이 되지 않는다. 그러다 유향은 가야한다며 일어서더니 옷매무새를 가다듬고는 다시 안개속으로 사라졌다. 금정이 가지마라고 소리를 쳤으나 목구멍에서는 소리가 나오지 않았다.

금정은 유향을 부르다가 눈을 떴다. 정신을 차리고 옆을 보니 동비는 여전히 깊은 잠에 빠져 있다. 시계를 보니 새벽 2시밖에 되지 않았다. 조심조심 일어나 욕실에 가서 가볍게 세수를 하고 침대로 돌아왔다. 정좌를 하고 눈을 감아 보았다. 꿈의 내용이 아직 생생하게 남아 있다. 두 손으로 얼굴을 비벼서 정신을 차리고, 척추를 바로 세우고 다시 정좌를 해도 그 감미로운 느낌은 사라지지 않았다.

금정은 생각했다. '자기가 승려로서의 길을 걷고 있지만 어쩔 수 없는 남자인가 보다.' '안개 낀 잔도에서 유향이 말한 것처럼 아예 환속하여 결혼을 해버릴까.' 만약에 금정이 지금의 상태로 결혼을 해야 한다면 그 상대는 반드시 유향이어야 하는데 그것은 현실적으로 불가능한 것이다.

자신이 도대체 무슨 망상에 빠져 있는가 하고 자책을 하며 몸의 자세를 바로 추스렸다. 몸의 자세를 추스르긴 했는데 아까 꿈에서 느꼈던 유향의 체취가 다시 느껴지고, 마음속에서는 또 이를 부정하고. 번민을 거듭하다 다시 잠을 자게 되었다. 잠이 들자마자 안개가 낀 그곳에서 다시 유향을 찾는 꿈을 계속해서 꾸었다. 금정이 큰소리로 유향을 부르니 유향이 다시 나타났다. 다시 두 손을 마주잡고 무슨 이야기를 속삭이며 서로의 체온을 나누었다.

다음날 아침은 다들 늦게 일어났다. 세수를 하고 식당에 가기 위해 밖으로 나가니 유향이 금정을 보면서 묘한 미소를 짓는다. 금정은 목에서 커억! 소리가 날 정도로 숨이 막혔다.

안개 때문에 허무한 황산여행을 마치고 합비까지는 모두 함께, 무한까지는 금정과 유향 둘이서 한구역에 내리니 석문정이 기다리고 있다. 석문정이 유향에게 황산여행이 어떠했느냐고 물으니, 안개가 많아서 허탕을 쳤다고 했다. 석문정이 금정에게 위로의 말을 건넸다. 함께 저녁을 먹고 난 후 석문정은 금정을 숙소에 내려주고 유향을 태우고 떠났다. 석문정이 유향을 태우고 가는 모습을 지켜보는 금정의 마음에서는 묘한 질투심이 올라왔다.

다음날, 한국으로 돌아오는 날이다. 금정은 아침 일찍 일어나 혼자 보통사에 가서 석문정이 가리켰던 돌을 찾았다. 愛情是慾望之根 문구가 변함없이 그대로 쓰여 있다. 서둘러 숙소로 돌아오니 유향과 석문정이 벌써 와서 기다리고 있다.

"아침 일찍 어딜 갔다 오세요?"

"추억을 남기려고 근처에서 산책을 좀 했어."

"어떤 것이 추억에 남을 것 같습니까?"

"러깐면의 향기가 가득한 무한의 새벽골목, 장강의 도도한 물결, 그리고 … "

"그리고요?" 유향이 물었다.

"그리고, 별로 생각나는 것이 없네."

"유향은 아닌가요?"

"유향하고 석문정은 좀 있다 학교에서 다시 볼 것인데 뭐."

"피!"

"스님, 빨리 공항으로 출발해야 합니다. 도로가 많이 막혀서 어떻게 될지 모릅니다."

금정이 가방을 트렁크에 싣고 조수석에 타자 유향이 곧바로 공항으로 차를 몰았다.

"다시 무한에 오고 싶지 않으세요." 유향이 물었다.

"글쎄다."

"언제 또 오실 계획이 없어요?" 유향이 재촉하듯 다시 물었다.

"스님, 유향은 성격이 많이 급합니다." 석문정이 말하자,

"물어보지도 못해!" 유향이 화를 버럭낸다.

"이런 말 아는가? 有緣千里再來相會 인연이 있으면 천리를 다시 와서 만난다." 금정이 말하자,

"맞아요! 맞아요!" 유향과 석문정이 같이 맞장구를 쳤다.

무한공항에 도착해서 한국에서 다시 보기로 하고 헤어졌다. 비행기가 하늘로 날아오르자 금정은 창문으로 무한시를 내려다보았다. 지금 금정에게 유향이 있기에 이 넓은 중국대륙이 의미가 있고, 중국의 하늘은 유향을 덮는 포근한 이불이다.

전강田岡스님과 같이 수행을 하던 도반은 몰래 사랑하는 여인이 있었다.
어느 날, 그 여인의 방으로 몰래 들었지만 여인이 그를 보고 크게
놀라고 두려워하니 실망한 도반은 미쳐서 죽어버렸다.

주지스님의 당부

금정이 중국여행에서 귀국하여 주지스님에게 감사하다고 인사하
고 일상의 업무로 돌아왔다. 특별히 달라진 것은 없다. 달라진 것이
있다면 예전에 비해 부쩍 거울을 보는 시간이 많아지고 가끔씩 먼 하
늘을 보면서 공상에 잠기는 것이었다. 귀국하고 일주일 정도가 지난
어느 날, 점심공양을 마치고 주지스님과 금정이 안양루에 마주 앉
았다.

"금정스님, 중국에서 좋은 일 있었습니까?"

"예, 재미있기도 했습니다."

"재미있기도 했다니요. 무엇이 재미없었나요?"

"예?"

"재미있는 것은 이따가 들려주고 재미없는 것을 먼저 들어보고 싶
어서요."

"아, 저, 재미없는 것은 별로 없었습니다. 다 유익했습니다."

"최근 금정스님의 모습이 내가 아는 금정스님하고는 조금 달라보

여서 그렇습니다."

"똑같은데요."

"내가 보기에는 그렇지 않습니다. 내가 누굽니까? 그래도 금정스님을 가장 잘 아는 한 사람이고 나름 수행자 아닙니까? 사람들이 심리적 변화를 보이는 것을 어느 정도 눈치 챌 수는 있습니다."

"중국에서 있었던 여러 가지 일들이 저에게 변화를 주었겠지요. 금방 제자리로 돌아올 겁니다."

"어떤 일들이 스님에게 변화를 주었을까요?"

"북경에서 있었던 일이랑, 그리고 주지스님께서 특별히 허락해주셔서 갈 수 있었던 무한에서 겪었던 일들이 저에게 변화를 주었겠지요."

"북경에 갔던 일이야 공식적인 행사들이니 재미가 없었을 것이고, 무한에서 재미있는 일들이 많았나 봅니다."

"북경에서도 의미 있는 일들이 많았습니다. 무한에서의 일들은 황교수님 학생들과 보통사, 귀원사, 소림사, 곡부, 황산 등에서 같이 갔었는데 의미 있었고 즐거운 경험이었습니다."

"누구누구 같이 가셨어요?"

"여러 명이 같이 갔습니다."

"보통사에서 가장 인상 깊었던 것은 무엇이었습니까? 나도 옛날에 보통사에 가본 적이 있는데 내가 알기로 거기에는 옛날에 스승들이 제자들에게 남긴 법거량의 흔적들이 있는 것으로 압니다. 혹시 기억에 남는 것이 있습니까?"

"음, 그, 그게 특별히 기억에 남는 것은 없습니다."

"나는 그때 본 것 중에 아직까지 기억에 남는 것이 있는데 愛情是慾望之根라는 것입니다."

" ...... "

"스님은 못 보셨어요? 그게 제일 잘 보이는 위치에 있던데."

"신경을 쓰지 않아서 잘 모르겠습니다. 그런데 주지스님은 그 문구가 왜 기억에 남습니까?"

"그때는 나도 지금의 금정스님처럼 30대라 혈기가 왕성했고, 속가의 인연이 정리가 덜되어 가끔 마음속에서 떠오르곤 했었지요. 그렇지 않습니까? 우리 스님들이 아무리 수행을 해도 과거에 있었던 기억을 잊을 수는 없어요."

"기억을 없애는 것이 아니라 무덤덤해지게 만들어야지요."

"그러게요. 하지만 깊은 상처를 남긴 추억은 무덤덤해지기가 쉽지 않습니다."

"저도 속가에서 여러 인연이 있었지만 그렇게 심각한 경우는 없었습니다."

"오히려 심각한 경험을 한 사람은 극복할 수 있는데 그렇지 않은 사람은 다시 그럴 수도 있습니다. 마음속에서 면역력이 덜 형성되어서이지요."

"어떻게 극복하셨습니까?"

"갈등이 일어났고 많이 괴로웠지만 내 마음이 어떻게 흘러가는지 가만히 관조했습니다."

"그후로는 그런 적 없었습니까?"

"왜 없었겠어요. 있었지요. 그렇게 세월이 흐르다보니 어느 시점부터인가 무덤덤해졌습니다."

"그것 때문에 어떤 수행을 특별히 한 적은 없으셨습니까?"

"하기도 했습니다. 그런데 금정스님이 이렇게 물어보는 것을 보니 내가 본 법거량을 본 것 같은데."

"정말로 기억에 없습니다."

"알았어요. 흔히 스님은 오로지 수행만 해야 한다고 하지만 수행은 어디서든지 할 수 있다고 봐요."

"무슨 말씀인지?"

"금정스님은 지금 대학생 아닙니까. 대학생으로서 젊은이들과 부딪히고 경험하는 것도 수행의 과정이라고 봅니다. 이론으로 만이 아니라 체험으로 그들의 마음을 알아야겠지요. 그런 과정에서 그들의 마음만 아는 것이 아니라 스님 자신의 마음도 제대로 알 수가 있습니다. 금정스님이 옛날에 잠깐 대학을 다니다가 자퇴한 시기는 아마 자신의 번뇌에 갇혀서 다른 사람은 전혀 보지 못했을 것입니다. 이제 금정스님이 다시 대학생의 시절을 얻게 되었으니 스님 신분이라고 학생들과 너무 거리를 두지마시고 적절한 선에서 많은 교감을 해보시라는 겁니다. 그래서 내가 금정스님을 대학에 보내준 것이지 오로지 중국어만 배우라고 대학에 보낸 것은 아닙니다."

"감사합니다."

"요즘은 중국학생들이 한국으로 많이 유학 오는데 중국학생들과의 교감 경험도 나중에 도움이 될 때가 있을 것입니다."

"저도 많이 경험한 것은 아니지만 중국학생들의 심리는 한국학생들과 조금 다른 것 같아요."

"나도 여러 사람들에게 중국학생들에 대해서 듣는데, 우리와 동양의 유교문화를 공유하고 있지만 공산주의를 거치면서 많이 변했다고 들었습니다. 더군다나 인구가 너무 많으니 자체의 경쟁률이 너무 심한데서 오는 심리적 변화가 우리와는 많이 다르다고 합니다. 그들이 중시하는 인간관계인 '꽌시關係'는 우리가 생각하는 가벼운 사이가 아닙니다. 주위에 있는 누가 적인지 모르는 살벌한 경쟁이 벌어지는 대륙에서 살아남기 위한 문화의 한 형태라는 것을 잊어서는 안 됩니다. 굉장히 냉정해야 합니다. 한국인들처럼 감정을 주고받는 관계와는 차이가 있다고 봅니다."

"중국인들에게 그런 심리적 특성이 있을 수 있다고 보지만 그들이 손님을 대접하는 것을 보면 사람들에 대한 예절이 오히려 한국보다 나은 면도 있다고 봅니다."

"대접을 거꾸로 읽으면 접대입니다. 중국에서는 접대라는 표현을 많이 씁니다. 대접과 접대의 심리는 차이가 많지 않습니까? 중국인의 '꽌시'는 감정적 친밀함을 말하는 것 같지만 어떤 때는 굉장히 냉정합니다. 너무 쉽게 상대를 믿어버리는 것은 반대로 자신이 쉽게 상처를 받을 수 있다고 해요."

"그런 것 같습니다. 감정을 증시하는 관계는 대개 자기중심적 관점에서 인간관계를 보지만 이성적 관계는 상대방의 입장을 살피기에 실수를 덜하게 되지요."

"그렇지요. 우리 스님들도 감정적으로 신도들을 대하는 것보다 어느 정도는 이성적으로 냉정하게 관계를 해야지요. 금정스님도 대학생들과 관계를 가질 기회가 많겠지만 스님이 지금 말한 그런 태도를 견지하시기 바랍니다. 내가 아는 금정스님은 감수성이 예민해서 스님으로서 장점도 있지만 단점도 있다고 생각합니다."

"걱정하지 마십시오. 잘 하겠습니다."

금정은 주지스님과의 대화 후 마음이 찜찜한 구석이 있었지만 크게 개의치 않고 승려로서의 일상생활을 충실히 해나갔다. 하지만 일상생활을 충실히 한다고 내면까지 그런 것은 아니다. 그의 내면에는 유향에 대한 그리움과 승려로서의 갈등이 쉼 없이 싸우고 있었다. 어느 날, 금정의 의지와 상관없이 유향이 금정의 꿈에 나타나 다음날 만남을 예지한 이후 지속적으로 꿈에 나타나서 만남을 약속하면 반드시 실제로 만나게 되는 설명할 수 없는 현상은 여전히 계속되고 있다.

금정은 유향에 깊이 빠져드는 자신을 보면서, 한편으로는 그리움이 부질없는 것이 되고 마는 것을 알면서도 마음 한쪽에서는 유향을 잃어버릴까 두려움을 금할 길이 없다. 이러한 것들은 어쩌면 금정 혼자만의 반응일 뿐인지도 모른다. 유향이 유난히 그에게 다가서고 웃어주지만 그녀의 마음이 그의 마음과 같다고 확신할 수는 없다. 그가 승려로서 번민하고 갈등하는 것처럼 유향도 그가 왠지 모르게 끌리고 다가서고 싶은 사람인지는 모르나 나이 차이가 많고 승려라는 현실이 부담스럽게 느껴질지도 모르는 것이다. 아니면 유향의 진심은 석문정처럼 단지 편안히 기대고 위안을 찾고 싶은 것인데 그가 착각하는지도 모르는 것이다. 그렇다고 '나는 너를 그리워하는데 너도 나를 그리워하느냐?'라고 확인할 수도 없다. 정말로 두 사람의 마음에 불일치가 있다는 것을 확인한다면 그는 스스로 부처님 계율을 어긴 죄가 만천하에 드러나 어디에서도 용서를 구할 수가 없으며 유향을 향한 그의 마음은 곧바로 지옥의 나락이 되어버리는 것이다. 그렇게 된다면 전강스님의 도반이 한 여인을 혼자서 죽도록 사랑하다가 거절을 당하자 미쳐서 죽었듯이 그도 어떻게 될지 모르는 것이다. 지금은 그의 가슴에 부딪힌 유향과 인연의 충격파가 너무 강하여 혼란스럽고 힘들지만 결국에는 그 스스로 극복하고 업을 씻는 해법을 찾아야 하는 숙명인 것이다.

　출가하는 이들 중에는 극심한 사랑앓이를 했거나, 광폭한 성격을
가져서 사람들과 화합하지 못했거나, 삶이 아무런 가치가 없다며 세
상을 등지고 싶은 염세주의적 경향으로 승려의 길을 들어서는 이들도
있다.

　고등학교까지 특별히 눈에 띄지 않는 평범한 학생이었던 금정은 대
학시절 자신의 전공분야가 무가치하다는 데서 촉발된 회의가 삶에 대
한 회의로 이어져 살아간다는 것에 대한 환멸과 허무의 늪에서 허우
적거리다가 결국 부모님에게 큰 실망을 안겨드리고 학교를 자퇴했다.
학생신분을 벗어나니 군 입대영장이 나왔다. 군생활이 차라리 위안이
될까 그는 조금의 망설임도 없이 입대를 했다.

　금정은 제대 후 한 아가씨를 만나고 새로운 미래를 설계하며 그런
저런 일상을 보내고 있었다. 혼자서 떠난 여행 중, 수덕사에서 만난
수월스님과 백초스님의 삶에 깊은 감명을 받아 진정한 삶의 해법이
수행자의 삶에 있음을 깨닫고는 출가를 결심하게 되었다. 부모님은
자퇴한 학교의 학적을 복원하여 다시 학업을 계속하기를 권하며 반대
를 했으나 아들이 너무나 진지하게 요구하는지라, 오래전 주역에 능
통한 한학자로부터 들었던 아들의 인생이 속세인으로서는 평탄치 않
을 것이라는 이야기가 괜히 나온 것이 아니라는 것을 받아들이고는
결국에는 동의를 해주셨다. 그래서 그는 부모의 격려를 받으며 수행
자의 길로 들어서게 되었다.

　삶에 대한 회의가 크기는 했으나 자해나 자살을 시도한다든가 광인
의 행태로 나타나지 않고 비교적 평탄하게 승려가 된 경우이기 때문

에 파계적 기행이 금정에게는 어울리지 않았을지도 모른다.

마지막 2학기

　며칠 남았던 여름방학이 금방 지나고 다시 2학기가 시작되었다. 비록 마음속에서는 유향에 대한 그리움과 승려로서의 갈등이 쉼 없이 싸우고 있었지만 금정은 유향을 만날 기대에 가슴이 두근거렸다. 혹시나 유향의 꿈을 꾸지 않을까 내심 기대하며 잠자리에 들 때가 많아졌으며, 꿈에서 유향을 만나지 못하면 실망과 그리움으로 다음날 하루를 시작해야 했다.

　황교수는 개학을 하자마자 금정을 찾았다. 금정이 방학동안 중국에 가서 학생들을 만난 것이 궁금한 것이다.

　"스님, 중국에서 언제 오셨습니까?"

　"2주 정도 지났습니다."

　"그럼 한번 연락하시지 않고요. 많이 궁금합니다."

　"밀린 절일도 많고 … "

　"에이, 스님이 바쁘시면 제가 절에 가면 되지 않습니까?"

　"이렇게 금방 학교에 오게 될 것인데요."

　"중국에서 학생들하고 어디어디 갔었습니까?"

　"무한시내를 관광하고 소림사, 황산 등을 갔다 왔어요."

　"누구누구 만났어요."

　"학생들 다 만났어요."

　"그래요. 재미있었습니까?"

"그냥 그저 그렇지요."

"음식은 입맛에 맞았어요? 저는 옛날에 딱 한 번 갔었는데 음식에 기름이 많아서 영 그랬는데."

"지난번 학생들이 음식을 만들어서 초대할 때는 잘 드시던데요."

"그때야 예의상 맛없다고 할 스 있나요."

"저는 중국에서의 경험이 여러 번 있어서 중국음식도 이젠 익숙해 졌어요. 어떤 때는 기름이 잔뜩 발린 중국요리가 그리울 때도 있습니다. 맛이 강하거든요."

"스님이 기름진 음식이 생각난다고요? 의외인데요."

"습관이 되면 중독되기도 합니다."

그때 똑똑하고 노크가 있어서 황교수가 들어오라고 하자, 중국학생들이 우르르 들어왔다.

"안녕하세요. 교수님!"

"안녕하세요. 스님!"

"아니, 어떻게 학생들이 왔어요?"

"제가 학생들에게 전화해서 스님이 오신다고 말해두었어요."

"아, 그렇습니까. 학생들 어서 오세요."

금정이 학생들에게 인사하는데 유향이 유난히 활짝 웃으며 그를 보고 있다. 사실 어젯밤 꿈에서 유향이 활짝 미소를 지어서 내심 어디서 만날까 생각했는데 역시 또 예상치 않게 만난 것이다.

"새 학기가 시작되었으니 한번 만나야지요."

"알겠습니다. 제가 중국에서 학생들에게 신세를 많이 졌으니 오늘은 제가 모두에게 식사를 대접하겠습니다."

"그래요? 진티엔 따바오코우푸러 _{오늘 먹을 복 터졌네요.}" 황교수가 중국말로 하자

"워먼예 따바오코우푸러 _{우리들도 먹을 복 터졌네요.}" 학생들도 응답했다.

"뭐 사주시겠어요?"

"학생들이 먹고 싶은 것."

"술도 조금 됩니까?"

"좋습니다. 오늘 제가 쏩니다."

"그럼 차를 누가 운전하지요?"

"아, 제가 하면 되지 않습니까. 저야 어차피 술을 못 마시니 오늘은 대리운전까지 풀서비스 합니다."

"그렇다고 너무 무리하지 마세요. 스님이 무슨 돈이 있습니까. 게다가 학생 아닙니까?"

"자주 있는 것도 아닌데요. 괜찮습니다."

금정이 황교수의 차를 대신 운전해서 근처에서 이름난 고깃집으로 갔다.

"아니 스님, 이집은 고깃집인데요?"

"저도 압니다."

"그리고 많이 비싸지 않습니까?"

"이집 소고기 구이방식은 다른 데서는 맛볼 수 없는 독특한 방식이 잖아요. 중국학생들에게 맛보이고 싶어서요. 여기 사장님이 수덕사의 신도님인데 잘 알고 있습니다. 출발 전 전화해서 사정을 말씀드렸더니 저한테 특별히 조금 깎아주신다고 하더라고요."

"그래요. 다행이네요. 그래도 혼자 부담하지 마세요."

"아닙니다. 오늘은 정말로 제가 학생들에게 사주고 싶은 마음이 있어서 이러는 것이니 절대로 부담가지지 마세요."

"정 그러시다면 알겠습니다."

고깃집에 들어가니 숯불이 넓게 펼쳐진 불판 위에서 땀을 뻘뻘 흘리며 열심히 고기를 굽는 요리사의 모습이 보이고, 사장인 듯 나이가 지긋한 아주머니가 나와서 반갑게 맞는다. 금정이 주인에게 인사하고 특별히 신경을 써 주셔서 감사하다고 인사를 했다. 주인은 방으로 일행을 안내했다. 방안에는 이미 11명이 앉을 수 있게 자리가 마련되어 있었다. 황교수와 금정이 밖에서 잠깐 대화를 하고 방으로 들어가니 류찬의 옆에 황교수의 자리를, 유향의 옆에 금정의 자리를 마련해 놓았다. 이는 차를 탈 때도 마찬가지였다. 금정이 운전하면 조수석은 언제나 유향의 차지였다. 이러한 자리 배치를 다른 학생들도 알기에 언제부터인가 으레 그렇게 되었다. 한번은 두아란이 그 자리는 중국에서 아내의 자리라고 말했다.

"여러분 이집은 전국에서 맛있기로 유명한 집입니다, 고소한 고기 맛이 일품입니다. 오늘 금정스님이 이렇게 우리를 초대해 주셔서 정말 감사합니다."

"스님, 감사합니다!" 학생들이 일제히 외쳤다.

"아닙니다. 학생들이 중국에서 나에게 해준 것에 비하면 아무것도 아니니 사양 말고 맛있게 드세요. 좋은 안주가 있으니 술도 시켜서 드세요."

"아, 그러고 보니 이번 학기가 마지막 학기네요. 지난번 나 때문에 영어시험 떨어져서 힘들었을 텐데 졸업시험은 모두 통과했어요?"

"예, 우리 모두 통과했습니다."

"다들 훌륭합니다."

"그럼 마지막 학기 잘 마무리하여 모두 성공적으로 졸업하기 바랍니다."

"감사합니다."

"그리고 이번 여름방학 때 금정스님이 중국에 갔을 때 여러분이 많이 도와주었다고 하니 정말로 고맙게 생각합니다."

"다음에 교수님도 중국에 오세요. 우리가 꼭 모시겠습니다."

류찬이 말하자 모두들 황교수에게 꼭 중국에 오라고 외쳤다.

곧이어 고소한 냄새를 풍기며 숯불로 구운 소갈비가 달궈진 무쇠쟁반 위에 놓여나왔다. 학생들이 먹어보더니 다들 맛이 좋다고 '하오츠! 쩐하오츠! 맛있다 정말 맛있다'를 외쳤다. 류찬이 상추에 고기를 싸서 황교수 입에 넣어주었다. 유향도 상추에 고기를 싸서 금정에게 주려다말고 황교수에게 주었다. 주인이 누룽지탕을 끓여서 금정에게 가져왔다.

황교수는 학생들과 몇 잔을 주고받았는지 약간 취기가 있는 것 같았다. 상위에는 빈 술병들이 꽤 서 있다. 누군가 이제 충분히 먹었다고 자리에서 일어서자고 한다. 다들 든든한 포만감으로 자리에서 일어나 밖으로 나왔다. 황교수가 카운터에 가서 지갑을 꺼내니 직원은 이미 계산이 끝났다고 말했다.

"아니, 스님 언제 계산하셨어요?"

"오늘 제가 산다고 하지 않았습니까?"

"그래도 … , 저도 보태야 되는데, 너무 과하신 것 아닙니까?"

"괜찮습니다."

다시 금정이 운전석에 앉고 황교수가 조수석에 탔다.

"오늘 잘 먹었습니다. 캄쌰합'니다."

"제가 학생들에게 살 수 있는 기회를 마련해 주셔서 캄쌰합니다."

"스님, 그런데 시간이 참 빠르죠? 벌써 마지막 학기이니 말입니다."

"그렇습니다. 세상에 시간만큼 빠른 것이 없는 것 같아요."

"시간이 어디서 오는가에 대한 질문에, 공간이 나오는 곳에서 시간
도 나온다는 대답을 어딘가에서 보았습니다. 그러면 우주가 팽창하고
수축하는 속도만큼 시간이 빠른 것 아닐까요. 시속 몇 킬로미터인가요?"

"부처님이 손바닥을 폈다 오므렸다 하는 속도가 아닐까요."

"예? 아무렴 그럴리가요."

"서유기에 손오공이 구름을 타고 아무리 빨리 가도 부처님 손바닥
을 못 벗어나잖아요. 하하하 농담입니다. 우주가 팽창하고 수축하는
속도라, 다른 말로 우주가 숨을 쉬는 속도인데 상상이 되지 않습니다."

"엄청 빠르지요. 그러니 벌써 이 학생들이 마지막 학기 아닙니까."

"교수님, 중국학생들과 정이 많이 들었나보죠. 서운해 하시는 것 같
습니다."

"예, 조금 들었습니다."

"사람에게 너무 정을 주는 것은 좋지 않습니다."

"저도 압니다. 저도 얘네들 졸업하면 싹 잊을 겁니다. 인연이 있으
면 다시 만날 것이고 또 헤어지고 그러겠지요. 혹은 불교의 인연법에
따라 전생에서 이 학생들하고 인연이 있었을 것이고, 다음 생에서도
어쩌면 인연이 이어질지도 모르지요."

"정말로 정을 많이 주신 것 같습니다."

"정을 준다는 것 불교에서는 어떻게 생각합니까?"

"정을 준다는 것이 그렇게 좋은 것이 아닙니다. 정도 업장이 될 수가 있거든요."

"네, 어째서 정을 주는 것이 업장입니까?"

"교수님, 욕망이 어디서 오지요?"

"글쎄요. 마음에서 일어나는 것 아닙니까? 불교에서 말하는 일체유심조."

"마음에서 오는 것은 맞는데 사랑에서 옵니다. 사랑하면 집착하게 되지요. 사랑은 애정입니다. 정도 애정입니다. 그래서 불교에서는 정을 준다는 것보다는 '자비를 베푼다'라고 하지요. 자비는 욕망과는 관계가 없거든요."

"그런 것 같네요. 그럼 저도 자비를 베풀어야겠네요. 갑자기 부처님이 된 것 같아 좀 거시기 하네요."

"사람은 모두 부처님 불성이 있는데 뭐가 거시기 한가요?"

"아, 그래도 제가 어떻게 감히 그런 생각을 합니까. 속물덩어리인데요."

"교수님은 속물이 아닙니다. 불연佛緣이 상당히 있는 것 같습니다."

"그러니까 부석사종을 하게 되었겠지요. 벌써 타종식이 다 되었네요. 채 한 달이 남지 않았습니다."

"주조공장에서는 잘 되어가고 있지요?"

"네, 다음 주 토요일 쇳물을 붓습니다. 절에서도 그때 주지스님하고 신도회에서 가시는 것으로 압니다만."

"네, 요즘 아무리 과학이 발달했지만 많은 이들의 정성이 들어가면 더 잘되겠지요."

"저도 학생들을 데리고 가겠습니다."

부석사종을 치다

범종의 모형을 완성하고, 거푸집을 만들어 건조시키고, 쇠를 녹여 거푸집에 쇳물을 붓는 것은 비교적 단순한 과정이지만 범종에 들어가는 쇠의 무게가 수 톤에 달하기 때문에 조그만 틈이 있어도 쇳물이 삐져나와 엉망이 되어버린다. 거푸집의 건조 상태가 적절하지 않아도 쇳물과 거푸집이 엉켜버려 일을 망치고 만다. 그 외에 작은 실수에도 범종주조가 실패할 가능성이 있어서 절에서는 부처님 법력으로라도 이를 막아보자는 심정으로 범종 거푸집에 쇳물을 붓는 날은 많은 사람들이 함께하여 '화엄경 약찬경' 등을 외우는 기도회를 갖는다. 이 기도회는 종의 주조가 성공하기를 기원하는 것 이외에도 신도들의 신심을 높이는데 좋은 계기가 되므로 쇳물을 붓는 날은 스님들도 성의껏 제단을 차리고 최대한 정성을 들이는 것이다.

황교수는 중국학생들을 데리고, 금정은 부석사 신도들과 버스로 황교수와 비슷한 시간에 범종 주조공장에 도착했다. 중국학생들은 한국에서 이러한 경험이 처음이어서 호기심이 가득하다. 신도들이 탄 버스가 공장에 도착하고 버스에서 떡과 과일을 내려서 쇳물을 부어넣을 거푸집이 놓여있는 큰 구덩이 앞에 차려진 제단에 올렸다.

"쇠가 다 녹았다! 쇠가 다 녹았다!"

이른 새벽부터 용광로에 불을 붙여 녹이기 시작한 수 톤의 쇠가 완전히 용융되었다는 외침이 있자, 갑자기 공장안 분위기가 긴장되었다. 공장장은 부산한 움직임으로 이곳저곳을 다시 한 번 점검을 하였다. 여러 개의 용광로 도가니에서 나누어 녹인 쇳물을 커다란 도가니로 부어 모으고, 거푸집 속으로 부을 준비를 마치자 주지스님이 금강령을 흔들며 불경을 외우기 시작했다.

"딸랑 딸랑 딸랑 딸랑 딸랑 딸랑

대방광불화엄경大方廣佛華嚴經 용수보살약찬게龍樹菩薩略纂偈

나무화장세계해南無華藏世界海 비로자나진법신毘盧遮那眞法身

현재설법노사나現在說法盧舍那 석가모니제여래釋迦牟尼諸如來

과거현재미래세過去現在未來世 시방 일체제대성十方一切諸大聖

근본화엄전법륜根本華嚴轉法輪 해인삼매세력고海印三昧勢力故

보현보살제대중普賢菩薩諸大衆 집금강신신중신執金剛神身衆神

......

딸랑 딸랑 딸랑 딸랑 딸랑 딸랑 ... "

함께 온 스님들과 신도들, 황교수와 학생들, 공장의 식구들도 따라서 두 손을 합장하여 범종주조의 원만한 성공을 기원했다.

염불소리가 이어지는 가운데 시뻘건 쇳물이 거푸집 속으로 들어갔다. 바로 이 순간이 공장 안에 있는 모든 사람들의 마음이 가장 집중되는 시간이다. 찌지지직 1천2백 도 이상의 구리와 다른 재료를 혼합하여 녹인 뜨거운 쇳물이 거침없이 거푸집 속으로 빨려 들어가면서 거푸집에 남아있던 미세한 양의 수증기가 증발하고, 거푸집을 둘러싸고 있는 모래를 굳힌 응고제가 타면서 쇳물 주입구와 가스를 내뿜는 통풍구를 통해서 수증기와 연기를 사정없이 내뿜는다. 주위에 있는 사람들의 기도소리는 더욱 커졌다.

통일신라시대 경덕왕이 아버지 성덕대왕을 위해 구리 12만 근을 녹여 만들고자 했던 범종의 주조가 아무리 시도를 해도 실패를 계속하니 혜공왕 7년인 771년, 마지막으로 끓는 쇳물에 어린아이를 넣어 희생물로 삼고서야 30여 년 동안 수차례의 실패를 거듭하던 종의 주조가 비로소 성공했다는 것은, 그만큼 범종의 주조가 어렵다는 것이고 정성을 기울이지 않으면 안 된다는 것을 말해준다. 그래서 지금도 범종을 주조할 때는 이렇게 정성을 들이는 것이다.

쇳물이 용광로에서 벌겋게 녹았을 때, 황교수는 생각했다. 에밀레 종의 전설을 떠올리며 자신도 그와 같이 도가니에 텀벙! 뛰어들어 인신공양을 할 수 있을까? 시뻘겋게 녹은 쇳물이 황교수를 부르고 있었는지도 모른다. 거푸집 속으로 터~얼건 쇳물이 흘러들어가며 뚫린 구멍을 통하여 연기가 콸콸콸 솟아오르자 금정은 자신의 업보가 저 쇳물에 연소되어 사라지기를 간절히 원했다.

그 오랜 세월 준비했던 범종제작이 불과 몇 분 사이의 쇳물주입작업으로 끝나니 다들 성공을 기원한다는 덕담을 하였다. 범종주조 성공의 최종 확인은 3일 뒤 거푸집을 뜯어보아야 확인할 수 있다. 이때의 기다림은 모두에게 가슴 졸이는 시간이다.

3일이 지나고, 공장 사장이 금정과 황교수에게 주조가 성공했다는 전화를 했다. 다들 큰 안도의 한숨을 쉬었다. 이제 거푸집에서 범종을 꺼내서 쇳물을 주입할 때 만들었던 주입구와 가스 배출구에 붙어있는 쇠기둥들을 떼어내고 약간의 표면수정을 거쳐서 몇 주 뒤에 있을 타종회향식만 잘 치루면 되는 것이다.

타종회향식이 있는 날, 범종은 흰 보자기에 싸여 있다. 내방한 여러 손님들의 인사말이 있은 후, 범종을 싼 흰 보자기가 풀리고 금시조종이 모습을 드러냈다. 여러 사람이 합심하여 당목撞木을 밀어 종을 치자 금시조종이 웅장한 첫 울음을 울렸다. 종을 칠 때마다 사람들은 두 손을 합장하고 무언가를 염원했다.

황교수는 타종식이 끝나고 혼자서 종을 찬찬히 둘러보았다. 용이 아닌 갈기를 날리는 금시조가 여의주를 가슴에 품고서 입을 벌리고 있다. 상대上帶를 두른 연화 띠, 그에 이은 빗살무늬로 장식한 유곽과 유곽사이에 배치된 4방 부처님, 종신의 좌우에 배치된 남녀로 된 비천상, 부석사종이라는 이름 옆에서 기도하는 남녀의 형상, 하대를 장식하는 음파 모양의 문양과 여덟 용의 얼굴, 종에 대한 찬시 등이 큰 무리 없이 나왔다. 그리고 황교수는 종소리가 널리 퍼지기를 기원하면 지은 염원의 시를 읽었다.

"삼가 도비산 부석사에서 범종불사를 한다.
종의 모양은 한 마리 커다란 금시조이다.
금시조는 용을 잡아먹고 산다.

한 번을 치니 창공이 진동을 하고
두 번을 치니 땅이 진동을 하고
세 번을 치니 불성이 깨어난다.

지극한 공양으로 조성된 금시조종
모든 중생의 불성을 깨우고
사바세계에 부처님의 자비가 넘친다."

하지만 황교수는 마음이 편치 않은 것 같다. 주지스님이 황교수에게 다가갔다.

"황교수님, 고생하셨어요. 다들 종소리가 아름답다고 합니다."

"죄송합니다. 부족한 점이 많습니다."

"누구든지 부족함이 많습니다. 다음에는 더 나아지겠지요."

번민의 늪

모든 것은 막바지로 갈수록 절실해진다. 유향에게 중국어를 배우는 시간도, 일주일에 두어 번 얼굴을 마주볼 수 있는 시간도 얼마 남지 않았다. 그래서일까 금정은 부쩍 자주 유향에게 연락을 하게 되고 유향도 더 진지하게 졸업논문에 대해 의견을 구하고, 중국어 지도에 열중해주었다. 공부를 할 때는 서로의 온기가 전해질 정도로 가까이 앉아 이야기를 했고, 가을이 깊어가면서 날씨가 서늘해져가도 공부가 끝난 후 함께 산보를 하는 기회도 많아졌다.

논문준비, 수업 등 졸업을 위한 마지막 준비로 지친 유향이 금정과 공부를 하다가 책상에 엎드려 졸고 있으면, 그는 유향이 마치 자기 품에서 편히 자고 있는 것과 같은 착각으로 행복하면서도 한편으로 이 순간이 금방 끝날 것을 알기에 아쉬움을 금할 수 없었다. 그러면 그는 절에 돌아가서 번뇌를 잠재우기 위해 적어도 1천 배는 해야 피곤함으로 잠시 선잠이나마 이룰 수 있었다.

금정이 군 제대 후 출가하기 전, 잠시 사랑했던 여인이 있었고 출가

후에도 그 여인을 생각하며 함께 시장에 갔었던 기억을 떠올리며 행복해 하기도 했었다. 그런데 이제 뜬금없는 중국유학생 유향이 어느새 그의 마음에 자리 잡고 있는 것을 보고, 유향도 시간이라는 공간을 거치면서 만나게 되는 수많은 인연의 하나일 것이라는 생각을 하지만, 지금 이 순간 언뜻언뜻 파계를 생각할 정도로 가슴시린 인연이 된 것이 적잖이 놀라울 뿐이다.

이제는 눈을 뜨고부터 잠자리에 들 때까지, 꿈에서까지 금정의 머릿속은 하루 종일 유향으로 가득 찼다. 그러면 그럴수록 그는 불도로서 마음의 번민도 깊어갔다. 피그말리온은 스스로 상아로 만든 여인 조각상을 지극한 사랑으로 사람으로 살아나게 했지만, 그는 반대로 유향을 조각으로 만들어 영원히 혼자만 간직하려는 폐쇄적 공포심리의 감옥으로 들어가고 있었다.

금정은 스스로 신심이 나약해졌음을 탄식하며, 화두에 집중하려고 해도 허사였다. 옴마니반메훔, 아제아제바라아제바라승아제모지사바하 등 간단한 광명진언 주력만 간신히 읊을 수 있을 뿐이었다. 언제부터인가 법당에서 기도를 할 때조차 부전스님의 도움이 없으면 진행을 하기가 힘들 정도로 주의력도 떨어졌다.

대체로 남성이 성인이 되어서 비정상적으로 여인을 탐하게 됨은 어렸을 때 결핍된 어머니의 사랑이 이유가 되거나, 여성으로부터 제대로 사랑을 받지 못해서 그런 경우가 많다는데 금정은 그런 경험도 없다. 그의 어머니는 모든 사람이 인정할 정도로 자식들을 위해서 자신의 모든 것을 헌신하셨다. 이성에 대한 애정 결핍이야 대학시절 미팅을 하면서 서로 차고 차이는 과정 속에서 그저 그런 관계를 가졌다.

물론 지나치게 좋아서 쫓아다닌 경우도 있었고, 너무 싫어서 도망 다닌 경우도 있었지만 애정결핍이라고 할 정도는 아니었다.

　아주 어렸을 때부터 여자아이들과 소꿉장난을 하면서 여자애들의 신체적 특징에 대한 호기심이 강하여 치마를 들추어보기도 한 적이 있었고, 대학시절에는 많은 남학생들이 그들의 동정을 엉뚱한 곳에 버리는 경우가 많듯이 친구들과 성의 유희를 즐기러 다닌 적도 있었다.

　출가 하고서도 이러한 경험들이 원인이 되어 마음속에 여인을 그리워하는 마음이 생겼나 하여 때로는 자신의 성기를 바라보며 딱하게 여기기도 하며, 원초적 죄의식으로 차라리 잘라버릴까도 생각하기도 했다. 불현듯 끓어오르는 욕정을 누르지 못해 몰래 자위를 하다가 의지의 무능함과 죄의식에 서글퍼 한 적도 있었다.

　그동안 조금씩 축적된 망상들이 머리에 깊은 상처를 남겨 치유 받지 못하고 앓고 있는 것인지? 30대 후반 인생의 전환기에 찾아오는 신체리듬의 변화 때문인가? 아니면 그래도 젊은 금정의 육체에서 들끓고 있는 여인을 탐하려는 생리학적 호르몬 작용에 의해 쾌락을 추구하려는 성적 욕망의 드러냄인가? 아마 이것도 원인이기는 할 것이다. 그러나 몇 번을 스스로 질문했지만 그것은 이미 수없이 극복해왔기 때문에 이렇게 치명적 그리움의 형태로 나타날 동기가 될 수 없음은 알고 있다.

　그런데 유향에 대한 끊임없는 예지몽은 이전에는 어느 누구에게서도 경험하지 못한 것이다. 이곳저곳을 뒤져봐도 속 시원한 해답을 찾을 수가 없다. 어떤 사람에게 짐짓 자신의 일이 아닌 것처럼 물어보니 이는 마치 바다의 영상이 대기권에 반사되어 사막에서 보이는 신기루처럼 과거의 인연이 시간 통로의 벽에 반사되어 지금 나타나는 것일지 모른다는 그럴듯한 말을 하기도 했다. 이 지독한 예지몽이 정말로 과거의 인연 때문인지, 아니면 그의 젊은 날의 억압된 고뇌와 욕망이 한순간에 표출되어 내재된 리비도가 어느 순간 발동하는 것인지 도무지 이해가 되지 않았다.

　로버트 제임스 월러가 쓴 실화소설을 영화배우 클린트 이스트우드가 감독을 맡은 「메디슨카운티의 다리」에서 평범한 가정주부 프란체스카는 메디슨카운티의 다리에서 운명적으로 만난 사진기자 로버트와의 단 한 번의 강렬한 추억을 잊지 못하고, 죽음의 순간에 자신의 뼈를 남편이 아닌 한 번 스친 그 사랑 곁에 뿌려주기를 가족에게 당부하는 어이없는 모순에도 일상에 지친 그토록 많은 사람들이 열광하였다.

　콜린 맥클로우가 쓴 『가시나무 새』에서 가톨릭 사제 랄프가 어린 소녀시절부터 돌보아 온 매기라는 여인과 한순간이지만 영원히 있지 못할 사랑을 하여 자신의 아이를 잉태케 하였다. 사제 랄프는 금욕생활을 해야 하는 종교인으로서 끝없는 번민을 거듭하였으나 최후 죽음의 순간 그녀의 무릎에 머리를 얹고서 영원의 행복을 체험하고 눈을 감게 된다. 작가는 신성한 사제로서의 성취보다 남녀 간의 사랑을 최후의 구원으로 그리고 있다.

　유향의 진심을 물어보지도, 확인한 적도 없지만 금정의 마음에 새겨진 유향이라는 대상에서 프란체스카가 평범한 일상의 삶이 아닌 짧은 순간 강렬한 추억에서 자기존재의 열락을 느끼고 영원의 안식처를 구하듯이 그는 계율을 강조하는 스님의 일상에서 아무도 눈치 채지 못하는 자신만의 운명적 일탈을 꿈꾸는지, 일생의 마지막에 단 한 번 아름다운 노래를 부르고 가시에 가슴을 찔리고 죽는 가시나무 새처럼 사제 랄프가 죽음에 임박한 마지막 순간 매기의 품에서 해방의 카마수트라를 노래하는 것이 그가 유향을 그리워하는 이유가 될지도 모른다.

『주홍글씨』는 간음이라는 말로 처벌되는 인간의 사랑을 그린 것이다. 지금 승려로서의 본분을 망각하지 않고자 발버둥치는 금정에게 유향은 구원이 아니라 피맺힌 주홍글씨이다.

금정은 가까스로 이성을 이어가고 있는지도 모른다. 마음속으로는 이미 수백, 수천 번 파계를 했지만 그것이 남들 눈에 보이지 않을 뿐이다. 아마 얼굴표정으로 사람을 판단할 수 있는 사람을 만났다면 바로 마음을 들켰을 것이다. 얼마 전 주지스님이 그에게 조언한 것은 그의 얼굴에서 눈치를 채고 충고한 것인지 모른다.

지금, 금정은 간신히 이성적 판단을 냉정하게 유지하고 있지만 유향의 그림자만 보아도 바로 무너져버릴 수도 있다. 이렇게 착잡한 심리적 상태를 어떻게 정리해야 할지 모르는 불안한 상태지만 그는 온 힘을 다하여 무너져가는 심지心志를 다잡고 있다. 시간이 지나면 모든 것이 해결되듯이, 이 인연이 또 다른 연기의 출발점이 될 수도 있는 이 상황에서, 지금 깨어있어야만 인드라의 냉정한 가지치기를 당하지 않고 미약하나마 내면 불성의 염화를 볼 수 있기 때문이다. 그는 결가부좌의 자세로 억지 명상에 들고, 온힘을 다하여 마음속에 자리 잡은 유향의 환영을 끄집어내어 마음의 책상 위에 올려놓고 보았다. "너는 마왕파순이 보낸 미녀인가, 죽음으로 의상을 도와준 선묘의 인연인가?"

이연선생에게 인연을 묻다

　어느 휴일, 금정은 알고 지내던 천안의 이연李硏선생을 만났다. 이연선생은 나이가 칠순인데 철학관을 운영하고 있다. 그는 학생시절 집안에서 자랑할 만한 총명한 인재였고, 초등학교만 졸업해도 고학력이었던 당시에 고등학교를 우수한 성적으로 졸업했지만 집안 형편 때문에 더 이상 공부를 계속하지 못하고 유명한 회사에 취업하여 수입이 남부럽지 않게 되었다.

　그런데 결혼 후부터 모든 일이 꼬이더니 급기야 20대인 아내가 누워있을 수조차 없는 극심한 고통을 동반한 병을 앓게 되었다. 아내의 병 치료를 위하여 그동안 모은 돈을 다 썼을 뿐 아니라 어렵게 장만했던 집마저 팔아야 했고, 엎친 데 덮친 격으로 직장마저 그만두어야 하는 상황에 내몰리게 되었다.

　그런 상황에서 도대체 자신의 인생이 왜 이렇게 꼬이게 되었는지 궁금해 하던 중 운명철학관을 찾았다. 그곳에서 하는 말이, '자신과 부인의 만남이 잘못되었으며 이연선생의 운명은 회사원이 아니라 철학의 길을 가야한다.' 한창 신학문을 하고 의기양양했던 그로서는 무슨 뚱딴지같은 소리냐며 귀담아두지 않았지만 이후에도 시도하는 일은 지속적으로 꼬이거나 실패했다. 혹시나 하는 호기심에 세운世運을 공부하게 되었는데 정말로 철학이 그의 운명이었는지 금방 사주학에 빠져들었고 명리학의 원리를 이해하게 되었다. 그리고 자신과 아내의 관계, 자신의 사주에 드러난 여러 운명의 비밀들을 조금씩 이해하게 되었다.

이연선생이 명리학을 이해한 대로라면, 그의 인생이 다시 과거의 비교적 풍요롭고 행복했던 삶으로 돌아가기 위해서는 지금의 아내를 버리고 다시 가정을 이루어야 하는데 이미 아이들이 여럿이 있으니 참으로 난감하지 않을 수 없는 노릇이었다. 그는 이후 한동안 고민에 빠져 방황했지만 자신의 평온한 삶을 위해서 가족을 버리는 것은 못할 짓이라, 이번 생은 이렇게 살아가야 하는 운명이라 여기고 그때부터 자신의 운명을 받아들이고 수행하는 자세로 살아가게 되었다. 계속 명리학 공부를 더하여 사람들의 운명에 대한 궁금증에 조언을 해주고, 음양오행을 통하여 우주론을 연구하면서 지금까지 살아오고 있는 것이다.

이연선생은 비록 정식으로 도인이나 학문이 높은 철학자와 같은 삶을 살지는 않았지만 매일 한 끼의 곡기만 섭취하고, 육식을 삼가며, 늘 기도하며 생활한다. 정신집중을 하여 붓으로 선을 긋고, 눈을 감고 마음으로 글씨를 써서 쌀 한 톨에 수십 자를 쓰는 정신집중훈련으로 스스로를 수양하고 있다. 그래서인지 나이는 칠순이지만 피부는 청년마냥 깨끗하고 빛이 난다.

간혹 어떤 스님들은 신도들의 요청에 못 이겨 주역을 이용하여 인생을 상담해주기도 하지만 금정은 부처님께서 '운명은 정해진 것이 아니다'라고 말씀하신 것을 알기에 일찍 이러한 생각을 접었다.

그렇지만 이연선생의 태도가 워낙 검박하고 소탈한지라 이곳 천안에 올 일이 있을 때는 가끔 들러 짧은 대화를 나누기도 했다. 그러면 이연선생은 직접 쌀알에 새긴 수십 개의 글자를 현미경으로 확대한 사진을 금정에게 보여주기도 하고, 주역, 브리테니커 세계지도, NASA의 우주사진, Google의 세계지도 등을 분석하여 우주의 크기가 얼마이고, 그 속에 신들의 영역이 얼마이고, 태양계의 힘이 미치는 범위와 영혼의 활동 범위 등 자신이 혼자 명상하고 연구한 것들을 이야기해 주었다. 그런 것들이 황당하기도 했지만 영혼이 순수하지 않은 일반인은 그런 것을 생각조차 못할 것이라는 것을 알기에 금정은 진지하게 들어주었다. 그러면 그는 금정이 스님이라는 것을 고려해서인지 수천 년 전 단지 명상을 통하여 이 광활한 우주의 원리를 통달한 부처님은 얼마나 위대한지 감탄했고, 때로는 지금의 혼탁한 사회를 보면 부처님이 말씀하신 말세가 아닌지 우려스럽다고 했다.

"아니 누구신가? 금정스님 어서 들어오세요."
"이선생님, 요즘 지내시기는 어떻습니까?"
"늘 그렇지요. 스님은 오늘 무슨 일이 있어서 오셨어요."
"광덕사에 도반이 있어서 왔다가 가는 길입니다."
"그렇습니까? 스님 얼굴이 별로 안 좋아 보이는데요."
"컨디션이야 늘 변하는 것 아닙니까. 좋을 때도 있고 나쁠 때도 있지요."
"그렇지요. 나는 요 몇 년간 우리나라의 국운에 대해서 생각하는데 아무리 짚어보아도 영 신통치가 않네요."
"비록 지금 세계 경제가 새로운 금융위기에 있다고 하지만 우리 경제가 곧 세계 10위권에 진입할 것이며 휴대폰 등 여러 분야에서 장밋빛 청사진도 많이 내놓던데요."
"있는 사람들이야 좋겠지만 서민들은 계속 어려울 것입니다. 찾아오는 사람들이 다들 죽겠답니다."

"언제나 그렇지 않았습니까."

"중국과의 관계는 당분간 계속 좋아지겠지만 일본하고는 오랫동안 껄끄럽게 될 것 같습니다."

"그것도 어제 오늘의 문제가 아닌데요."

"스님, 이것 한번 보세요. 내가 얼마 전에 쓴 쌀알 글씨입니다."

"이렇게 글씨를 쓰면 어디에 좋습니까?"

"그냥 정신수양이지요."

"몇 년 전에 타계한 김대환이라는 세계적 드러머도 이런 글씨를 쓰면서 수양을 했다고 하더군요. 그분도 인상이 참 좋았어요."

"아마, 여럿 계실 것입니다."

"이렇게 작은 글씨는 현미경에 놓고 써야겠네요?"

"아닙니다. 오히려 눈을 뜨면 쓰지 못합니다. 눈을 감고 마음으로 써야 합니다."

"눈을 감고요?"

"네, 그야말로 초감각을 일깨워야 합니다."

"그러면 정말로 정신집중 훈련이 되겠네요?"

"그냥 수양이려니 생각하고 합니다. 보통의 자세로는 못합니다. 글씨를 쓰는 마음의 자세를 잡는데도 여간 힘들지 않습니다."

"스님들이 화두를 세우는 것만큼이나 집중을 해야겠습니다."

"나를 잊는 경지까지는 가야합니다."

"대단하십니다."

"스님, 그런데 혹시 궁금한 것이 있습니까? 감추지 말고 말해보세요."

"아, 우리 절에 다니는 어느 분이 인연이 어떤지 알아봐 달라는데,

저는 스님이니 운명을 볼 줄 몰라서요."

"그래요? 생시를 말씀해 보세요."

"여기요." 금정이 2개의 생년월일을 내밀었다.

"나이 차이가 제법 있네요."

"10살 차이가 넘지요."

"남자는 화개살華蓋殺이 있는데, 혹시 도반이십니까?"

"많이 수행하지요."

"문창성文昌星이 비추니 학문 또한 뛰어나서 만인에게 칭송을 듣겠습니다."

"글도 좀 읽을 줄 아는 사람이지요."

"여자는 암록暗祿이 많으니 부모로부터 물려받는 재산이 아주 많겠습니다."

"둘의 관계는 어떻습니까?"

"년 월 일 시, 모두가 합이 되니 보통의 사이가 아닙니다."

"어느 정도입니까?"

"아마 이 두 사람은 서로 모르는 사이라도 옆에 있기만 해도 끌리게 될 것입니다."

"나이 차이가 많은 데도요?"

"하이고 스님, 이런 사주는 나이, 국적, 집안 이런 것은 아무런 문제가 되지 않아요. 함께 일을 하면 모든 일이 순조롭게 풀리고 발전하는 궁합입니다. 명리학에서 이런 관계는 서로에게 병이 생겼을 때 합방을 하면 병이 나을 수도 있고, 부부라면 죽음 이후에도 함께 할 인연이라 하지요. 한마디로 기가 막힌 궁합입니다."

"그 정도입니까?"

"예, 예전에 자주 다니던 찻집이 있었는데 찻집여사장이 나한테 얼마나 잘해주던지 하도 이상하여 그 여사장의 사주를 보니 나하고 이런 합이 있더라고요."

"그래서 그 여사장하고 좋은 일이 많았습니까?"

"무슨, 아무리 좋아도 나도 나름 수행을 하는데요. 그냥 이렇게 좋은 인연도 있구나 하고 넘겼지요."

"그런 사주를 가진 부부가 많습니까?"

"아닙니다. 30년을 넘게 이 일을 하고 있지만 한손에 꼽을 정도입니다."

"그래요? 뜻밖이군요."

"내 생각에, 좋은 인연의 부부가 그렇게 적다는 것은 사람으로 태어나는 이 세상은 전생에 지은 업보를 닦는 수행의 공간이지 행복을 즐기러 오는 열락의 장소는 아니기 때문인 것 같습니다."

"마치 스님처럼 말씀하시는군요."

"그분들에게 전해주세요. 너무 좋은 인연이라고."

황교수에게 고백하다

황교수는 벌써 유향에 대한 금정의 마음을 눈치 챘지만 모르는 척 그냥 지켜만 보고 있다. 언젠가 신분 때문에, 나이 때문에, 국경 때문에 사랑하는 사람이 헤어지는 것보다 이 모든 것을 극복한 사랑이 어쩌면 더 참다울 수 있다고 금정에게 말했다. 그러면서 자기도 그런 사랑이 오기를 내심 기다린다고 했다. 누구나 나이가 들면 몸은 늙었지만 마음은 청춘이라고 한다. 다시 사랑이 찾아오면 청춘의 시기보다 더 찬란한 사랑을 할 수 있다고 마음속으로 자부하지만 많은 조건들 때문에 대부분 그런 희망들은 그야말로 희망사항으로 끝난다.

선을 바라보는 황교수는 자신보다 10년 정도 아래인 금정이 차츰차츰 유향에 매료되어가는 것을 보고, 승려가 저래도 될까? 둘은 많은 조건이 맞지 않아 절대로 이루어질 수 없는 사이인데, 저렇게 서로 이끌려도 괜찮은 것인가? 하는 시선으로 금정을 바라보고 있는 것 같았다. 금정과 유향이 어두운 밤 교내를 다정하게 걸어가는 모습을 발견하기도 했고, 학생들이 모두 같이 만날 때 두 사람의 눈빛교환이 남달랐음을 알아차리기도 했다. 그런데도 황교수는 자꾸 유향과 금정이 함께하는 자리를 만들려고 했다. 그의 가슴도 아직 뜨거워서인지.

가을이 깊어 낮의 길이가 짧아졌다. 5시만 되어도 저녁이 온 것으로 착각할 만큼 사람들이 서둘러 하루의 일상을 마무리하려고 재촉하는 계절이다. 이제 중국학생들이 한국에서의 마지막 학기를 갈무리하는 시간도 한 달 밖에 남지 않았다. 금정이 황교수의 연구실을 찾았다.

"스님, 어서 오세요. 타종식 이후 간만에 뵙는 것 같습니다."

"그렇군요. 시간이 많이 빠르네요."

"지금도 중국어 공부 열심이지요?"

"조금씩 하고 있습니다."

"유향은 여전히 잘 도와드리고 있지요."

"네, 졸업준비에 바쁜데도 약속한 시간은 어기지 않습니다."

"참 고마운 학생이네요. 한국학생들은 통학버스를 타야 된다, 알바를 가야 된다, 요 핑계 조 핑계 대면서 다 도망가는데."

"네, 고마운 학생입니다."

"스님, 그런데 이제 얼마 남지 않았네요."

"뭐가 말입니까?"

"중국학생들은 논문발표가 끝나면 다들 중국으로 돌아갈 것인데요."

"그래요. 언제 논문발표가 있습니까?"

"졸업사정 전에 행정적 절차를 끝내야 하니 한 달 정도 남았네요."

"정말로 얼마 남지 않았네요. 황교수님이 보시기에 이번에 논문심사에서 탈락할 학생들 있습니까?"

"현재까지 진행되는 상황으로 보아, 일부 한국어가 부족하여 염려가 되는 학생들도 있었지만 다들 열심히 해서 학과 교수님들의 대체적인 의견은 모두 졸업을 시키자는 방향입니다."

"이번 학생들은 참 성실하고 공부도 열심히 하더니 다들 무사히 제때에 졸업하게 되었네요."

"네 그렇습니다. 혹시 맘에 안 드는 학생 있으면 말씀하세요. 한 학기 더 다니게 하겠습니다. 유향을 한 학기 더 다니게 만들까요?"

"교수님도 참."

"하하하 농담입니다."

"여전하십니다."

"금정스님"

"예?"

"서운하지 않으세요."

"뭐가 말입니까?"

"저도 그렇지만 스님도 학생들하고 정이 들었을 것인데."

"지난번에 우리 스님들은 정을 주지 않고 자비를 베푼다고 했지 않습니까?"

"스님 올해 세수가 얼마세요?"

"그런 것 왜 묻습니까. 스님들은 그런 것 중요하지 않습니다."

"말씀해 보세요."

"저보다 나이가 많아서 저보고 하대하려고 그러세요?"

"저는 아무리 젊은 사람에게도 하대를 잘 하지 않습니다."

"몇 년 뒤엔 4학년입니다."

"아직 완전 꽃띠시네요."

"꽃띠는 무슨 … "

"그 나이면 아직 새파란 청년이지요. 그런데 저 보다 5살 더 먹은 분들도 저보고 새파란 청춘이라고 합니다. 그만큼 시간이 유수 같고 나이 먹음이 서럽다는 뜻이겠지요. 스님 나이에는 아직 그런 것 생각할 나이가 아닙니다."

"중국학생들은 졸업식 때 다시 오지 않습니까?"

"글쎄요. 웬만하면 졸업식에는 오겠지요."

"중국의 대학에는 입학식, 졸업식이 한국처럼 중요하지 않습니다. 그래서 졸업식 행사에 참석하지 않고 졸업증서만 가지고 가기도 합니다."

"그래요? 스님, 유향이 오지 않으면 어쩌지요?"

"아까부터 왜 자꾸 유향을 말합니까?"

"스님이 좋아하는 것 같아서 그럽니다."

"그런 것 없습니다. 신경이 좀 쓰이기는 하지만 … "

"거봐요. 신경 쓰시잖아요. 저는 그것을 이상하게 생각 안 해요."

"무슨 말씀을 … "

"우리 교수들도 좋아하는 학생들이 있어요. 표내지 않아서 그렇지.

사람인데 별 수 있습니까. 스님들도 수행을 한다지만 사람 아닙니까.
왜 가슴이 없겠습니까. 그렇지 않습니까?"

"북 치고 장구 치고 다 하시네요."

"병도 주고 약도 줍니다."

"허헛 참."

"스님, 스님들은 정말로 사랑을 하지 않습니까? 자비 그런 것 말고
이성과의 사랑 말입니다."

" ...... "

"제가 알기로 옛날에는 스님들도 결혼을 하는 전통이 있었고, 지금
도 몇몇 종파는 가정을 이루고 살던데요. 어쩌면 그것도 괜찮을 것이
란 생각이 들어요. 억지로 자신을 억누르는 것보다 자연스럽게 발산
하는 것이지요."

"결혼을 하게 되면 아내와 자식이 생기고 그러면 아무래도 다른 사
람을 객관적으로 보기가 어렵겠지요. 그럼 애정의 집착이 생기고 결
국 자신에게 집착과 탐진치가 생겨 수행이 수포로 돌아갈 수도 있습
니다."

"옛날에 원효스님도 요석공주와 합방하여 설총을 낳았고, 최근에
돌아가신 성철스님도 결혼하여 일엽스님을 자식으로 두지 않았습니
까. 청담靑潭스님도 후사를 본 것으로 압니다."

"그분들과 어찌 비교할 수가 있겠습니까. 그렇게 본다면 부처님도
결혼을 했으니 상관없다고 할지 모르나 대부분은 대각을 이루기 전의
일입니다. 그리고 경계를 벗어날 정도로 깨우침이 있다면야 결혼이
대수이겠습니까?"

"그럼, 스님도 크게 깨쳐서 경계를 벗어나면 되지 않습니까?"

"저는 아직 많이 모자라서 수행을 더 쌓아야 합니다. 40년 장좌불와를 하신 무주無住스님이 말씀하셨습니다. '도인인지 아닌지는 그 사람의 행동으로 알 수 있다고, 행동에서 자기에게 걸리고, 음욕에 걸리고 또는 유위적이고 상대적인 것에 걸리면 스스로 도인이라 칭해도 도인이 아니다.' 저는 저를 되돌아 보건데 참으로 스님의 껍데기를 걸친 속물이었나 봅니다."

"무슨 그렇게 심한 자책의 말씀을 하십니까? 스님은 아니라고 하시겠지만 제 눈에 비친 스님은 자비심이 많지만 사랑도 많은 스님입니다. 특히 유향을 향한 사랑은 보통이 아니라고 생각합니다. 스님이 부처님을 만나고 스님이 되었고, 유향을 만나서 한 남자임을 느낀 것이 매우 자연스런 인연이라고 하면 해괴하게 들릴지는 몰라도, 그냥 그렇게 인연의 강물이 흘러왔다고 여길 수만 있다면 그 또한 진실이 아니겠습니까. 다만 강물이 흘러간 뒤에도 스님이 계속 그 기억에 매달려있다면 슬픈 일이지만요."

"지금 저는 이러지도 저러지도 못하고 그저 시간이 흘러가길 기다리고 있습니다. 조금 있으면 그 강이 흘러가지 않겠습니까. 강물이 흘러간들 잊을 수 있을까요?"

"스님이 저한테 그렇게 말씀하시니 가슴이 짠하네요. 사실 누구든 이성을 향한 마음을 통제한다는 것은 아주 힘들지요. 사랑을 위하여 왕자의 지위도 던지고, 대통령이 몰래 연인을 만나러 오토바이를 타고 줄행랑을 치기도 하지요. 사랑하는 마음을 감추고 그저 반갑게 '안녕'하고 인사말만 하는 것부터, '사랑해' 드러내고 좋아한다는 말까지 정도의 차이는 있지만 다들 사랑의 감정을 표시는 하지요. 거절당할까봐 두려우십니까?"

"……"

"스님, 조선시대 우리나라 최고의 지성이 누구입니까?"

"이황, 이이, 조광조 뭐 대충 이 정도 아닙니까?"

"그렇지요. 그분들은 도학道學이라 하여 거의 종교인에 가까운 수행을 견지했던 인물들이지요."

"그렇기는 합니다만."

"제가 얼마 전에 최인호선생이, 이황선생을 주인공으로 쓴 『유림』을 접했습니다. 6권짜리인데 너무 재미있어서 1권부터 6권까지 단숨에 읽어 버렸습니다."

"내용이 얼마나 좋아서 단숨에 읽었습니까?"

"다들 퇴계 이황선생하면 점잖은 선비의 표상으로 생각하지 않습니까. 그런데 그분이 초로의 나이에 20대인 두향杜香이라는 아가씨와 겪는 사랑이야기가 지금의 제 나이의 사람이라면 누구나 꿈꾸는 그런 사랑을 했던 것이지요."

"두향은 아마 기생이거나 노비였던 것 같습니다. 과거에는 양반들이 신분이 낮은 사람들을 자기 마음대로 하는 제도가 있었잖습니까."

"그렇게 말씀하시면 재미없지요. 제가 말하는 것은 사회적 신분, 나이와 같은 모든 제약을 넘어선 진정한 사랑을 얘기하는 것입니다. 단 하룻밤의 사랑으로 이황선생과 두향 두 사람 모두 죽을 때까지 가슴속에 간직한 성스러운 사랑이었습니다. 스님이 지금 유향에 대해 고민하는 그런, 제약을 초월한 순수한 이성간의 사랑이 나이가 들수록 새롭게 느껴지더라는 것입니다."

"그것은 최인호선생의 생각이지 이황선생의 진짜 생각이라고 보기 어려울 것 같습니다. 설사 그것이 사실이라도 이황선생은 이황선생이고 저 금정은 금정입니다. 이황선생이 아무리 도학에 경지가 높으셨어도 제가 추구하는 불도의 길과는 다릅니다. 저는 어째든 빨리 극복해야 합니다."

"아, 알았어요. 저는 스님이 유향에 대한 번민이 강하다고 강박관념에 빠질 필요는 없다고 생각합니다. 우리 인체의 모든 장기는 통하는 구멍이 있어야 우리가 살아갈 수 있듯이 생각도 닫히지 않고 소통을 해야 한다고 봅니다."

"제가 강박관념을 가졌다는 것은 아닙니다. 그냥 번민에 빠진 것이지요."

"비슷한 것 아니겠습니까."

" …… "

"스님, 저는 이번 학기가 끝나기 전에 중국학생들과 마지막으로 여행을 가려고 합니다. 이황선생의 이야기가 있는 도산서원에 갈까 합니다. 우리 문화의 중요한 핵심지이기도 하고, 천원지폐에 나오는 곳이니 학생들의 호기심도 풀어줄 수도 있을 겁니다. 저는 개인적으로 이황선생의 사랑을 찾아보려고요. 스님도 생각을 환기시킬 겸 같이 가지 않으시겠어요. 너무 먼 길이어서 저 혼자 운전하기도 부담이 됩니다."

"상황을 보겠습니다."

"가능하면 도와주세요. 시간이 되면 가까이에 있는 영주 부석사에도 들릴 생각입니다. 이곳 서산 부석사와 창건설화가 같지 않습니까."

"좋은 계획이네요. 가능하면 저도 가고 싶습니다."

마지막 여행, 도산서원과 영주 부석사

안동으로 가는 길은 간단하지가 않다. 경북 북부지역은 충청도에서 곧바로 뚫린 고속도로가 없어서 지도상의 거리에 비해서 시간이 많이 걸린다. 서산에서 대전을 거쳐 다시 상주까지는 고속도로를 이용할 수 있지만 그 다음부터는 꾸불꾸불 국도를 타고 가야하는 매우 먼 여정이다. 황교수에게는 장시간 혼자서 운전을 해야 하는 여정이 될 수 있어서 금정의 도움이 반드시 필요했다.

아침 일찍 출발했는데 날씨는 더 없이 좋았다. 석문정과 동비는 졸업논문에 미진한 부분이 많아서 시간이 안 된단다. 그래서 모두들 여유 있게 차를 탈 수 있었다. 차량 오디오에서 감미로운 음악이 흘러나와 여행의 기분을 돋구어준다.

충청도를 벗어나 경상도 지역에 들어가니 산이 높아지고 하늘도 더 높아지는 것 같다. 산과 들판을 가로지르는 꾸불꾸불한 강과 개울을 따라 이어진 풀들이 우거진 곳에는 이미 색이 누렇게 변한 억새들이 실낱같은 바람에도 솜사탕처럼 새하얀 손을 일렁이며 일행을 맞는다. 가을 하늘을 담고 흐르는 개울물은 날씨가 차가워져서인지 더 맑아 보인다. 안동시내에 도착해서, 내륙지역인 이곳과는 선뜻 어울리지 않는 매생이국으로 점심을 때우고, 다시 핸들을 북쪽으로 돌려 소나무가 우거진 꼬불꼬불한 도로를 달려 거의 5시간이나 걸려 도산서원에 도착하였다.

도산서원 앞은 안동댐의 영향으로 호수가 되어있다. 서원 100여 미터 앞, 누각이 있는 호수 안의 작은 섬은 서원을 지키는 문지기 형상을 하고 있다. 조선 정조 때 이곳에서 이황을 기리기 위한 과거시험이 있었음을 기념하여 세운 비석 시사단試士壇이 있는 곳이다.

한학의 고향답게 한학에 조예가 깊은 전직 공무원 출신 문화해설사로부터 도산서원에 대한 설명을 듣고 서원으로 들어가려는데 서원 앞 너른 공터가 갑자기 시끄러워졌다. 소리가 나는 곳에서 류찬이 나무에 올라가 내려오지도 못하고 어쩔 줄 몰라 하는데 황교수는 류찬의 뒤에서 약만 올리고 있었다. 활달한 성격의 류찬이 나무에 오르면 재미있을 것 같아서 옆으로 길게 뻗은 가지에 올라갔는데 막상 나무에 올라가니 나무 밑에서 보던 것과는 달리 무서워서 당황해 하는 것을 황교수와 학생들이 보고는 재미있다고 깔깔거리고 있었던 것이다. 문화해설사가 신성한 장소에서 이러면 안 된다며 빨리 내려오기를 재촉했다.

금정도 이전에 여기에 온 적이 있었다. 그때는 봄이어서 꽃을 피운 매화향이 좋았다. 매화 가지에 코를 가져다 보았다. 꽃도 떨어지고 잎도 모두 떨어져 앙상한 가지만 남았지만 봄철 농염했을 매향을 아직 간직하고 있는 듯했다. 언젠가 매화가지 밑을 통과해 오던 여인이 있지 않았던가? 금정이 기억을 끄집어내려는데 황교수가 그를 이끌고 마당에 있는 우물로 갔다. 우물의 이름이 열정列井이다. 『유림』에서 이 우물은 퇴계선생 지식의 샘이면서 두향을 향한 뜨거운 가슴을 식혔던 곳이라고 했다. 작가가 임의로 의미를 부여했을지 모르지만 그 이름을 보니 퇴계 마음의 열정이 전해지는 것 같기도 했다. 우물 안을 들여다보았다. 물을 퍼 올리는 두레박이 없다. 금정은 마음으로 퍼 올려

목을 적시고 가슴을 식혀보았다. 오히려 눈앞의 유향을 제대로 쳐다보지도 못할 정도로 마음이 심란해졌다.

유향은 학생들과 어울려 서원으로 들어가는 돌계단을 오르고 있었다. 돌계단 옆 정원에는 제법 큰 개화나무들이 있다. 황교수는 금정과 함께 학생들을 따라 서원으로 들어가다 정원에 심어놓은 매화나무를 가리키며, 소설에서 이황선생은 두향이 보낸 매화분재를 열정에서 퍼올린 우물물로 두향에게 물을 주듯이 정성스럽게 매화에게 물을 주며 어디를 가든 평생 옆에 두고 아꼈다고 말했다.

간절한 만큼 어색해서인가. 금정은 서원 내를 관람하면서 일행과 간격을 두고 떨어져 배회를 하며 유향의 곁에는 가지도 못했다. 이러한 그의 마음을 눈치 챈 것인지 유향도 알 수없는 표정으로 그를 쳐다만 볼 뿐이었다. 장난을 좋아하는 황교수가 평소보다 더 활달하게 학생들과 어울리고 유향에게도 과한 스킨십으로 장난을 치는데 이것이 금정에게는 오히려 빨리 마음을 정리하라고 시위하는 것처럼 보였다.

문화해설사로부터 친절하게 안내를 받아 서원내부를 둘러본 일행은 휴식을 취할 겸, 퇴계선생이 생전에 가장 좋아했다는 선비적 검소함의 극치를 보여주는 단출한 3칸짜리 '도산서당' 마루에 앉았다. 마루에 앉아 피로한 다리를 주무르고 있는데, 황교수가 금정을 부르더니 호주머니에서 종이 몇 장을 꺼내어 주었다. 펴보니 한자로 된 시가 몇 수 보였다. 무엇이냐고 물으니『유림』을 읽다가 그곳에서 나오는 좋은 시를 적어왔다는 것인데 자기는 모르니 학생들과 함께 읽고 해석해 보라는 것이었다.

雪母屛風燭影深 운모 병풍 앞 촛불그림자 깊어만 가고

長河漸落曉星沈 은하수 너머 새벽별 기울어 갈 때

嫦娥應悔偸靈藥 항아는 영약을 훔친 일 후회하고 있으리

碧海靑天夜夜心 푸른 밤바다 홀로 지새우는 마음

두향의 마음唐 李商隱의 시

脫却紅塵一萬重 붉은 티끌 일만 겁을 초연히 벗어나

來從物外伴濯翁 속세 아닌 이곳 찾아 이 늙은이와 벗하니

不緣好事君思我 일을 좋아하는 그대가 나를 생각하지 않았더라면

那見年年氷雪容 빙설같은 그 얼굴 어찌 볼 수 있으리오

이황의 마음

轉輾寒衾夜眼 鏡中憔悴只堪憐

찬 자리 팔베개에 어느 잠 하마 오리 무심히 거울 드니 얼굴만 야윗고야

何須相別何須苦 從古人生未百年

백년을 못사는 인생 이별 더욱 서러워라

두향의 절창絶唱

黃券中間對聖賢 옛날 책 속에서 성현을 만나보며

虛明一室坐超然 비어있는 방안에 초연히 앉았노라

梅窓又見春消息 매화 핀 창가에서 봄소식 다시 보니

莫向瑤琴嘆絶絃 거문고 마주앉아 줄 끊겼다 탄식마라

이황의 마음

考槃在澗碩人之寬 즐겁게 골짜기에 숨어 지내니 큰 사람의 너그러움이라

兼假蒼蒼白露爲霜 갈대는 우거지고 흰 이슬 서리되었네

所謂伊人在水一方 사랑하는 우리 님은 강 건너에 산다네

碩人之寬遡廻從之 님의 마음 그리워라 물굽이를 건너자니

道阻且長遡遊從之 험한 길 멀기도 하여라 넓은 여울로 건너자니

宛在水中獨寐寤言 강 가운데 멎겠구나 홀로 잠들고 홀로 말하니

永矢勿暄永矢勿暄 이 뜻을 영원히 잊지 않으리

두향의 마음

待公歸去發天香 임이 돌아간 뒤에 천향을 피우리라

願公相對相思處 원컨대 임이시여 마주앉아 생각할 때

玉雪淸眞共善藏 청진한 옥설 그대로 함께 고이 간직해 주오

이황의 노래

一點孤墳是杜香 외로운 무덤하나 두향이라네

降仙臺下楚江頭 강 언덕 강선대 그 아래 있어

芳魂償得風流價 어여쁜 이 멋있게 놀던 값으로

絶勝眞娘葬虎丘 경치도 좋은 곳에 묻어 주었네

수촌水村 이산해李山海의 두향 찬시

死別已吞聲 죽어 이별은 소리조차 나오지 않고

生別常惻惻 살아 이별은 슬프기 그지없어라

이황의 마음杜甫의 시

금정이 중국학생들과 소리 높여 시를 읽는데, 그의 눈에는 눈물이 흐르고 가슴에는 피멍이 들어 괴로워하는 것 같았다. 유향은 느끼고 있을까?

도산서원을 관람하고 난 후 일행은 영주 부석사로 향했다. 부석사 근처에 이르니 해가 서쪽으로 많이 기울어 곧 저녁이 될 것 같았다. 황교수는 학생들에게 이곳 영주 부석사는 금정이 있는 서산 부석사와 같은 전설을 공유하고 있으므로 꼭 보고 가야 한다고 했다.

668년 고구려가 망하고 몇 년 후, 통일신라 왕실은 북쪽 변경이었던 이곳 봉황산에 절을 지어 이 지역에 많이 거주하던 고구려 유민들을 화엄불교로 통합하기 위하여 의상으로 하여금 절을 짓게 하였다. 하지만 이곳에 자리 잡고 있었던 기존의 종파와 고구려 유민들의 반발에 사찰 건립이 쉽지 않았는데 용이 된 선묘낭자의 도움으로 676년 무사히 절을 지을 수 있었다는 이야기가 부석사의 창건설화이다.

금정은 생각했다. 의상과 선묘의 이야기가 조국을 잃어버리고 상심한 고구려 유민들을 신라의 백성으로 교화할 목적이었다면 당시 통일신라 왕실은 같은 이유에서 백제의 유민들을 교화 통합할 목적으로 백제부흥운동의 기운이 강했던 서산지역에도 의상과 선묘의 사랑이야기를 이용하여 절을 세웠을 수도 있는 것이다. 중국과 지리적으로 훨씬 가까워 어쩌면 의상이 마음에 두었던 장소라고 사람들에게 더 설득력 있게 말할 수도 있다. 물론 이곳 이외에도 왕실 또는 당시의 불교계에서 화엄사상을 이용한 백성통합의 노력으로 제3, 제4의 부석사 창건을 시도했을 수 있고, 이후 성덕대왕신종과 같은 불사를 통해서 지속적으로 왕실의 위엄을 높이고 백성의 통합을 위한 노력이 이루어졌다고 상상할 수 있는 것이다. 의상과 선묘의 전설이 전래되는 가장 대표적 사찰이 이곳 영주 부석사인데 같은 부석사 명칭을 사용하는 서산 부석사에 있는 금정 자신과 유향이라는 중국 여인의 인연을 생각하니 감회가 새롭지 않을 수 없다.

일행은 먼저 무량수전에 들어가 금정의 인도에 맞추어 간단한 예의를 갖추었다. 학생들은 호상이 매우 원만한 부석사의 아미타불 앞에서 각자의 소원을 빌었다. 유향도 무언가를 열심히 빌었다. 황교수가 학생들에게 이 부처님은 기도를 하는 사람들이 서방정토를 향하도록 동쪽으로 앉아있는데 서쪽은 여러분의 고향 방향이니 부모님을 위하여 다시 한 번 기도하라고 하자 다들 다시 3배를 하였다.

황교수가 학생들을 이끌고 부석사의 이곳저곳을 다니며 설명하는 동안 금정은 무량수전의 기둥에 몸을 기대어 의상대사와 선묘를 생각했다. 만약 의상대사가 선묘의 애정을 거절하지 못하고 환속을 해버렸다면 어떻게 되었을까? 의상과 선묘는 부처님 일을 방해하는 마군이 되었을까? 아니면 그래도 전심전력 불교발전에 공헌하여 진정한 사랑의 주인공이 되었을까?

무량수전을 뒤로하고 나오니 날이 어둑어둑해지려고 한다. 얼마 남지 않은 낮의 끄트머리 시간을 이용하여 바위에 앉거나 나무에 기대어 사진을 찍기도 하면서 바삐 추억을 담고 있는데, 어느새 저녁 예불 시간이 되었는지 스님들이 분주히 왔다갔다 했다. 두 스님이 안양루에 올라가 큰 법고 앞에서 자세를 잡고 섰다. 금정이 스님들에게 중국 학생들과 함께 왔다는 것을 이야기하고 특별히 멋지게 북을 치는 모습을 보여 달라 하였다. 스님들이 법고를 치기 위해 정립하고 황교수와 일행도 자리를 잡고 있기를 5분, 무량수전에서 법당종이 땡땡 하고 울렸다. 이 소리를 받아 법고 앞에 서 있던 한 스님이 끝이 휘어진 나무막대기로 북 옆에 걸린 운판을 땡땡 하고 쳤다. 그러자 곧이어 다른 스님이 양손에 40센티 남짓한 두 개의 막대기로 법고의 중심부를 두두둥! 두두둥! 하고 짧고 강하게 치니 순간 일행의 가슴도 두두둥! 두두둥! 거렸다. 잠깐의 정적이 흐른 후 스님은 법고의 가죽울림부위와 나무틀을 번갈아 치며 내는 소리가 처음에는 쿵!탁! 쿵!탁! 하다가 나무틀에 쇠가죽을 고정시키기 위해 가장자리에 빙 둘러 박아놓은 둥근 못대가리를 촤라락! 촤라락! 하고 서너 번을 훑었다. 점점 휘몰아치는 북소리는 북을 치는 스님의 흥에 따라 갖가지 리듬을 가진다. 춤을 추는 듯한 한 차례의 북사위가 끝나고 옆에 대기하던 다른 스님이 교대로 법고를 치는데 이번에는 느리고 빠름이 전혀 다르다. 둥! 두둥 둥! 두두둥 둥둥! 두두두두둥 두둥! 두두두두두 둥둥! 그리고 마지막으로 나지막히 두두두두두 … 하며 한없이 작아지는 북소리는 어떤 연극무대의 장막을 드리우는 것처럼 다시 정적을 불러왔다.

10여 분, 가슴을 울리는 법고 연주가 끝나고 북을 친 스님들이 인사를 하며 일행에게 듣기에 좋았으면 박수를 쳐달라고 했다. 모두 크게 박수를 쳐주었다. 금정의 옆에서 유향도 박수를 치며 말했다. "정말로 좋았어요." 황교수와 함께 법고 연주를 지켜보던 류찬은 연주 내내 카메라에 동영상을 담았다.

법고연주가 끝나니 날은 어두워져 노을을 펼치는데 부석사 앞에 장엄하게 펼쳐진 산맥들이 붉은 황혼의 하늘을 가르며 남으로 달려 간다.

금정은 황교수가 이렇게 시간을 내어 중국학생들에게 살아있는 한국문화를 체험케 해주는 것은 진정한 교육이라고 생각했다. 도산서원에 스민 이황선생의 체취, 가슴을 울리는 부석사의 북소리, 무량수전의 아미타 부처님의 원만한 호상은 절대로 강의실에서 찾을 수 없는 것들이다. 학생들이 현장에서 직접 느낀 이 인상들은 그들에게 '한국에 왔었다'라는 기억을 영원히 간직케 해주는 것이다.

돌아오는 길, 금정은 황교수를 대신하여 운전대를 잡았다. 모두들 차에 오르자마자 먼 여행길에 지쳐서인지 곤히 잠들었다. 유향도 조수석에서 곤히 잠들었다. 황교수는 유향에게 조수석 자리를 내주고 차의 맨 뒤 칸에서 의자를 크게 젖히고 학생들과 같이 잠이 들었다.

유향은 잠을 자다가 자세가 불편한지 몸을 뒤척이더니 다시 잠이 들었다. 금정은 생각했다. 이렇게 영주 부석사까지 함께 오게 되고 정말 어떤 인연인가? "대사님. 저는 화엄의 세계가 무엇인지는 알지 못하지만, 그것이 한 여인에 대한 사랑보다는 천배, 만배 큰 것임은 어렴풋이나마 짐작합니다. 대사님의 뜻을 거스르고, 나아가실 길을 어지럽히려는 것이 아닙니다. 다만 저의 벗어던질 수 없는 이 애착 또한 그만한 인연이 쌓인 까닭일 테니, 이 생애에서 대사님께 귀의하여 불법으로 구원받으려 합니다. 부디 탓하지 말아주십시오"라고 소설가 김정현 선생이 의상을 향한 선묘의 절절한 심정을 묘사한 것처럼, 어쩌면 과거 선묘의 청을 물리치고 귀국길에 올랐던 의상의 깨달음 과정에서 떨어져 나간 상념의 일부가 지금의 자신으로 태어나, 그 여인을 버린 업보로 이 번뇌를 겪어야 하는 인연이 아닐까라는 생각이 들 정도였다. '아! 무릇 세상인연이란 이유 없는 것이 없는가 보다.'

유향에게 선묘의 인연이 실렸든 아니든, 금정이 의상의 상념의 찌꺼기이든 아니든, 그 가슴속 애욕이 마군이든 아니든 한마음 일순에 없앨 수야 없겠지만 이제 더 이상 업을 쌓을 수는 없는 노릇이다.

금정은 다짐했다. 이번 여행은 학생들과의 마지막 여행이다. 영주 부석사에서 끝을 맺다니 참으로 묘하다. 운명처럼 다가온 인연이었지만 이제 그 인연은 다시 원래의 자리로 돌아가고 있는 것이다. 아마 다시는 볼 수 없을지 모른다. 금정은 새로운 시간의 강을 건너갈 것이다. 어두운 밤 전방을 응시하는 그의 눈에서 별빛이 흘러내린다. 큰 한숨을 내쉬고는 어금니를 깨문다. 금정은 무엇을 결심한 걸까?

단 한 번 그의 품에 안겨 사랑한다는 말만 할 수 있어도
이렇게 괴롭지 않을 것인데.

您送我紅紅薔開 님이 주신 붉은 장미 더욱 활짝 피어나고

금정이 번민으로 힘이 들어 가급적이면 외출을 삼가고, 행여나 유향과 부딪힐까봐 학교조차 가지 않고 있으니 황교수가 졸업식 전날 그가 어떻게 지내나 궁금했는지 부석사로 갔다.

"금정스님, 많이 바쁘세요. 요즘은 정말 뵙기가 어렵습니다."

"네, 학기가 끝나고 겨울방학을 이용해서 어디를 좀 갔다 오고 공부할 것이 있어서 그동안 짬이 없었습니다."

"내일 졸업식입니다."

"아, 그래요. 시간이 참 빠르네요. 벌써 졸업이라니."

"같이 여행을 다녔던 학생들이 한 명의 낙오도 없이 이번에 모두 졸업합니다."

"석문정은 졸업하는데 어려운 점이 없습니까?"

"간신히 해결이 되었습니다. 내일 시간이 되겠습니까?"

"어떡하지요? 저는 내일 서울 총무원에 가서 결제를 받아야 할 일이 있어서 어렵습니다."

"유향이 스님을 기다릴 텐데요."

"중요한 결제라서 어쩔 수 없어요. 대신 축하한다고 전해주세요."

"그럼, 아이들에게 꽃이라도 사서 주세요. 제가 전달하겠습니다."

"9명이면 꽃값도 상당하겠는데요?"

"어차피 하루 쓰고 버릴 것이니까 한 송이씩만 사서 마음만 전해주세요."

"한 송이는 너무 야박하지 않을까요?"

"아닙니다. 더 뚜렷하겠지요."

"그래도 … "

"정 그러시면 부족한 부분은 제가 따로 보충하겠습니다."

"알겠습니다. 여기는 시골이라 꽃집에 꽃이 많을지 모르지만 같이 나가 보지요."

꽃집에 가니 주인아주머니가 금정을 반갑게 맞는다.

"스님 꽃 사시게요? 보살님 보내시지 않고 직접 오셨어요?"

"절에 쓰려는 것이 아닙니다."

"그럼요? 누구 축하할 일이 있나요?"

"요즘 꽃 가격이 비싸지요?"

"그렇지요. 얼마 전 폭설에 꽃 주산지 하우스가 몽땅 내려앉아 꽃값이 금값이고, 지금은 졸업시즌이라 말하기도 겁나요."

"혹시 한 송이씩도 팔아요?"

"네? 스님도 참, 웬 한 송이래요?"

"우리 스님들 주머니가 그렇지요 뭘. 하하"

"그래도 좀 그렇다 스님, 내 싸게 드릴게요. 작은 다발로 하나 하세요."

"아닙니다. 9명에게 주어야 하니까요. 포장비용은 따로 드리겠으니 한 송이씩 9개로 나누어 싸주세요."

"알았어요. 그럼 안개꽃은 제가 덤으로 드릴게요."

"무슨 색이 좋을까요?"

"황교수님, 무슨 색이 좋을까요?"

"글쎄요. 노랑, 빨강, 흰색 … 아! 진실한 사랑과 의리, 학생들과의 의리를 생각해서 보라색이 어때요?"

"보라색 요? 아주머니 보라색 있어요? 보라색 장미라면 더 좋구요."

"서울 같은 곳에는 보라색 장미가 있긴 한데 여기는 …"

"그럼 다른 꽃은 요?"

"어디보자 있긴 있는데 이름은 잘 기억이 나지 않네요."

"비단향꽃무입니다. 어떤 역경에도 변하지 않는 정성과 사랑을 뜻합니다." 황교수가 말했다.

"꽃말의 뜻이 참 좋네요. 그럼 그 꽃으로 각각 싸 주세요."

아주머니는 보라색 비단향꽃무 한 송이에 안개꽃을 옆에 두르고 예쁘게 포장하기 위해 한 묶음씩 탁자 위에 가지런히 놓는다.

"에고 스님, 보라색이 하나 모자라네요. 어쩌지요?"

"황교수님 어떡해요?"

"보통 빨간색도 많이 쓰이니 한 송이는 빨강으로 하시죠."

"좋아요. 빨강장미로 해주세요."

"빨간색도 이렇게 싸니 참 예쁘네요. 연인들 사이에는 빨간 장미가 제일이죠."

"아주머니 잠깐만요"

"왜요? 교수님도 사시게요?"

"한 송이는 아무래도 좀 거시기 하네요. 어울릴 수 있게 노란색으로 두어 송이씩 더해서 같이 싸주세요. 졸업하고 모두 부자 되라는 의미입니다." 아주머니가 막 꽃을 포장하려고 할 때 황교수가 더 추가해 달라고 했다.

"그럼 저하고 교수님하고 같이 꽃다발을 사게 되네요."

"그동안 여행도 같이 다녔는데 같이 사는 걸로 하지요."

"몇 송이 더 추가하니 보기에 훨씬 좋아 보입니다."

"그렇지요."

"황교수님, 학생들에게 제가 바빠 못가서 미안하다고 알려주고 이 꽃으로 대신한다고 전해주세요."

"염려마세요. 감사합니다."

시간은 참으로 빠르다. 중국학생들이 오고 2년이 눈 깜짝할 사이에 지났다. 황교수도 헤어진다니 가슴이 허전해졌다. 여행을 다니며 몸으로 부대낀 것이 정이 되었나보다. 황교수의 가슴에는 학생들에 대한 추억이 포도송이처럼 알알이 맺혀있다.

졸업식, 행사장은 졸업하는 학생들을 축하하기 위해 온 부모님들, 교수님들, 친구들, 후배들로 왁자하다. 중국에서 온 부모님들인 듯 간혹 중국어를 쓰는 어른들도 보인다. 졸업식이 끝나고 학생들을 찾으니 행사장 앞쪽에 9명이 나란히 앉아있다. 꽃다발을 전해주면서 금정 스님은 직접 오지 못한다고 말하니 학생들이 많이 아쉬워했다. 황교수는 빨간 장미가 있는 꽃다발을 유향에게 주었다. 단상 위에 옆으로 길게 걸린 축 졸업이라는 현수막을 배경으로 함께 졸업기념 사진을 찍었다.

"오늘 부모님 오신 학생 있나?"

"아무도 없어요. 중국에서는 졸업식이 그다지 중요하지 않아요." 유향이 말했다.

"그래도 좀 그렇다."

"교수님이 오셨으니 제일 좋습니다." 두아란이 말했다.

"여러분 무사히 졸업하게 된 것을 축하합니다."

"그동안 정말로 감사했습니다."

"다들 언제 중국으로 가나?"

"내일 갑니다." 류찬이 말했다.

"그렇게나 빨리, 어디 여행이라도 좀 더 하지 않고."

"교수님하고 다 다녔잖아요."

"가보지 못한 곳도 많은데."

"우리들끼리 따로 여행하기도 했습니다."

"그래, 비행기표는 예약했고, 짐들은 다 꾸렸니?"

"네."

"내가 인천공항까지는 못가지만 공항버스터미널까지 배웅해 줄께."

"감사합니다."

"교수님, 우리 안휘성 학생들은 비행기편이 달라서 따로 갑니다." 왕현이 말했다.

"교수님, 중국 우리 집에 꼭 오셔야 해요." 왕후란이 다짐을 받듯 황교수를 초청한다.

"저도 기다리겠습니다." 동비가 말했다.

"저는 북경에 새로 문을 연 사무실이 있어서 북경으로 갑니다." 석문정이 말했다.

"그래? 북경 사무실은 어떤 일을 해?"

"괴석, 옥돌과 같은 중국 전통공예품들을 취급합니다."

"전혀 몰랐는데, 언제 사업준비를 했어?"

"친구하고 같이 합니다."

"아무튼 성공하고, 북경에 가면 연락할게. 나이도 있으니 장가도 가고"

"결혼은 관심 없어요."

"교수님, 저는 배를 타고 갑니다. 상해에 가서 기차를 타고 갑니다."
두아란이 말했다.

"왜? 많이 번거롭지 않니?"

"비용 차이가 많이 납니다."

"그러면 유향, 류찬, 진철, 이문 4사람이 같이 가네?"

"네."

"아! 한국에서는 옛날부터 졸업식 때 짜장면을 먹는 전통이 있는데
오늘 여러분이 졸업을 하니 내가 축하하는 의미에서 짜장면을 살게.
어때?"

"좋아요!"

졸업식이 끝나고 마지막 한국에서의 밤, 유향은 잠자리에 누워 한
국에서의 생활을 되새겨 보았다.

2년이지만 추억이 너무 많다. 황교수님도 평생 잊지 못할 사람이
고, 금정스님은 영원히 잊지 못할 사람이 되었다. 그가 스님인 것이
아쉽지만 그것은 나 유향이 어찌할 수 없는 것이다. 오늘 졸업식에 오
지 않은 이유는 분명히 나보기가 힘들어서 일 것이다. 도산서원을 다
녀온 후 금정스님은 나의 전화를 받지 않고, 학교조차 오지 않는다.
바쁘다는 핑계조차 없다. 왜일까? 내가 금정스님의 마음에 큰 짐이 되

었나? 피차간에 사랑한다는 말도 않고, 그저 눈으로 느끼고, 꿈속에서나 만나 사랑을 나누었을 뿐이다. 황교수님의 말처럼 스님도 정말 나와 같이 꿈을 꾸었을까? 황산여행 중 꿈속에서 스님과 너무나 애절한 사랑을 나누어서 다음날 아침 그의 얼굴을 보기가 민망했는데 그도 나를 보더니 놀라는 것이 분명히 보였다. 나보다 더 놀라는 것 같았다. 아마 그도 내 꿈을 꾸었는지도. 그때 나는 그를 받아들일 마음의 준비가 되어있었지만 그는 스님의 신분 때문에 나를 원하면서도 받아들일 수 없었나보다. 나는 그에게 누구이고, 그는 나에게 누구인가?

내일 중국으로 돌아가면, 아버지가 사업을 물려주기에 적합한 남편을 정해놓고 결혼을 하라고 할 것이다. 나는 더 이상 부모의 뜻을 거역하면서 사랑을 구할 수 없다. 대학 때 만나 너무나 순수하게 사랑한 그 사랑도 이루지 못했는데. 지금 금정, 그는 나 이외에는 세상 어디에서도 용납할 사랑이 아니다. 손도 잡지 못했고, 가벼운 입맞춤도 없었는데도 내가 왜 그를 이렇게 사랑하게 되었는지 나도 모르지만. 만약에 그만 나를 원한다고 말하면 나는 아버지 회사의 후계도, 부모와의 절연도 할 수가 있는 심정이다. 그러나 중요한 것은 그가 부처님과 절연을 할 수 없다는 것이다. 이것이 서로가 말을 할 수 없는 이유이다. 누구하나 사랑한다는 말을 뱉는 순간 그 결과는 불을 보듯 뻔하다. 나는 어쩌면 절망감에 죽음을 선택할 것이고, 그는 나 때문에 평생을 괴로워하다 미쳐서 죽을 지도 모르는 것이다.

오늘 황교수님이 전해준 장미는 분명 그가 준 것일 것이다. 붉은 장미이다. 누가 선택한 것인지는 모르지만 붉은 장미의 꽃말은 사랑이라는 것을 나는 안다. 그가 선택했다면 괴로운 핏빛 사랑일 것이다. 도산서원에서 그가 시를 읽어줄 때 그가 사력을 다해 눈물을 참고 있

졸업 287_

는 것을 나는 보았다. 그는 괴로움에 아침저녁으로 차가운 물에 몸을 담그고 자신의 감정을 식히려고 했을 것이다. 저 장미가 시들지 않게 물이라고 주어야겠다. 내 마음도 식혀야겠다.

중국으로 돌아가는 길에 차가 뒤집히거나, 비행기가 추락하지 않는 다면 나는 부모님에게 유학을 무사히 마쳤음을 고하고 곧 결혼을 하고, 특별한 이유가 없으면 아이를 낳고 기르면서 일상의 삶으로 빠져 허우적거릴 것이다. 그 일상이 행복하든 하지 않든지. 이 가슴속에 박힌 인연의 멍에는 내가 죽음에 이를 때까지 괴롭히기도 하고, 달콤한 추억의 단물을 마시게 할 것이다.

밀려드는 가슴의 응어리를 달래려 심호흡을 내쉬며 나의 왼손을 끌어올려 가슴을 쓰다듬었다. 봉긋한 가슴이 느껴졌다. 남들보다 못난 가슴은 아니다. 대학 때 그 사랑은 처음 옷을 벗고 함께 침대에 누웠을 때, 처음에는 아기가 엄마의 가슴을 만지듯 하더니 이내 정신을 못 차리겠다며 그의 머리를 아예 내 가슴에 묻어버렸다. 아기도 아닌데 엄마의 가슴을 가지고 놀듯이 입으로 빨기도 하고 손으로 쥐고 장난을 쳤다. 나는 그가 분명히 성인인줄 알지만 마치 아기를 안듯 그를 두 팔로 포옹을 하기도 했다. 그 다음 그는 나의 배를 쓰다듬고, 나의 허리를 격렬하게 끌어안고는 솜사탕을 즐기듯 그의 입이 나의 온몸을 탐닉하고 다녔다. 아기였던 그가 어느새 내가 안길 수 있는 가슴이 넓은 남자로 바뀌어 있었고, 그 다음에는 내가 그의 가슴에 안기어 깊은 호흡을 헐떡이며 구원을 요청하고 있었다. 내가 참지 못하고 그의 몸을 탐험하였고 그는 괴로운 듯 몸을 비틀기도 하고 마치 비명을 지르는 표정으로 숨을 헐떡이기도 했다. 다시 그가 구원을 요구하며 한 손으로 내 허리를 감싸고 다른 한손은 두 다리를 쓰다듬고 결국 나의 마지막 부분까지 그의 손이 스치고, 그가 더 이상의 자제를 하지 못하고 몸을 밀착시켜오면 그와 나의 긴 머릿결은 넝쿨처럼 엉키었고, 두 몸은 스포츠카 엔진의 피스톤처럼 격렬하게 요동을 치다가, 죽음에 임박한 비파 연주가가 마지막 힘을 다하여 비파의 현을 뜯는 순간 그 현처럼 절정으로 부르르 떨다가 마침내 낚시 바늘에 끌려나와 뭍에 내동댕이쳐진 물고기처럼 숨을 헐떡이며 나뒹굴었다. 그런데 그와의 관계라면 어떨까?

그와 나는 그렇게 생의 환희를 즐겼고 그것은 우리에게 주어진 영원한 축복인 것 같았다. 그래서 어떤 부귀영화의 조건도 우리를 방해할 수 없었다. 그가 아니면 안된다며 격렬하게 저항하던 나를 암을 선고받은 환자처럼 힘없는 원망의 눈길로 지켜보던 부모님이 마지막으로 선택한 것이 한국으로 유학을 보내는 것이었다.

하지만 나는 다시 누군가를 만났는데, 그는 그보다 더 부족한 사람이지만 그보다 더 애틋한 사랑이 되었다. 정녕 나는 사랑이 없으면 못사는 사람인가? 그 사랑과는 달랐지만 이번에 온 사랑은 내가 더 빠져들게 하고 번뇌하게 한다. 서로가 아무 말도 못하게 하고 깊은 번민만을 안겨주는 사랑이다. 그런데 이상하다. 손도 잡지 못했는데, 가벼운 입맞춤도 하지 못했는데 그리움은 과거의 그리움과 비교도 되지 않는다. 그리움은 마약처럼 고통의 쾌락을 주고 길들인다. 나의 온 시간과 공간은 그의 것이다. 깊은 밤 꿈의 시간과 공간도 그의 것이다. 어떻게 해야, 언제 이것이 해소될까? 마지막 날까지도 이러는 처지에 서글픔 때문인지, 분노 때문인지 눈물이 난다. 단 한 번 그의 품에 안겨 사랑한다는 말만 할 수 있어도 이렇게 괴롭지 않을 것인데.

나는 이불깃으로 눈물을 닦고 천장을 보았다. 불이 꺼진 천장에는 희뿌연 형광등만이 유령처럼 늙어버린 할미의 잔상같이 매달려있다. 불을 켤까? 옆을 보니 진철이 곤히 자고 있다. 창문을 보았다. 커튼이 쳐져 있는데 하늘에 달이 빛나는지 커튼의 섬유질 사이로 빛이 들어오고 있다. 나는 몸을 일으켜 커튼을 걷었다. 달빛이 들어왔다. 그래도 진철은 깨지 않는다. 나는 종이와 펜을 찾았다. 이미 정리한 짐보따리에 손을 넣어 조심스레 뒤지는데 뭔가 느껴진다. 그가 선물한 귀걸이이다. 꺼냈다. 다시 손을 넣어 종이와 펜을 꺼냈다. 종이 위쪽에 귀걸이를 문진처럼 놓고 펜을 들었다. 분명히 답장이 없겠지만 그에게 편지라도 쓰고 싶다. 그것이 내가 한국에 이 사랑의 응어리를 내려놓고 가는 것이다.

조심조심 편지를 써 내려가는데 눈에서 계속 눈물이 난다. 짧은 마음만 쓰려고 했는데 계속 길어진다. 계속 눈물이 흐르더니 거의 다 써가는 편지지에 눈물방울이 떨어졌다. 다시 쓸 수는 없다. 눈물이 떨어진 자리에 매화꽃을 그렸다. 눈물의 흔적을 따라 여러 송이의 매화꽃를 그리고, 꽃송이들을 이어가면서 가지 하나를 그렸다. 책상 위 유리병에 꽂아둔 장미를 보았다. 달빛을 받으며 처연히 붉은 자태로 피어있다.

다음날 왕현, 왕후란, 동비 안휘성에서 온 친구들은 따로 차를 대절해서 갔고, 석정문은 서울 중국대사관에 일이 있다며 혼자 가고, 두아란은 배를 타기 위해 국제교류처 직원과 따로 떠났다.

황교수는 학생들이 커다랗게 꾸린 짐보따리를 차에 싣기 위해 학생들의 숙소에 들렀다. 대부분 학생들은 황교수와 금정이 만들어준 꽃다발을 쓰레기통에 버렸거나 탁자 위에 아무렇게나 놓아 시들어버렸는데 유향에게 준 붉은 장미는 작은 유리병에 꽂혀 있는데 활짝 피어 더욱 아름다움을 뽐내고 있다.

황교수가 학생들을 태우고 곧항버스터미널로 갔다. 터미널 부근이 많이 혼잡하여 짐들을 내리고 학생들을 먼저 하차시켰다. 황교수가 차를 주차시키고 오니 이문이 터미널 대합실 안에서 짐꾸러미를 지키고 있고, 진철과 류찬은 버스 안에서 먹을 것을 준비하는 듯 이리저리 돌아다니며 분주한데, 유향이 홀로 터미널 대합실 문 앞에서 두 손을 다소곳이 모으고 황교수를 기다리고 있다.

"왜 이렇게 나와 있어? 추운데."

"교수님 기다리고 있었습니다."

"그래, 고맙다."

"오늘 이렇게 배웅해주셔서 감사합니다."

"아니다. 당연히 해야 되는데, 공항까지 못가주어서 미안해."

"아닙니다. 여기까지 와주신 것도 너무 감사합니다."

"금정스님하고는 인사를 했나?"

"영주 부석사 여행에서 돌아온 이후로는 만나지 못했습니다."

"그래? 전화통화도 못했어?"

"못했습니다."

"정말 아무 연락이 없었어?"

"없었습니다."

"무슨 일이 있으시나?"

"모르겠습니다. 계속 기다리다가 논문이 완성되어서 직접 전해드리려고 저 혼자서 택시를 타고 부석사에 가보았습니다."

"그랬었구나. 만났었니?"

"아니요. 못 뵈었습니다. 논문을 맡겨 놓고 그냥 왔습니다."

"저런, 많이 서운했겠다."

"괜찮습니다. 언젠가 다시 만날 수도 있겠지요."

"후~ 내 가슴이 아프다. 들어가자 버스를 타야지."

"버스를 타려면 아직 시간이 있습니다."

유향은 이제 다시 오기 힘든 이곳을 기억해 놓으려는지 이곳저곳을 쳐다보고 있다. 눈빛에는 이별이라는 서운한 감정이 묻어난다.

"이곳을 떠난다고 생각하니 서운하니?"

"네, 조금"

"조금? 나는 너희들을 떠나보내니 많이 서운한데."

"저희들도 많이 서운합니다. 교수님 정말 감사합니다. 교수님 때문에 한국에 유학 온 어느 중국학생들보다도 좋은 추억을 만들었습니다. 평생 잊지 못할 것입니다." 유향은 눈물을 보였다.

"아이구, 나도 눈물 난다. 다음에 내가 중국에 갈게. 그때 원수를 갚으면 된다." 황교수가 유향을 달래듯 말했다.

"정말로 오실 거죠. 꼭 오셔야 되요." 유향이 눈물을 닦으며 말했다.

"나야 학교 일로도 갈 수 있고, 또 이왕 시작한 중국어를 더 발전시키려면 중국에 가봐야지, 그때 꼭 너희들을 찾을 거야. 모른 척 하기 없기다."

"절대로 그럴 리 없습니다." 유향이 웃으며 말했다.

"다른 학생들이 기다리겠다. 들어가자."

황교수가 유향에게 들어가자 하는데도 유향은 계속 두리번거리고 있다. 승복을 입은 스님이 지나가면 더 유심히 쳐다본다. 이러한 유향을 본 황교수는 생각했다. 유향이 혹시 금정스님을 기다리는 것은 아닌지. 유향의 모습에서 의상이 떠나간 바다를 애절한 눈으로 쳐다보는 선묘의 이미지가 데쟈뷰처럼 떠올랐다.

황교수는 터미널 대합실에 들어가서 학생들의 승차준비를 확인하고는 이문, 진철, 류찬, 유향 한명 한명 손을 꼭 잡으며 환송인사를 했다.

"교수님, 감사합니다." 이문, 진철, 류찬이 아쉬운 듯 인사했다.

"류찬 선생님, 그동안 중국어 가르쳐 주어서 고맙습니다." 황교수가 류찬을 살짝 포옹하며 인사했다

"교수님, 열심히 공부해서 다음에는 진짜로 중국말로 대화해야 해요." 류찬이 말했다.

황교수가 학생들과 인사하고 대합실을 나서자 유향은 다시 황교수를 배웅하려는 듯 밖으로 따라 나왔다. 황교수가 잘 가라고 다시 손을 흔들자 유향은 얼굴을 아래로 숙이더니 주머니에서 반으로 접힌 하얀 봉투를 하나 꺼내어 황교수에게 전해주었다.

"무엇이냐?"

"……"

편지봉투에는 유향이라는 이름만 있었다. 황교수는 순간 '아! 금정스님에게 전해주라는 것이구나'라는 느낌이 왔다.

"금정스님의 것인가?"

"……"

"알았다. 내 전해 주겠다. 잘 가라, 잘 가라."

황교수는 중국학생들을 배웅하고 다시 연구실로 돌아왔다. 몸을 의자의 등받이에 푹 파묻으니 마음이 허전했지만 큰 짐을 내린 것 같은 개운함도 있었다. 의자에 앉은 채로 어깨 위로 팔을 올려 목뒤에서 깍지를 끼고 몸을 크게 뒤로 젖히고 눈을 감았다. 지난 일들이 주마등처럼 지나갔다. 어느 먼 별에서 시간을 건너온 인연들 같았다. 9명의 외계 친구들이 여행을 와서 한바탕 놀다가, 마치고 한꺼번에 떠난 것 같았다.

의자를 몇 차례나 계속 뒤로 젖혔을까, 바닥에 툭! 하고 뭔가 떨어지는 소리가 났다. 유향이 준 편지가 바닥에 떨어져 있었다. 주워서 책상 위에 올려놓았다. 무슨 내용일까? 뜯어볼까말까, 궁금증이 생겼다.

학생들은 며칠 전 황교수에게도 졸업선물을 주었다. 그동안 같이 다니면서 찍었던 사진들을 모아서 '캐논 변주곡'이라는 음악과 함께 편집해서 CD에 담아 주었다. 이름이 '행복한 시간들'이었다. 음악을 따라 연속해서 이어지는 사진을 보면서 얼마나 기뻤는지, 영화『시네마천국』에서 중년이 되어 고향에 돌아온 살바토레가 이미 고인이 된 알프레도가 남겨놓은 '키스신'들을 보면서 기쁨의 눈물을 흘렸듯이 황교수의 눈에는 눈물이 그렁거렸다. 이런 선물은 함께 추억을 쌓지 않으면 만들 수 없기에 황교수 이외에는 누구도 받을 수 없는 선물이다.

황교수는 팅기듯 몸을 일으키더니 책상 위의 편지를 집어 들고는 자동차로 가서 시동을 걸었다. 그리고는 곧장 부석사로 달렸다. 부석사에 도착하니 금정이 종무실에서 일을 돕는 보살과 뭔가를 하고 있다. 황교수는 종무실에 들어가려다 말고 마루에 걸터앉았다.

"스님 저 왔습니다."

"아, 교수님 오셨어요? 들어오세요. 차라도 한 잔 하시지요."

"아닙니다. 오늘은 봄이 오려는지 햇살이 따뜻합니다."

"그래도 아직 겨울날씨인데요 들어오세요."

"괜찮습니다. 스님 일 다 보시면 저하고 찻집에서 차라도 한 잔 하시죠"

"여기서 마셔도 되는데 … , 잠깐만 기다리세요."

황교수와 금정은 부석사 찻집의 창가에 마주 앉았다.

"어떻게 연락도 없이 갑자기 오셨어요. 무슨 일 있습니까?"

"아닙니다. 오늘 중국학생들을 터미널에 데려다주었습니다."

"아, 그러셨어요. 고생하셨네요. 학생들은 다 잘 정리해서 갔겠지요?"

"네, 학생들을 배웅하고 바로 이리로 왔습니다."

"보내고 나니 서운하시죠?"

"그렇지요 뭘. 원래 만나면 다 이별인데요."

"그래도 황교수님은 학생들하고 추억이 많지 않습니까?"

"저만 그런가요? 스님도 추억이 많지 않습니까."

"제가 무슨 특별한 추억이 있나요."

"유향에 대한 추억은 특별하지 않습니까."

"다 지난 일입니다. 한때 스친 인연이지요."

"2년이나 스친 인연이 있습니까?"

"또 무슨 말씀을 하시려고 이러시나."

"얼마 전 유향이 혼자서 부석사에 왔었다고 하던데요."

"그때 일이 있어서 절에 없었습니다. 나중에 돌아오니 논문을 놓고 갔더군요."

"전화 연결이 안 된다더군요."

"요즘은 전화소리를 진동모드로 해서 듣지 못할 때가 많습니다. 중요한 전화는 유선으로 합니다."

"유향이 가는 순간까지 스님을 기다리는 것 같았습니다."

"금방 잊혀지겠지요."

"스님은 다 잊었어요?"

"그런 이야기는 이제 안하셔도 됩니다."

"알겠습니다. 유향이 저에게 이것을 스님께 전해달라고 했습니다." 황교수는 주머니에서 봉투를 꺼내어 금정에게 주었다.

"이게 무엇입니까?"

"내용을 보지 못해서 저도 잘 모르겠습니다. 연애편지 아닌가요?"

"무슨 …" 금정은 봉투를 뜯으려다 말고 주머니에 넣었다.

"나중에 조용할 때 보세요. 부럽다, 나한테는 아무도 연애편지를 주지 않던데."

"……"

"저는 임무를 마쳤으니 가겠습니다."

황교수를 배웅하고 금정은 빠른 걸음으로 요사체 방으로 들어갔다. 방에 들어서자 혹시 누가 들어올까 문을 잠갔다. 편지봉투를 조심스레 뜯어서 안에 있는 종이를 꺼냈다. 흥분이 되는지 손이 떨리고, 숨소리는 거칠어졌다. 유향이 손으로 또박또박 쓴 글씨가 단정하게 쓰여있고 편지지 아래에는 몇 송이 꽃이 핀 매화가지가 하나 그려져 있다.

제가 가장 친애하는 금정스님

제가 한국에 온지 2년이 지나고 벌써 졸업입니다. 시간이 얼마나 빠르고, 얼마나 아쉬운지요. 스님이 우리를 처음 만났을 때 중국의 속담 '인연이 있으면 천리를 와서 만난다'고 했던 것처럼 우리 중국학생들은 정말로 수천리를 와서 금정스님, 황교수님을 만났습니다. 그냥 우연인 것 같았지만 지나고 보니 절대 우연이 아니었습니다. 아주 먼 옛날부터 이어져 온 인연을 이제야 만난 느낌이었습니다.

저와 금정스님과의 인연은 정말로 특별한 것 같습니다. 황교수님이 스님을 처음 우리에게 소개해 주셨을 때 제 가슴은 기쁘다 못해 흥분되었습니다. 저는 그 이유를 몰랐습니다. 스님이 제가 아는 누군가를 닮은 것도 아닌데 마치 어디에서 만났던 것처럼 익숙한 얼굴이었습니다. 목소리도 어디선가 들었던 것 같아서 아무리 떠올려 보았지만 기억해내지 못했습니다. 스님과 같이 과제를 하고, 중국어를 공부하고, 공부가 끝나고 함께 교정을 걸으면서 느낀 스님의 따뜻한 느낌은 무엇으로 표현할 수가 없었습니다.

언제인가, 꿈에서 스님을 만난 적이 있는데 아주 먼 옛날부터 우리가 알고 있었는지 우리는 고대의 의상을 입고 있었습니다. 아마 우리는 정말로 아주 오래된 인연이 아닌지 모르겠습니다. 어떤 때는 꿈에서 민망할 정도로 스님과 친하게 지내기도 했습니다. 하지만 스님은 가야할 길이 따로 있고 저 또한 졸업하면 중국에 돌아가야 하기 때문에 스님과 저의 꿈이야기는 감히 꺼낼 수가 없었습니다.

저 유향은 중국에 돌아가면 바로 아버지가 정해주는 사람과 결혼을 해야 하고, 아이를 낳고, 아버지의 사업을 이어가게 될 것입니다. 그러면 저는 너무 바쁜 일상생활 때문에 다시 한국에 오기 어려울 것입니다. 하지만 마음만은 언제나 한국에 올 것입니다. 한국에 온 제 마음은 황교수님과 친구들 그리고 스님과 함께 다녔던 곳들을 여행하고, 다른 새로운 곳을 보고 싶어 할지도 모릅니다.

친애하는 금정스님, 저는 스님이 졸업식에 오기를 기다렸지만 오시지 않아서 너무 서운했습니다. 하지만 황교수님을 통해서 보내주신 꽃을 받은 것만으로도 행복했습니다. 제 생각에 스님은 저 때문에 졸업식에 나오지 않으신 것은 아닌지 모르겠습니다. 하지만 저는 괜찮습니다. 분명히 다음에 다시 만날 수 있을 것이라고 믿습니다. 이번 생은 부처님이 우리를 만나게 했지만 다음 생은 반드시 서왕모가 파랑새를 보내주기를 기대합니다.

저는 금정스님은 분명히 큰스님이 되실 것이라고 믿습니다. 혹시 괜찮으시다면 부처님께 이 유향의 행복도 빌어주세요. 저도 중국에서 절에 가면 스님을 위해서 기도드리겠습니다.

중국에 오실 일이 있거나, 제 도움이 필요한 일이 있으면 꼭 연락을 주세요. 졸업식 때 스님이 보내주신 장미꽃에 보답하는 의미에서 그림이지만 조금 있으면 피어나 천향을 뿜을 매화꽃을 드립니다.

유향 올림

몇 번에 걸쳐 편지를 읽고 또 읽은 금정은 편지를 다시 봉투에 넣어 사물함의 문을 열고 넣었다. 사물함의 문을 닫았다가 마음이 놓이지 않아 다시 열고 책을 한 권 꺼내 편지봉투를 끼우고는 사물함 깊숙이 넣었다.

개학을 며칠 앞둔 휴일, 금정은 업무 차 수덕사에 가는 길에 학교에 들렀다. 학교 곳곳에는 아직 축 졸업이라고 적힌 졸업식의 흔적이 남아 있다. 그가 졸업식에 오지 않았던 것은 어차피 헤어질 인연인데 유향의 여운이 더 길게 가슴에 남을까봐서이다. 그 스스로에게 냉정하게 해야만 한시라도 빨리 마음이 정리되리라고 생각했기 때문이다.

학생들이 없는 휴일의 교정은 고요하다 못해 적막하다. 봄이 시작되었으나 아직 남은 겨울의 위서 때문인지 조금씩 부는 바람에도 스산함이 감돈다. 얼마나 조용한지 귀를 기울이면 작은 산새들이 먹이를 쪼는 소리조차도 들을 수 있을 정도이다. 새를 좋아하는 그에게는 새소리가 더 뚜렷이 들렸다. 비구니 스님이 목욕할 때 벗은 몸을 보고 '홀딱 벗고 얼레꼴레리' 하며 희롱한다는, 전생에 파계한 스님이었다는 검은등뻐꾸기의 소리가 '금정스님 얼레꼴레리'로 들렸다. 부처님의 제자로서 당연히 돌아보지 말아야 할 애욕에 집착했던 자신을 보고 미물인 새조차도 자신을 조롱하는 듯하였다.

유향은 이제 중국으로 돌아가고 없다. 학교는 곧 새로운 학기를 맞는다. 금정은 3학년이 된다. 이후로 간혹 황교수가 중국학생들과 이메일로 연락한다며 소식을 전해주었다. 황교수는 학생들이 졸업한 후에도 석문정, 류찬, 두아란, 왕현, 왕후란 등과는 서로 연락을 하지만 유향은 소식이 없다고 했다. 류찬이 황교수에게 전해온 소식에 의하면 유향은 귀국하고 서둘러 아버지가 정해준 사람과 결혼했단다.

10. 금정의 꿈

"저는 스님 마음의 가장자리에 있습니다. 스님이 보고 계신 그 우주는
스님 마음속 우주입니다. 제가 이제 스님에게서 벗어나려고
하는데 저를 불러서 대답을 한 것입니다."

꿈1. 검은여에서 꿈꾸다

여름이라고 착각할 만큼 날씨가 무더워지기도 하는 5월 어느 날 오
후, 금정은 절간 주위를 다듬느라 울력을 했지만 왠지 모르게 마음이
심하게 요동을 쳐서 마음을 진정시키고자 밖을 나섰다. 차를 몰아 검
은여로 갔다. 검은여는 의상대사의 부석사 창건설화에서 절 창건에
반대하는 무리들을 제압하기 위해 공중에 뜬 바위가 날아가 떨어진
곳을 말하는데 방조제 공사 전에는 바닷물 위에 모습을 드러내는 작
은 바위섬이어서 '물위에 뜬 돌' 곧 부석면의 이름의 기원이 되는 곳
이다. 매년 4월이면 부석면에서 지역의 안녕을 기원하는 장소이기도
하다.

금정은 검은여에서 부석사를 바라보았다. 바위가 저 멀리에서 날아
와서 바닥에 떨어진 충격 때문에 깨어진 것인지 잘게 부서져 곳곳에
널려있다. 이렇게 큰 바위가 저 멀리서 이곳까지 날아와 떨어졌다니,
이곳의 이야기가 만들어지기 위하여 누군가 참으로 간절한 염원이 있
었나보다. 그 사람의 염원은 어떤 것이었을까?

금정은 검은여 바위가 지금은 가로막혀 오지 못하는 바다를 그리워한다고 생각하며 차에서 메트를 꺼내들고 옆에 있는 정자로 올라갔다. 정자의 그늘에 자리를 깔고 앉으니 바람이 선선하게 불어왔다. 앉으니 눕고 싶다. 상념을 없애느라 심하게 한 절간울력에 지쳤는지 몸에 힘이 빠지고 스르르 눈이 감긴다.

사방이 어둑해진 시간, 바닷가로 갔다. 어두운 바다에는 얕은 파도 소리가 들릴 뿐 아무런 인기척도 없다. 밤이었지만 수평선이 멀리서 흐릿하게 보였다. 물결만 조금 있을 뿐 파도는 거의 없다.

금정은 넓은 백사장을 지나 바닷물이 찰싹찰싹 모래밭을 때리는 곳까지 갔다. 잠시 망설이다 신발을 벗고 바닷물에 발을 적시었다. 바닷물이 차갑게 느껴졌다. 보통 보아온 바다의 모습 그대로였다. 물이 발목까지 오는 느낌이 왔다. 발이 약간 시리고 발밑에는 모래들이 물의 흐름에 따라 움직이며 내 발을 간질이고 있다. 조금 더 들어가니 무릎 정도까지 물이 올라왔다. 다시 조금 더 들어가니 몸이 물에 조금 잠긴 느낌이다. 용기를 내어 물이 배꼽까지 닿는 깊이까지 갔다.

주변을 둘러보았다. 어둠만 있을 뿐 눈에 보이는 것은 아무것도 없다. 그렇게 빛나던 불빛이 하나도 보이지 않았다. 바다의 끝을 보았다. 수평선도 사라지고 아무것도 보이지 않았다. 여기서 이대로 바다에 몸을 던지면 자신이 어떻게 될까- 상상해 보았다. 동호의 썩은 물고기처럼 물위를 떠다닐까? 용이 되어 바다를 다스리게 될까? 입에서 헛웃음이 나왔다.

손을 합장하고 마음을 집중했다. 자신에게 이 마구니와 같은 인연의 시험을 주고 있는 자신 속의 또 다른 자신을 분리시키기 위해 마음의 중심을 향하여 거대한 압축기와 같은 심력으로 질문을 던지기 시작했다. 그것은 굳이 자신이 승려로서가 아니라 인간의 몸을 받고 태어난 중생으로서 엉킨 인연법을 바로 잡아 본성에 덕지덕지 붙은 수많은 업보들을 떼어내 본래 우주 인드라의 그물로 되돌려 보내고자 하는 의식을 깨우기 위해서이다.

아무리 심력을 가하여도 마음이 좀체 열리지 않는다. 몇 차례를 더 가하니 오히려 머리가 아파오기 시작했다. 개의치 않고 계속 심력을 기울이니 눈알이 튀어나오려 하고, 귀가 먹먹해지고, 머리의 정수리가 부풀어 오르는 느낌이 왔다. 손으로 머리를 만져보았다. 정말로 머리의 정수리가 조금 부풀어 있었다. 아미타불의 머리에서처럼 천안天眼이 열리려고 이러는 것인지 궁금하기도 하였다. 다시 심력을 더 하였다. 머리에 극심한 고통이 오더니 살이 벗겨지는 느낌이 왔다. 순간, 공포에 살이 벗겨지는 것을 막으려 심력도 멈추고 두 손으로 머리를 감쌌지만 소용이 없었다. 한번 벗겨지기 시작하니 멈추지를 않는다. 살이 벗겨지는 것이 피부의 껍질이 벗어지는 정도가 아니다. 뼈에서 살이 통째로 떨어져나가는 것이다. 고통이 이루 말할 수 없다. 소리를 질러보지만 나오지는 않는다.

마치 어린 자식을 먼저 떠나보내는 부모의 마음과 같은 심리적 고통도 수반되어 왔으며, 어렴풋이 지금까지의 모든 인연이 떨어지는 것과 같은 느낌도 받았다. 고통의 와중에 이것이 번뇌로부터의 해탈이 아닌지도 생각해보았다. 달마에게 깨달음을 구한 혜가가 자신의 팔을 잘라 던지는 절박한 고통이 이와 같은 것인지 순간적으로 머릿속에서 교차하였다.

뼈에서 벗겨진 살들이 가슴을 지나 복부의 내장들과 함께 떨어져나갔다. 살들이 무게를 이기지 못하고 풍덩 바닷물로 떨어졌다. 살덩이가 바닷물 속으로 떨어지자, 그 어둡던 바다에서 날카로운 이를 드러낸 초롱아귀 같은 눈을 빛내는 셀 수 없이 많은 고기들이 달려들어 살을 뜯어먹기 위해 서로 다툼을 한다. 물고기들이 살을 뜯어먹는 저 모습이 끔찍했지만 저 물고기들에겐 절 마당 연못에 키우는 붕어들에게 사람들이 던져주는 먹이와 다를 것이 없는 것인지 서로 먹으려고 난리다. 다리와 발에 붙어있던 살들은 벗겨지기도 전에 피라냐 같은 날카로운 이빨의 물고기들이 달려들어 순식간에 뜯어먹어 버렸다. 그리곤 언제 그랬냐는 듯 물고기들은 검은 바닷물 속으로 사라지고 바다는 다시 고요해졌다.

이제 뼈만 남은 몸이 되었다. 불어오는 산들바람에도 뼛속까지 시원해진다. 이전에 꿈에서 늘 하늘을 날기를 원하여 두 손을 모아 합장하고 아랫배에 힘을 쓰면 몸이 정말로 하늘로 올랐던 기억이 있다. 뼈만 남은 몸으로 두 손을 모으고 힘을 써보았다. 바닷물에 잠겼던 뼈가 공중으로 빠져 나왔다. 살점은 없어졌지만 그래도 무게는 상당히 나가는지 힘을 쓴 만큼 쉽게 하늘을 날 수가 없었다. 10미터쯤 하늘로 솟았을까, 더 이상은 오르지 못했다. 마음을 다시 가다듬고 다른 곳으로 날아가 보았다. 생각만큼 빠르지는 않지만 날아가기도 하였다. 산을 넘어 날아가고 싶어 더 힘을 써보았지만 더 이상 날아가지를 못하고 이내 다시 바닷속으로 떨어지기 시작했다. 밑을 내려다보았다. 바닷물은 더 시커멓고 무섭게 느껴졌다. 빠지지 않으려 아무리 애를 써도 힘이 부쳐서 이내 물속으로 떨어졌다. 하늘을 날기 전의 바닷물은 기껏 배꼽에 올 정도의 깊이였는데 지금은 아무리 허우적거려도 발이 땅에 닿지 않았다. 뼈만 남은 몸을 움직여 헤엄을 쳐보았지만 살이 없어서인지 자꾸만 가라앉았다. 점점 더 깊이 빠져들었다. 물속에서 자기 살을 뜯어먹었던 물고기들이 다시 달려들까 두려웠지만 보이지 않았다.

검은 물속 멀리서 불빛이 하나 다가왔다. 불빛은 수정거울에 비치는 달빛처럼 맑기가 더할 나위 없다. 불빛은 다가올수록 점점 특정한 형태를 띠는데 모습이 마치 말의 얼굴에 장군의 복장 그리고 창자라도 금방 꺼낼 수 있을 것 같은 날카로운 손톱을 빛내고 있었다. 자신을 잡으러 온 것 같아서 두려웠다. 그것이 바로 가까이에 오자 그는 눈을 감아 버렸다. 그것은 그를 보지 못했는지 그냥 지나쳐갔다. 다시 반대편에서 붉은 얼굴을 한 사람이 왔다. 매우 분노한 표정으로 긴 칼을 차고 있었다. 나는 두려움에 다시 눈을 감고 몸을 웅크렸다. 역시 그냥 지나쳤다. 이번에는 어여쁜 여인의 모습을 한 신장이 다가온다. 가까이오니 유향의 얼굴이다. 반가움에 와락 끌어안으려다 억지로 마음을 거두어들이니 그냥 지나간다. 지나가는 뒷모습을 보니 등에 황금색으로 빛나는 물고기의 비늘이 가득 붙어있다.

몇 개가 더 지나가고 그는 공포감에 의식이 깨어났다. 얼마나 놀랐는지, 떨어져나갔던 심장이 다시 벌떡이고 가슴의 숨소리는 가쁘다. 심호흡을 하고 마음을 안정시켰다. 이것은 이전에 보았던『티벳사자의 서』에 나오는 것과 너무나 흡사한 과정이다. 이미 지나간 것들 중 하나를 잡았어야 염원하던 부처의 세계로 갈 수 있는데 그것들이 다 지나갔으니, 이제 적어도 다시 인간으로나마 태어나기 위해서는 어디 은밀한 곳에서 사랑을 나누는 젊은 남녀의 방사현장을 찾아야 한다. 그런 생각을 하다 눈을 떴다.

금정은 자기 몸을 더듬어 보았다. 느낌이 왔다. 살도 그대로 있었다.

발가락을 꼬물거려 보았다. 감각이 정상적이었다. 다시 머리 정수리를 만져 보았다. 까칠까칠한 승려의 민둥머리가 느껴졌다. 정수리가 솟아있지도 않고 살이 갈라지지도 않았다. 단지 이마에는 땀이 났는지 축축한 느낌이 들었다.

그냥 눈을 감고 누워서 깊은 심호흡을 하였다. 이것이 무엇인가?라는 질문만 던진 채 특별한 답을 구하려는 노력을 하지 않고 마치 한량이 나무그늘에서 잠을 자다 깬 것처럼 일어나지도 않고 누운 채로 몸만 가볍게 이곳저곳을 움직였다. 손으로 볼을 당겨 보고, 다리를 꼬집어보기도 하면서 마치 살들이 떨어지지 않아서 다행이라는 듯 위안을 하는 것 같았다. 몸을 일으켜 앉았다. 눈을 감은 채로 명상에 들었다. 잠에서 금방 깬 상태로 다시 명상을 하려하니 꿈인지 생시인지 분간이 되지 않는다.

그새 시간이 얼마나 흘렀는지, 절간에 아직 마무리하지 않은 일을 생각하고는 급히 부석사로 돌아갔다. 부석사에 도착하니 저녁 공양을 알리는 종소리가 울렸다. 주지스님과 멀리서 온 다른 몇 분의 스님이 밥상에 앉아서 식사를 하고 있다. 금정은 가볍게 목례를 하고 함께 자리에 앉아 말없이 식사를 하였다. 식사가 거의 끝나갈 무렵 주지스님에게 말했다.

"주지스님, 저 며칠간 새 사진을 찍으러 여행을 갈까 합니다."

"그래요, 어디로요?"

"요사이 남해안에는 팔색조 두리가 한창이니 거기 갔다가 몇 군데 더 둘러볼 참입니다."

"그렇게 하세요. 초파일도 다 마무리되었고, 지금은 절 살림도 바쁘지 않으니 괜찮아요." 주지스님은 선뜻 승낙을 하였다.

사진기, 녹음기 등 새를 조사하는데 필요한 도구들을 챙겼다. 승복은 길이 없는 산에 다니기에 불편하므로 마트에서 산 값싼 등산복과 모자, 말 그대로 사복을 챙겨 입은 것이다.

꿈2. 금정의 천상열차분야지도

금정은 승복을 벗고 가벼운 등산복 차림으로 남해안 거제도로 향했다. 거제도는 해안을 따라 이루어지는 풍광도 일품일 뿐 아니라 팔색조가 자주 출몰하는 지역이다. 팔색조는 몸집은 작지만 7가지 색의 조화가 매우 아름답다. 소리는 청아한 퉁소 음을 내는데 가릉빙가에는 이르지 못하는 것 같다. 꼬리만 예쁘게 길었어도 부처님 닷집을 장엄하는 모델로도 손색이 없을 텐데. 거제에서 몇 마리 팔색조를 카메라에 담고, 소리를 채집하는 것으로 만족하고는 지리산으로 방향을 돌렸다.

지리산은 한국의 무수한 고대신화와 민속신앙이 모여 있는 민족의 어머니와도 같은 산이어서 과거부터 수행자들이 즐겨 찾는 대표적인 명산이다. 금정은 은사스님으로부터 계를 받은 후 만행萬行삼아 전국을 유람한 적이 있었다. 그때 혼자 노고단 산장에 올랐는데 함씨 성을 가진 칠순이 넘어 보이는 산장지기 할아버지가 무척이나 인상적이었다. 그가 스님의 계는 받았지만 살아온 날이 적고 아직 자기 화두에 대한 답을 구하지 못했던 때이다. 오로지 산에 살면서 수염을 길게 기른 풍모의 산장지기 할아버지가 건네는 평범한 몇 마디 말에서 뭔가 범할 수 없는 느낌을 받아 주눅이 든 적이 있었다.

금정이 다시 노고단 산장을 찾았을 때는 이미 그 산장지기 할아버지는 돌아가신 뒤이다. 금정도 그가 세상을 떠났다는 뉴스를 신문에서 보았기 때문에 이미 알고는 있었다. 새로 온 산장지기는 그때의 산장지기 할아버지에 비해 많이 젊어보였지만 수염만은 더 덥수룩하였다. 산장지기와 몇 마디 나누고 그날 저녁은 산장에서 묵기로 하였다. 산장지기는 금정이 등산복은 입었지만 민둥머리를 하고 있어서 고개를 갸우뚱하며 물었다.

"스님입니까?"

"그렇게 보입니까?"

"좀 달라 보입니다."

"아직 수행이 모자라 이곳저곳 다니며 답을 구하고 있습니다."

"아, 네"

"오늘은 날씨가 맑아서 밤에 별이 많겠습니다."

"그러지라이 도시에서와는 차이가 엄청 나번지요. 그래도 시방은 여거도 옛날처럼 거시기하지는 안치라이. 겁나 많은 차들이 매연을 내뿜어싼케 여거도 별 수 없지라이. 그래도 오늘 맹크로 쨍한 날은 솔찬이 볼 수 있지라. 이따 보시오 잉." 산장지기는 구수한 전라도 사투리를 쓰면서 친근감을 나타내었다.

　금정이 어렸을 때는 지금에 비해서 공기오염이 거의 없었으므로 달 없는 밤하늘은 별이 가득한 별 밭이었다. 공기뿐 아니라 물도 오염이 되지 않아서 여름밤에는 온 산이 반딧불 천지여서 어디가 하늘이고 산인지 분간을 하기 어려울 때도 있었다. 금정은 저녁을 먹고 산장 밖으로 나갔다. 하늘을 보니 정말로 별들이 엄청 많았다. 알고 있는 웬만한 별자리는 다 구분할 수 있었다. 황교수가 둥근 석고판에 천상열차분야지도를 새길 때 도와주어서 기억이 많이 남아있다. 산장 바로 옆에는 건물에 붙은 옥외등 때문에 눈이 부셔 조금 떨어진 곳으로 갔다. 아무런 불빛도 없는 곳에 오니 하늘엔 오로지 별빛만이 빛나고 있는데 가끔 별들 사이로 별보다 작은 불빛을 깜빡이며 비행기가 지나간다.

금정이 소임을 맡고 있는 부석사 옆에는 조선조 초 고구려의 천문도를 참고하여 그렸다는 천상열차분야지도天象列次分野之圖를 그린 유방택 기념관이 있다. 유방택은 대동여지도를 그린 김정호처럼 수많은 천문자료를 참고하여 천문도를 돌에 새겼을 것이다. 과거 천문도는 신성권한의 상징이어서 조선의 임금도 명나라 황제 때문에 함부로 만들지 못했는데, 고구려는 어떻게 현존하는 자료로 보았을 때 역사상 가장 빠르게 천문도를 그렸을까? 언젠가 도올 김용옥 선생이 논어를 강의하는 TV 프로그램을 본 적이 있었는데 유가儒家들 집단이 원래 개비들이었다고 했다. 개비란 지배계층이 사는 성안이 아닌 성밖에서 지냈다. 그들의 주거환경이 좋지 않아서인지 아니면 선천적으로 타고 난 것인지 곱추, 난장이들이 많았다. 그들은 낮에는 사람들의 눈길이 무서워 굴속에 있다가 밤이면 나와서 맨날 하릴없이 하늘만 쳐다보다 천문운행의 원리를 알게 되었고 이것이 제정일치 사회에서 권한을 행사하게 된 천문의 자료로 활용되었다는 강의 내용이 생각났다. 그 내용을 얼마나 유심히 들었는지 몇 년이 지난 지금까지 양철판이 찌그러지는 소리 같은 그의 목소리와 함께 기억이 생생하다.

발로 풀들을 밟아 자리를 만들어 누웠다. 저 수억 광년의 세월을 건너 뛰어 이제야 눈에 들어오는 별빛도 있다고 하니 우주는 얼마나 광대한가? 석가모니부처님은 이미 2천5백 년 이전에 오로지 명상으로서 우주의 원리를 깨달으셨고, 현대물리학에서조차 부처님의 우주론에서 답을 찾을 정도라니 석가모니부처님의 깨달음을 10만, 100만 분의 1이라도 쫓아갈 수 있을까?

동쪽하늘을 바라보았다. 약사여래의 유리광전은 어디일까? 다시 몸을 뒤척여 서쪽하늘을 바라보았다. 아미타불의 서방정토는 여기서 몇 광년일까? 이 질문이 부질없음을 금정은 안다. 그곳은 이 육신으로 가는 데가 아니기 때문이다. 많은 중생들이 불교의 상당 부분의 교리가 종교를 만들기 위하여 가공된 부분이 있다고 생각하듯이 승려인 자신도 일정 부분은 그들의 시각을 이해한다.

모든 것이 마음에 있다는 말처럼 있고 없음은 마음먹기에 달려있다. 이 마음조차도 '나'라는 아상이 만들어낸 인식의 작용이므로 '나'라는 것이 있는 한 인식작용의 굴레에 갇혀 부처님이 설파한 저 광대한 대우주로는 갈 수가 없는 것이다. 지금의 금정은 인식작용이 너무나 분명한 정신을 가진 중생이니 부처님의 설법을 진정 이해하는데 한계가 있는 것은 어쩔 수 없는 노릇이 아닌가? 간혹 유레카처럼 깨달았다!고 외치는 스님들이 있으나 그 각성도 결국은 그가 살아가는 과정의 한 찰나에서 발견한 빛에 지나지 않는다. 저 거대한 우주도 운행하면서 새로운 환경에 만나고 변화해 가는데 조그마한 환경의 변화에도 모순이 드러나는 한낱 티끌 같은 인간이 발견한 작은 인식의 각성이 뭐가 그리 대단하겠는가? 살아있는 한 언제나 새로운 각성으로 깨어있어야 한다.

수많은 윤회를 거듭하며 쌓은 공덕으로 마침내 정각에 이르렀고 지금도 그 법이 어떠한 이론으로도 흔들리지 않고 있는 석가모니부처님이 금정은 다시 한 번 존경스러웠다. 이러한 거대한 숙제 앞에 포기를 하고 깨달음은 다음 생으로 미루는 스님들도 있지만 그는 아직은 부처님의 정각을 조금이라도 체험하고자 몸부림치고 있다.

그런데 여인에 대한 그리움에 갈등하는 자신을 되돌아보니 민망하기 이루 말할 수 없다. 참으로 풀기 어려운 인연의 숙제인 것 같다. 유향에 대한 기억은 그가 죽을 때까지 없어지지 않을 것이다. 억지로 잊으려고 하는 것이 오히려 더 힘들게 하는 것을 알기에 그는 유향을 내 마음속의 유향이 아니라 유향 그 자체로 돌려보내기로 했다. 현대미술에서 사물을 뜻하는 오브제object가 미술이 되기 위해서는 작가에 의해 선택이 되어야 된다고 하는데, 미술이 되기 위한 전제 조건으로 오브제는 어떠한 관념이 없는 상태에 있어야 한다. 유향을 그의 마음이 선택하여 마음의 업보가 되기 전 원래의 유향으로 되돌려놓을 수 있으면 되는데 가능할까?

밤이 깊어서인지 이슬이 내리고 그 이슬이 옷을 적셔오니, 몇 달이나 뒤에 올 가을을 벌써 느꼈다. 금정은 눈을 감고 숨을 크게 들이쉬니 풀내음 속에 국화향이 전해 오는 듯하였다. 이렇게 지리산 산정에서 아무 일 없이 누워 별빛만 가득한 하늘을 보니 마음이 깨끗해지고 신선이 된 것 같다. 얼마 전 고등학교 후배가 난초의 화분을 깨트린 그림을 그리고 옆에 써놓은 정판교鄭板橋의 한시가 떠올랐다.

春雨春風寫妙顏 봄비 봄바람에 예쁜 자태 본떠져서
幽情逸韻落人間 그윽한 정취 뛰어난 운치로 인간 세상에 태어났다가
而今究竟無知己 지금껏 살펴보아도 알아줄 이 없으므로
打破烏盆更入山 까만 화분 깨뜨리고 다시 산으로 들어가네

밤이 점점 깊어가면서 풀잎에 물기가 맺히어 축축하게 되고, 높은 산이어서 몸이 오슬오슬하도록 기온이 뚝 떨어졌다. 금정은 잠을 청하기 위해서 산장으로 들어갔다. 산장지기가 반가이 맞는다.

"아따, 스님 한참 있다 오시네요. 어떻든가요. 별이 겁나지요?"

"예, 겁나 많습디다." 금정도 전라도 사투리로 대답했다.

"아따, 스님은 고향이 어디라요? 말씨가 원래 전라도는 아닌 것 같은디요?"

"고향이 뭐가 중요 허간디요. 더군다나 스님들은 출가를 혀서 속세의 고향은 거시기한 의미가 없지라이." 금정도 다시 능청스레 전라도 사투리로 대답했다.

"그라요? 요즘 세상에 스님들만 출가한디요. 집 떠나면 다 출가지요. 시방이야 다들 자기 고향을 떠나잖유. 거시기 그 외국말도 있잖아유 노? 아! 노마드라고 뜻이 유목민이라지요? 그들도 먹고살기 위해서 집을 떠나지만 집 떠나 겪는 고생이 스님들 수행 맨큼이나 싸 할 거요."

"아자씨는 스님들이 어떤 수행을 하는지 아시유?"

"제가요? 아따 모르지라이. 내가 보기에 시방 스님들은 옛날 이바구에 나오는 스님들과는 다른 것 같습디다."

"어느 스님을 아는디유?"

"쩌~그, 잘은 모르고 충청도 수덕사에 옛날에 기셨던 분인디, 맨날 쓰레빠를 신고 다니시면서 스님들도 일을 하지 않으면 안된다 허시면서, 거~ 머시기냐 절에서 산꼭대기까지 계단도 놓고 허시면서 손수 거시기 울력이라든가 절일을 허셨다는디, 지금의 수덕사가 있는데 그 스님의 소탈한 실천이 크게 기여했다고 합디다요."

"벽초 스님 말이지요." 금정은 순간적으로 표준말을 썼다.

"내도 그 스님의 법명은 안당께요. 직접 뵙지는 못했지만 우리 같은 중생은 그런 분을 존경합니다. 요즘 함 보소. 테레비전에 도박이니, 음주운전이니, 얼굴이 허여멀건 해가지고 목덜미에는 살이 디룩디룩 붙여서 자기가 뭐 부처입네들 허시는데, 니미럴 우리가 보기에는 개지랄이요. 스님, 듣기 싫소? 그럼 내 그만하리다."

"일부 그런 불미스런 일이 있으나 다 그런 것은 아니요. 듣기 좋지는 않소."

"시방, 세상이 월매나 거시기 허요? 신문이나 테레비에 맨날 나오는 뉴스라는 게 돈지랄, 계집지랄, 힘지랄 뿐이니 고곳을 보고 배우는 우리 아그들은 낭중에 커서 또 뭐가 되것소? 나가 여기 산에서 살민서 살피보며는 길옆에 난 잡초나 땅을 기어댕기는 벌레들도 지할 도리는 다 허고 살아가는구면유."

"원래 사바세계는 혼탁하지요. 특히나 인간들의 사바세계는 더 혼탁하지요. 그래서 부처님은 왕자로서의 모든 부위영화를 버리고 그들을 구원할 방법을 깨달아 설법을 하신 것이지요. 우리 스님들도 그 가르침을 따르고요."

"그럼 사바세계의 그 나쁜 놈들도 참말로 지독한가 봐요. 부처님이 2천5백 년이나 갈치는데도 요모양 요꼴이니 말이요."

"……"

금정은 더 이상 말을 할 수가 없었다. 이야기를 할수록 벽에 부딪힐 것이 뻔하기 때문이다. 하지만 저 산장지기의 말에도 수행자가 새겨들어야 할 것은 분명히 있다. 잠자리에 들기 전 잠시 부처님께 예를 갖추고 이불 속으로 들어갔다. 산에 오르는 노고 때문인지 산장지기와 입씨름에 지쳐서인지 금방 잠이 들었다.

　금정은 지리산의 별이 빛나는 꿈을 꾸었다. 옛날 선조들이 비천과 선인을 그려서 하늘을 날고 싶은 염원을 표현했듯이, 어린 시절 밤하늘의 중간을 크게 가로지르는 은하수를 보고 그것을 날아 건너보았으면 하는 소망이 지금 이 꿈속에서 나타난 것인지는 모른다.

　하늘이 움직인다. 오른쪽으로 한번 크게 기울어지는가 싶더니 곧 다시 왼쪽으로 크게 기울어졌다. 하늘에 있는 별들도 크게 흔들렸다. 하늘이 무너지는 것이 아닌지 무서웠다. 잠시 후 하늘은 안정이 되었고 더 깊고 더 선명하게 보였다.

　갑자기 별들 사이에 선들이 그어졌다. 자세히 보니 천상열차분야지도를 닮았다. 천상열차분야지도는 평면인데 이 하늘은 평면이 아니다. 별들은 거대한 아이맥스 영화관처럼 현기증을 느낄 정도로 생생함을 주며 금정을 에워싸고 있다. 마치 원자모형처럼 별들 사이에 선들이 이어져 있다.

　별들이 가득한 하늘에는 어떤 소리도 없다. 그저 그의 숨소리만이 들릴 뿐이다. 이리저리 둘러보았지만 별들과 침묵만이 그를 지켜보고 있었다. 별들처럼 몸이 공중에 붕 떠있는 채로 결가부좌를 해보았다. 자주해서인지 금방 되었다. 한동안 그대로 있었다.

　배 부위에서 무언가 느껴졌다. 그것이 약간 움직였다. 꺼내보니 평소 사용하던 목탁이었다. 고요한 하늘을 향해 조심스레 목탁을 쳐보았다. 똑! 예상보다 크게 울려 그는 놀랐다. 정신을 가다듬고 자세도 고쳐 잡고 다시 목탁을 쳐보았다 이번에는 그 소리가 더욱 크게 들리고 소리에 따라 별이 움직이는 것 같았다. 눈을 크게 뜨고 별들을 바라보면서 목탁을 쳤다. 그랬더니 물에 돌을 던지면 수면에 물결이 퍼져가듯이 목탁소리에 맞추어 별들이 파장을 만들었다. 그렇게 몇 번을 치니 이제 목탁소리가 반사되어 오는 것 같았다. 그냥 목탁소리의 반사라고 생각했는데 자세히 들으니 어떤 외치는 소리도 있는데 귀로 들을 수 있는 것이 아니고 텔레파시처럼 마음으로 들리는 것이었다.

"누구세요" 금정은 마음으로 물었다.

"모릅니다." 상대방이 대답했다.

"부처님입니까?"

"모릅니다."

"관세음보살님입니까?"

"모릅니다."

"도대체 누구시기에 저에게 반응합니까?"

"모릅니다. 말할 수 없습니다."

답답하여 더욱 크게 목탁을 쳤다. 그랬더니 별들이 더 크게 요동을 치고 어떤 별은 번쩍번쩍 하고 빛나는데 마치 연꽃이 피었다 지기를 반복하는 것 같았다. 눈을 감고 마음을 가라앉히고 목탁을 두드리며 반야심경을 외우기 시작했다. 그랬더니 주변은 고요해졌고 별들도 안정되었다. 눈을 감은 채로 다시 텔레파시로 물어 보았다.

"누구십니까?"

"스님, 저입니다. 유향"

순간 숨이 턱 멎는 것 같았다.

"아니, 유향의 인연이 아직 이어지고 있는가? 그녀는 이미 귀국해서 결혼도 했다는데"

"스님, 눈을 떠 보세요 진짜 저예요."

눈을 떴다. 그런데 유향의 모습은 없었다.

"이 무슨 해괴한 일인가?"

"여기를 보세요." 하는 소리가 나는 곳을 보니 손에 들고 있는 목탁이 유향의 모습으로 되어있지 않은가. 목탁을 던질 뻔 했지만 간신히 손에서 놓치지는 않았다. 목탁이 있는 유향의 모습은 약간 초췌했으나 옛날 그대로였다.

"네가 어떻게 여기 있느냐? 중국으로 돌아가고 결혼도 하지 않았느냐? 지금까지 꿈에서 너를 보면 반드시 너를 만나거나 소식을 들었는데, 무슨 일이 있었니? 혹시 너 죽은 것은 아니냐?"

"아닙니다. 저는 잘 살고 있습니다."

"그럼 지금 왜 여기에 있느냐?"

"스님이 저를 불렀잖아요?"

"내가 언제?"

"아까부터 계속 목탁을 치시면서 저를 불렀잖아요?"

"아니다, 아니다, 부르지 않았다. 아니다, 부르고 싶었는지는 모른다."

"스님, 제가 어디서 왔는지 맞춰보세요."

"그걸 내가 어떻게 알겠는가?"

"스님의 마음속에서 왔어요."

"그래? 그런데 아까 목탁의 파동이 우주의 저편으로 가고 나서 한참을 있다가 대답이 왔는데 어찌 내 마음속에 있었더란 말이냐?"

"사실입니다. 저는 스님 마음의 가장자리에 있습니다. 스님이 보고 계신 그 우주는 스님 마음속 우주입니다. 제가 이제 스님에게서 벗어나려고 하는데 저를 불러서 대답을 한 것입니다."

"그럼 내가 누구냐고 물었을 때 왜 계속 모른다고 했느냐?"

"실은 저도 새로운 인연을 만났으니 대답하기 싫었고, 스님에게 반응하는 나도 이제 더 이상 내가 아닐 수 있어서 이지요."

"그게 무슨 말이냐? 유향은 유향이지"

"스님, 스님도 존재는 흩어졌다 새로이 뭉쳐질 수 있는 것을 아시잖아요. 저는 새로운 인연과 다시 뭉쳐졌는데 스님에게 남아있는 유향의 흔적이 대답을 한 것입니다. 그래서 모른다고 한 것입니다."

"아 …, 그래."

"스님, 제가 있는 이 목탁을 자세히 보세요. 여기에는 저만 있는 것이 아닙니다. 스님과 인연을 맺었던 무수한 사람들의 모습이 있어요. 그들의 흔적은 너무 미미하여 반응을 하지 않지만 저의 흔적은 아직 많이 남아 있어서 반응을 한 겁니다."

목탁을 자세히 보니 정말로 목탁에는 어린 시절부터 인연을 맺었던 얼굴들이 무수히 있었다. 그리고 어떤 얼굴들은 도대체 누구인지 기억이 없다. 다만 그들의 얼굴은 유향과 다르게 아무런 관련이 없는 듯 무표정하게 금정을 보았다. 그 중 하나에게 이름을 불러도 고개만 두리번거릴 뿐 아무것도 발견하지 못한 듯 이내 다른 곳을 쳐다보았다.

"내가 모르는 얼굴들이 있는데 그들은 누구인가?"

"아주 아주 오래된 인연들이니 기억에 없겠지요."

"내가 어떻게 해야 목탁 속의 얼굴들을 지울 수 있는가?"

"저는 잘 몰라요. 그것은 스님이 더 잘 아시겠네요."

"어떻게?"

"글쎄요. 창문이 더러우면 걸레로 닦아야 하지요."

금정은 소맷자락으로 목탁을 닦아보았지만 아무런 효과가 없었다.

"스님, 잘 생각해보세요. 저는 스님 마음에 있다가 나왔어요."

유향은 고개를 돌려 목탁 속으로 사라졌다.

금정은 그제야 이 모든 것이 자신의 마음속 이드에서 스스로 제어하지 못하고 제멋대로 움직이는 리비도임을 알았다. 그 이드와 리비도에는 그가 전생에서 해결하지 못한 업보도 있다는 것도 느꼈다. 그러면 이제 그 업보를 닦아내지 않으면 안되는 것이다. 하지만 깊이를 알 수조차 없는 그 업보를 어떻게 닦는단 말인가. 큰 한숨을 내쉬었다. 숨소리는 다시 우주에 울려 퍼졌다. 아까처럼 별들도 다시 움직이는 듯 했다. 다시 목탁을 들었다. 이번에는 신묘장구대다라니를 독송해보았다.

"나모라 다나 다라야야 나막알약 바로기제 새바라야 모지 사다바야 마하 사다바야 마하가로 니가야 옴 살바 바예수 다라나 가라야 다사명 나막 가리다바 이맘 알약 바로기제 새바라 다바 이라간타 나막 하리나야 마발타 이사미 살발타 사다남 수바 아예염 살바 보다남 바바 말아 미수다감 다냐타 옴 아로계 아로가 마지로가 지가란제 혜혜 하례 마하 모지 사다바 사마라 사마라 하리나야 구로 구로 갈마 ......"

거룩한 관세음보살님께 귀의합니다. 일체의 공포로부터 지켜 주시는 성스러운 관자재보살님 거룩하신 위신력이 펼쳐집니다. 관세음보살님의 근본마음으로 돌아가옵니다. 모두를 이롭게 하는 경지를 성취할 것이며, 최고의 행운의 경지에 올라, 이 세상에 출현한 일체중생들을 정도로 이끌어 청정공덕의 길로 나아가겠습니다. 통찰자이시며 지혜의 존재이시며 초월자이신 관세음이시여, 끊임없이 정진 하겠나이다. 대보살님이시여, 기억해 주소서. 속히 악업을 그치겠나이다. 위대한 승리자이신 관세음이시여, 항상 저를 기억해주소서 ......

하늘의 별들이 반짝이더니 별들과 별들 사이에 그어진 선들은 마치 살아있는 넝쿨식물처럼 줄기를 뻗는다. 그러면서 어떤 별들은 연꽃으로 크게 피기도 하고 넝쿨들은 다른 별들에게로 뻗어 나갔다.

신묘장구를 다 암송했는지 모르지만 누군가 부르는 소리에 눈을 떴다. 눈은 떴지만 꿈의 내용은 너무나 생생하다. 잠을 깨운 산장지기가 야속하기까지 했다.

"아, 지금이 몇 시인데 여지껏 주무신당가요. 싸게 일어나서 세수하고 식사 하세유. 아따! 스님은 자면서도 염불을 하던데요. 꿈에서 부처님이라도 만났는감유?"

"아, 아니요. 스님들은 습관이 되서 잠꼬대로 염불하는 것이 특별한 것은 아닙니다."

금정은 '부처님 발끝도 보지 못했다'라는 말이 목에 올라왔지만 또 말꼬리를 잡힐까봐 입을 닫았다. 유향을 만났다는 말은 더더욱 말이 안되는 것이고. 하지만 오랜만에 유향과 대화를 해서인지 아니면 꿈 속에서 본 그 환상적 별들의 세계가 기억에 생생해서인지 기분이 좋았다.

꿈3. 검둥개

지리산을 다녀온 며칠 후 금정은 저녁 공양을 마치고 종무소에 들러 하루의 종무일을 다시 확인하고 마당에 나와 가벼운 체조를 한 후 숙소로 들어갔다. 책상 위에 놓인 늘 초심을 잃지 말아야 한다는 당부를 담은 초발심자경문을 읽으며 행자시절 가졌던 부처님을 향한 초심의 열정으로 흐트러진 마음을 다잡고 있다.

정좌를 하고 명상을 하려고 하는데 배가 묵직해지면서 해우소에 가야된다는 신호가 왔다. 밖은 이미 어두워져 있었다. 화장실로 가는데 언제나 그렇듯이 절집의 저녁은 쥐죽은 듯 고요하다. 화장실은 일반인들이 템플스테이로 활용하는 정진선원과 스님들의 요사체 그리고 절에 올라오는 언덕길 옆에 있다. 요사체를 나와 극락전과 안양루 사이를 지나고 인중지룡人中之龍을 길러낸다는 목룡장牧龍莊과 지혜의 검을 찾는 곳이라는 심검당尋劒堂 앞마당을 가로질러 정진선원精進禪院의 화장실로 갔다. 변기의 뚜껑을 열고 하의를 벗고 조심스레 변기에 앉았다. 지금도 옛날식으로 매향똥덩어리를 떨어뜨리면 한참 있다가 툭! 하고 소리 나는 재래식 화장실이 있는 절집이 있지만 여기는 그렇지 않다. 그래서 오래 앉아있어도 일어날 때 다리가 저리는 일은 잘 없다.

금정은 로댕이라는 조각가의 생각하는 사람처럼 턱을 괴고 자세를 잡았다. 갑자기 산골마을에서 자랐던 어린 시절이 떠올랐다. 그가 어린 시절을 보낸 시골의 화장실은 대부분 큰 구덩이에 몇 개의 나무둥거리를 가로지르고 그 위에 앉아서 볼일을 보는 푸새식이어서 어린아이들이 겁을 많이 낸 기억이 떠오른다. 그리고 '달걀귀신 나온다.', '화장실 밑에서 손이 올라와 종이를 준다'라는 괴담 때문에 무서워서 밤에는 혼자서는 가기도 힘들었다. 옛날, 아주 어린 아이들이 엄마의 눈 밖에 벗어나 놀다가 화장실에 빠져 죽은 사건이 종종 발생하여 이런 괴담이 생긴 것인지 모른다. 아니면 화장실 바닥은 더럽고 냄새나고

『나이트 메어』라는 영화에서처럼 구더기가 우글거리는 생각만 해도 무서운 저주의 나락으로 느껴지기도 했을 것이다.

어린아이들은 이런 무서운 화장실에서 볼일을 보는 것이 무서워서 아궁이에서 나무를 태우고 난 재를 모아놓은 잿간에서 볼일을 보는데, 아이들이 본 용변을 바로 재거름과 함께 논밭의 거름으로 쓸 수 있어서 어린아이들은 자주 잿간에서 똥을 누기도 했다.

학교에 들어가기 전 어렸을 때, 이 잿간에서 똥을 누고 있으면 집에서 기르던 검둥개가 와서 똥을 맛있게 먹고, 엉덩이를 처들면 혓바닥으로 똥구멍까지 닦아주던 기억이 났다. 개가 혹시나 고추까지 먹어버리지 않을까 하는 두려움도 생생하였다.

금정은 지금 앉아있는 변기에서 그때의 기억을 그려 보았다. 눈을 반쯤 뜨고 정신을 집중하였다. 일부러 지금 앉아있는 현대식 화장실을 재래식 화장실로 바꾸어 연상해 내고, 어린 시절 그 검둥개를 살려 내었다.

검둥개가 털에 묻은 티끌을 털어내려는 듯 네 다리를 곧추세우고 몸을 뒤틀자 긴 검은 털이 회오리치듯 움직였다. 그리고는 낑낑거리며 고개를 숙이고 그에게 다가와 엉덩이를 요구했다. 그가 엉덩이를 들자 검둥개는 아주 익숙한 행동으로 그의 항문을 핥았다. 검둥개가 항문을 핥고는 언제 왔느냐는 듯 소리 없이 자취를 감추었다.

검둥개가 핥은 그의 항문이 갑자기 가려워지고 뭐가 나오려 했다. 썩 기분이 좋지 않았다. 어렸을 때 많은 어린이들은 기생충을 달고 살았다. 어떤 때는 열심히 뛰어놀고 있는데 항문이 가려워져서 엉덩이를 까고 앉으면 굵은 회충이 꾸물거리며 기어 나오는 경우도 많았다.

그런 기분이 결코 유쾌할 리 없다. 지금 그때의 감각과 비슷한 느낌이 드는 것이다. 그런데 이번에 느껴지는 것은 그때보다 훨씬 묵직한 압박을 주고 있었다. 불쾌감에 항문에 손을 대어 보았다. 항문이 불룩하게 튀어 올랐는데 안에서 뭐가 나오려고 움직이고 있었다. 잠시 후 항문이 더욱 압박을 느끼는가 싶더니 쑥하고 뭐가 나왔다.

길이가 긴 놈인지 반쯤 나와 구물거리는데 생긴 것이 괴상하였다. 굵기는 큰 뱀장어 만한데 눈도 없고 입도 없는 시커먼 것이 꾸물꾸물하고 있었다. 썩는 악취가 진동을 한다. 금정은 겁나기도 하였지만 무엇일까 궁금하기도 하였다. 꾸물거리던 그놈은 항문에서 쑥 빠져나와 재래식 똥통의 바닥으로 철퍼덕하고 떨어졌다. 또 한 마리, 또 한 마리, 계속해서 항문에서는 그 이상한 놈들이 나왔다.

똥통의 바닥을 보았다. 심연과 같은 똥통의 바닥은 어느새 거무스름한 물이 가득 고여 있고 그 물속에는 금방 떨어진 놈들이 가지가지 괴상한 물고기로 바뀌어 우글거리고 있다. 얼마나 많이 나왔는지 넓은 연못만큼 커다란 똥통 안이 그놈들로 바글바글 했다. 개중에는 그에게 달려들듯이 검은 물에서 솟구치는 놈들도 있다. 솟구치는 어떤 놈의 얼굴은 무척이나 예쁜데 이마에는 마귀 같이 뿔이 났다.

금정은 무서워 엉덩이를 이리저리 피하다가 발로 바닥을 한번 세게 구르니 검은 물이 출렁거렸다. 연이어서 계속 발을 구르니 그곳에서 파도가 일었다. 똥통 밑으로 얼굴을 넣어보니 구석 저쪽에 똥통을 막고 있는 둑이 보였다. 다시 온힘을 주어 발을 구르니 그 둑이 무너지면서 검은 물과 그 이상한 물고기들이 휩쓸려 나가버리고 똥통 안은 깨끗이 청소가 되어 있었다.

금정은 반쯤 감았던 눈을 뜨고 볼일을 끝내고 물을 내렸다. 쏴아~ 하고 물이 내려가는 것이 아까 똥통의 둑이 터져 그 이상한 것들이 빠져나가는 것과 같았다. 변기에서 일어서는데 아무리 좌식 양변기여도 너무 오래 앉아서인지 다리가 저려 왔다. 코끝에 침을 바르면서 저린 다리를 진정시키며 요사체에 돌아가니 주지스님 방문이 약간 열려 있다. 주지스님은 편안한 복장으로 바닥에 누워서 어떤 책을 보고 있다. 금정이 방을 지나치니 주지스님이 물었다.

"어디 갔다 오세요? 산책 하셨어요? 한참동안 안 와서 어디서 넘어지셨나 걱정했습니다."

"아, 아닙니다. 저녁공기가 너무 좋아 안양루에 잠깐 누워 있었습니다."

"오늘 종무일은 다 잘 마무리 되었지요?"

"예, 내일 정혜사에 큰스님께 대중공양 가는 준비까지 잘 끝났습니다."

"수고 하셨어요. 내일 새벽에 일어나 준비할 것이 많으니 일찍 쉬세요."

"예, 주지스님도 그만 쉬세요."

11. 수행에 들다

석가모니부처님이 최후의 정각을 이루시고자 할 때 마왕 파순이 세 미녀를
보내어 유혹하려 하였다. 세 미녀를 경계해야 하는가?
세 미녀를 보는 석가모니의 마음이 경계의 대상인가?

　　금정이 행자시절 절집 농사가 세상 농사보다 어려우니 마음 단단히
묶어야 된다 하시던 은사스님, 교수사스님, 사형스님들의 경고와 격
려가 귓전을 맴돈다. 그때는 정각을 이루고야 말리라는 행자의 초심
이 너무나 충만하여 세상과 내 마음에 자리 잡은 마구니를 경계하라
는 말들이 귀에 들어오지 않았다.

　　지독한 가슴앓이를 하고 주체할 수 없는 허망함에 빠지고 나니 이
제는 조금 알 것도 같지만 그렇다고 의문이 풀리는 것은 아니다. 착
하고 도리에 밝은 여인이 마군이 될 수가 있는가? 마군이 존재한다면
명백히 자신이 마군이다.

　　서로의 의지와 상관없이 상대의 꿈에 나타나 인연법이 이어졌던 이
상황은 어쩌면 정말로 과거에 해결하지 못한 인연이 중음계中陰界를
왕래하다가 지금 다시 만나 마치 자석처럼 서로 끌리는 것이었다면
이것은 무엇인가? 일체의 제법諸法은 그것을 인식하는 마음의 나타남
이고, 존재의 본체는 오직 마음이 지어내는 것일 뿐이라는 일체유심
조一切唯心造. 모든 것이 마음에서 일어난다고 말로는 하기 쉽지만 의지
와 관계없이 방황에 내몰리고, 스스로 황당한 질문을 당한 금정은 자

신을 잃어버렸다. 금정의 가슴에 도둑처럼 파고든 방황은 술 취한 사람을 가시덤불로 이끄는 허깨비처럼 제멋대로 그의 마음을 이끌고 다녀, 그는 제 마음의 주인이기는커녕 질긴 노간주나무에 코가 꿰어 끌려다니는 송아지 마냥 괴로워하고 있다.

6월 초순 하안거 결재일이 근 한 달이나 지났지만, 금정은 다시 수행자 본연의 자세를 가다듬어야 했다. 행자시절부터 수행의 자세를 견지하기는 했지만 어느 순간 초심을 잃어버리고 급기야는 여인의 향기에 빠져 허덕였다. 이러한 자신을 알고도 어떤 처방을 하지도 못하고 무기력하게 끌려 다니는 자신을 보고는 큰 자책감에 빠졌다. 어떤 이유이든 수행자로서는 용납이 되지 않는 것이다. 그는 이번이 마지막이라는 각오로 자신을 성찰하기로 했다. 이대로 덧없이 끌려가다간 의상스님이 말한 십불十佛 발톱의 때라도 보기는커녕 수행자의 길을 제대로 가지 못한 벌로 무간지옥에나 떨어지지 않으면 다행일 것이라는 자괴감이 들었다.

방황의 시간이 덧없이 흘러갔음을 탓하며 자책의 시간을 부여잡고 있을 수만은 없다. 설사 허상을 부여잡고 몸부림치는 판치생모板齒生毛를 하더라도, 조급한 마음에 생사를 가르는 참선에 매달리다 기가 머리로 치솟아 코와 귀로 피를 토하고 죽는 상기병上氣病에 걸리더라도 금정은 이번 안거에서 제대로 참선을 해볼 결심이었다.

금정는 지금까지는 안거를 문경 봉암사에서 많이 했지만 이번에는 부석사 뒤 만공스님이 수행했다는 만공암굴滿空巖窟에서 해볼 작정이었다. 잘 갖추어진 시설이 아니어서 불편이야 하겠지만 지금 금정에겐 완전히 스스로에게 몰입할 혼자만의 공간이 필요하다. 선지식이 했던 것처럼 마음의 바닥을 본 다음에야 세상에 나와 다시 종무의 일이라도 볼 것을 다짐하고 이를 주지스님에게 보고하고 양해를 구했다. 주지스님은 금정의 이러한 자세는 자신의 마음 한구석에도 늘 있었던 것이었다며 용기를 치하하고 흔쾌히 허락을 했다.

공부에 들기 전 면벽수도를 며칠에 걸쳐 연습하고, 좌선에 익숙하도록 자세를 가다듬고 마음의 화두 세우기에 마음을 집중시켜나갔다. 종무일과 본사의 일 그리고 학생으로서 학교에 다녔던 습관 때문인지 익숙해지는 것이 쉽지는 않았다. 특히 화두를 다시 세우기가 여간 어렵지가 않았다. 그래도 물러서지 않고 각고의 마음다짐을 하니 조금씩 마음이 움직이는 것이 보여 '마음자리 잡기'라는 화두를 가지고 금정은 만공암굴로 향했다.

대소양변을 제외한 일체의 출입은 하지 않기로 했고, 음식의 섭취도 하루 한 끼 일종식—種食 최소한으로 하기로 했다. 주지스님은 만공암굴로 향하는 길에 금줄을 치고, 굴 입구에는 발을 쳐서 막아 보이지 않게 배려해 주었다.

바위를 뚫어 두 길 정도 들어간 굴에는 만공스님의 성성했던 기운이 남아있는 것 같다. 굴에 들어간 금정은 먼저 굴에 놓인 관음상에 예를 갖추고 촛대의 위치를 바로 잡았다. 가벼운 동작으로 몸을 푼 후 석가모니부처님께 3배를 올렸다. 다음으로 일체불보 일체법보 일체승보의 삼보에 3배를 드리고, 모든 하늘을 향해 33배 절을 올렸다. 다시 참회의 108배를 올리는 것으로 모든 불법승에게 통알通謁을 하듯 자신이 참선에 드는 것을 고하고 정좌에 들었다. 정구업진언과 반야심경을 독한 후, 고요히 화두를 잡고 토굴의 벽면을 쳐다보았다. 태국

아유타야에 갔을 때 미얀마 군인이 침략하여 불상의 머리를 잘라서 던져버리자 나무뿌리가 감싸서 보호하고 있는 불두가 생각났다. 이 바위굴 어느 바위틈에 끼인 부처님의 형상은 없는가?

첫날은 비교적 간단하게 정진을 하고, 밤이 깊어서 굴벽에 기대어 잠을 청했다. 다음날부터 새벽에 일어나 반야심경과 108배로 시작해서 능엄주와 이산선사 발원문을 암송하고 화두를 점검하고, 간단한 조식을 한 후 1,000배 정진을 하고, 정좌하여 하루 종일 화두를 붙잡고 선에 집중했으며, 밤이 늦어서는 신묘장구대다라니를 암송하며 하루를 정리하였다.

금정은 젊은 시절 출가할 때에는 워낙 부처님을 향한 열망이 컸고, 제대로 성숙하지 못한 사회에 대한 인식 때문에 눈에 보이는 것은 인간의 모순이었고 인생의 무상함이었다. 그가 부수어야 했던 것은 사회의 부조리였으며, 구해야 했던 것은 무상함을 극복하기 위한 부처님의 가르침이었다. 하지만 지금 그의 마음에 떠오르는 것은 그것이 아니다.

새벽에 일찍 일어나 밤늦게까지 화두에 집중하면서 점차 잠자는 시간도 줄어들었고, 결가부좌가 한창 수행하던 시절처럼 자연스러워지게 되고 불와不臥를 할 수 있는 용기가 생기게 되자 머리에는 지금까지 내가 걸어온 길이 떠올랐다. 이상하게도 최근 30대 이후의 일은 잘 떠오르지 않고 마음속 깊이 자리 잡은 아주 오래된 일은 실오라기 하나까지 보일 정도로 선명하게 보이기 시작했다. 살아오면서 추구했던 물질에 대한 탐욕, 성적 호기심, 남을 시기했던 마음들이 지구 주위 허공에 쌓인 인공위성의 찌꺼기처럼 많다. 생각할수록 점점 많이 상넘의 수면 위로 떠올라 이루 다 헤아릴 수도 없이 많다. 이것들은 이미 과거가 되어 지금은 금정의 것이 아니지만 그렇다고 다른 사람의 것도 아니다.

하지만 지금 눈에 보이는 것들은 그를 형성시킨 것이 아니라고 부정할 수도 없지만 크게 부끄러워할 만한 것은 아니다. 금정은 마음의 금강저를 휘둘러 스스로 위로라도 하듯이 그것들을 베어보았다. 베어지지 않고 잠시 튕겨 갔다 원래의 자리로 되돌아 왔다. 마음속으로 참회를 해보았다. 그래도 그것은 없어지지 않았다. 그냥 제자리에 있었다. 다시 금강저를 휘둘러보았다. 없어진 듯했다. 아니다! 건드릴수록 살아 움직이려고 한다. 마음에 상기가 일어나려고 한다. 마음이 지나치게 끓어오르려는 것을 눈치 챈 금정은 크게 심호흡을 하여 마음을 가다듬고 다시 명상에 들었다. 조금 더 명상에 들어가니 내 마음을 흔들어대던 그것들은 각각으로 분리되어 있을 뿐이어서 충분히 다스릴 수 있는 것이라고 여겨졌다. 그가 마음을 주지 않으니 그것들도 생명력을 잃어버렸다.

인간의 배아가 분리되어 인간의 신체 구석구석이 형성되고 난 뒤에 생긴 병은 병든 부위만 치료하면 되듯이 이제 금정의 눈에 보이는 것들은 그의 의식이 충분히 분화된 뒤에 생긴 것들이어서 치유할 수 있는 것으로 보인다. 대부분 그가 마음을 주어서 생긴 병들이다.

분화되지 않은 배아에서 어떤 병이 들지 않았을까? 금정은 더 깊은 이유를 알고 싶어서 마음의 더 깊은 곳으로 가 보았다.

한구석에는 어린아이가 울고 있었다. 금정이 물었다.
"너는 누구냐? 왜 혼자 있느냐? 왜 울고 있느냐?"

"나요? 친구가 없어요. 아이들은 패를 지어 언제나 나를 괴롭혀요. 어떤 아저씨들은 항상 내가 예쁘다며 고추를 만지기도 해요. 나는 그것이 너무 싫어서 하지 말라고 해도 그들은 웃으며 괴롭히고 놀려요."

"어렸을 때 힘센 아이들이 힘없는 아이들을 괴롭히거나, 어른들이 아이들이 귀엽다고 뽀뽀하거나 안아주는 것은 흔히 있는 일인데 너는 왜 그렇게 민감하게 반응을 하느냐?"

"나는 싫었어요."

"부모님에게 말해보지 그랬어?"

"말을 해보았어요. 하지만 그럴 때마다 엄마 아빠는 어른들이 귀여워서 그러니 괜찮다고 말하고, 친구들과는 싸우면서 크는 것이라고만 했어요."

"너에게는 다른 길이 없었니?"

"그래서 나는 여자애들이랑 노는 것이 좋았지만 그것도 금방 싫증이 났어요. 그래서 혼자서 흙장난을 하거나 그림을 그렸어요."

"사람들이 칭찬했니?"

"아니요. 잘 그리기는 하지만 그림은 천해서 많이 그리면 못쓴다고 했어요."

"그럼 또 네가 좋아한 놀이는 뭐였니?"

"놀 수 있는 방법이 많이 없었어요. 그래도 남자아이들과 노는 것이 좋아서 같이 놀았지만 또 힘센 형들이 괴롭히거나 다른 패거리들과 싸움이 일어났어요."

"크게 반항하고, 분명하게 거절해보지 그랬어?"

"그러면 그들은 나의 말에 귀 기울이지 않고 재미있다는 듯 웃기만 했어요. 그럴 때마다 내 마음속에서는 어떤 놈이 꿈틀거렸어요. 주변에 있는 사람들이 밉고 어떤 때는 그들을 죽여야겠다는 생각까지 했어요. 그래서 진짜로 죽이는 방법을 생각하고 잔인하게 괴롭히는 것을 생각하면서 쾌감을 느끼기도 했어요.”

“그래서 어떻게 했어?”

“내 마음은 그렇게 성장해갔지만 어떻게 행동으로 옮기지는 못했어요.”

“누구나 성장하면서 주변과 투쟁하고 갈등을 하게 되지. 너는 왜 아직 그것을 잊지 못하고 있지?”

“아마 다른 사람들보다 오랫동안 계속되어서 그런 것도 같고, 사실 이것을 누구에게 속 시원히 얘기할 기회가 없어서 언제나 마음속에 두었어요.”

“너를 슬프게 하는, 네 마음에 있는 그 괴물 같은 놈은 너를 괴롭힌 친구들이나 어른들 때문에 생긴 것이라고 생각하니?”

“아마 그런 것 같아요.”

“이제 그것을 버릴 수 있느냐?”

“너무 오래 마음에 뿌리를 내리고 있어서 쉽지는 않을 거예요.”

“얘야, 실은 너만 그러한 병이 있는 것이 아니고 세상 사람들은 누구나 그런 병을 조금씩은 가지고 있단다. 그 병을 고치지 못하면 너를 괴롭혔던 사람들처럼 너도 남을 괴롭히고도 자신이 무슨 행동을 했는지 모르지. 하지만 네가 그 분노를 이기고 있으니 너는 분명히 천사의 마음을 가졌구나.”

“사실 저는 남에게 조금만 해를 끼쳐도 잠을 못자고 괴로워해요.”

“그것 보렴, 너는 원래 천사의 마음을 가졌기 때문에 그렇단다. 그런 마음을 가진 사람은 반드시 신의 밝은 진리를 구하려 하며, 네가 그것을 찾는 날 사람들을 모두 너에게 와서 어떻게 하면 진리를 알 수 있는지 가르쳐 달라고 할 것이야. 그들 중에는 너를 괴롭힌 사람들도 있을 것이고, 너도 모르게 네가 괴롭힌 사람들도 있을 것이야. 자세히 보면 그들도 네가 진리를 구하는 것처럼 밝은 진리의 불빛을 찾아 두리번거리고 있단다."

"아저씨는 누구신데 내 마음을 잘 알아요. 괴롭힌 아이들이나 어른들이 내 마음의 한 쪽에 아직 남아있기는 하지만 더 이상 복수의 대상은 아닙니다. 그렇다고 그들 때문에 내 마음에 생긴 그 괴물이 사라진 것도 아닙니다. 다만 평소에는 내 말을 잘 듣고 있는데 어떤 때는 내 말을 전혀 들으려고 하지 않습니다."

"그래서 사람의 마음속에는 천사 같은 마음 악마 같은 마음이 함께 살고 있는데, 그 마음들은 커가면서 여러 가지의 모습들로 바뀐단다. 때로는 다른 마음과 뭉치기도 하고 2개, 3개로 분리되기도 하지."

"그럼 그것들이 영혼의 모습인가요?"

"그렇지는 않단다. 영혼은 원래 한 모습인데 잘못된 때가 긴 것이지."

"그 때를 닦으려면 어떻게 해요."

"너는 아직까지 그렇게 슬픈 모습을 하고 있는 것을 보니 그 때를 닦지 못했구나."

"아무도 가르쳐주지 않았어요."

"학교에서 선생님들이 알려주지 않았니?"

"아니요. 선생님들도 기분 나쁘면 학생들 가르치기보다는 화풀이 대상으로 무자비하게 두들겨 팼어요. 그래서 겁이 나서 어떤 질문도 할 수가 없었어요. 조금 커서는 전부 시험성적으로 학생들을 평가했어요. 그래서 내 마음속의 괴물을 끌어낼 기회가 없었어요."

"얘야 네가 내 손을 잡을 수 있겠니? 내가 이렇게 온 것이 조금 늦은 것 같지만 네 마음속의 그 괴물이 사라지게 도와주마."

"……"

"이리 온, 아니 어린 네 가슴속에 무슨 흉터가 이렇게 많으냐? 내 손에 너무나 많은 흉터 자국이 느껴지는구나."

금정은 아이를 데리고 거리로 나갔다. 거리에는 수많은 사람들이 거리를 오가는데 어떤 이는 가슴을 활짝 펴고 당당하게 걷고 있는데 어떤 중년의 사람들과 노인들은 어깨를 구부리고 힘들게 가고 있다. 아이가 그들에게 다가가려고 하는데 오히려 그들이 부끄러워하거나 증오하는 표정으로 가까이 하기를 꺼려하는 것 같았다.

"저 사람들이 왜 나를 피하지요? 나는 어려운 사람을 보면 저절로 가서 도와주고 싶은 마음이 생기곤 했어요."

"어쩌면 저 사람들 눈에 네가 무서운 동물로 보였을 수도 있지."

"왜 내가 동물로 보여요?"

"저 사람들은 아주 오랫동안 동물의 생활을 해서 세상 사람들이 모두 동물인줄 아는 게지. 그러니 너처럼 빛나는 아이가 자신에게 다가가니 무서워 피하기도 하고 경계 하느라 으르릉 거리는 표정을 짓기도 하는 것이란다."

"참 이상하군요. 왜 그들의 눈에는 세상이 다 짐승으로 보이는지요?"

"너의 마음속에 그 이상한 괴물이 아직 살아있듯이 저들은 그보다 더한 괴물이 살아있어서 자신들이 동물처럼 행동하는 것을 느끼지도 못하지."

"알았어요! 지금까지 아저씨처럼 나의 가슴을 만져주는 사람이 없었어요. 나는 절대로 그런 사람이 되지 않게 노력할 것입니다. 나는 이제 집에 가봐야겠어요."

"혼자 갈 수 있겠니?"

"네, 걱정하지 마세요."

금정은 아이가 가는 뒷모습을 가늘게 뜬 눈으로 바라보았다. 아이는 바위벽 속으로 사라졌다. 가슴에서 뭔가 큰 덩어리가 녹아서 밑으로 빠져나간 느낌이 오고 몸이 가벼워진 느낌이 들었다.

굴속에 놓인 자그마한 관음상의 주위로 파란 빛이 동그랗게 떴다. 그 빛을 보고 있으니 가슴에 시원한 느낌이 왔다. 고개를 숙여 자기 가슴을 보았다. 허리위로 온몸이 빛으로 싸여 있다. 처음에 약하게 나오던 빛은 점점 밝아진다. 그의 몸 주위에서 오로라처럼 일렁이던 빛은 한동안 밝아지다가 점차 수그러들기 시작했다. 얼마 남지 않은 빛을 오른손을 들어 손바닥으로 닦아보았다. 칠판의 글씨가 지워지듯 빛이 지워지고 잿빛 승복만 남았다. 금정은 자신에게 질문을 던졌다.

"위로가 되는가?"

"조금."

"왜 조금인가?"

"모르겠다."

"무엇을 더 알아야 위로가 되겠는가?"

"모르겠다."

"혹시 부끄럽고, 나약하며, 사악했던 너의 모습들을 회피하진 않았는가?"

"없지 않아 있다. 용서가 되지 않는 기억이 있다. 그것들이 나에게 영향을 주지는 못하지만 드러내 밝히고 싶지도 않다. 많은 사람들이 그런 부분이 있을 것이다."

"드러낼 수 없는 용기 때문에 진정한 위로를 받을 수 없는 것은 아닌가?"

"그럴지도 모르지. 하지만 세상에는 영원히 드러나서는 안 되는 일이 있듯이 나의 위로와는 관계없이 드러내고 싶지 않은 것들도 있다."

"그럼 순수한 영혼은 너의 그 오점을 위로할까?"

"아마 하지 않을 것이다. 하지만 내가 죽을 때까지 그것들을 풀어주지 않을 것이다."

"너에게 그것들은 원죄가 아닐까?"

"단순한 과오이지 원죄라는 생각은 하지 않는다."

"그럼, 너에게 원죄는 무엇이라고 생각하는가?"

"원죄를 내가 어떻게 알겠는가? 내가 인간으로 태어났기 때문에 원죄가 있다? 맞을 수도 있겠지. 나의 이드id에 이승의 경험에 대한 무의식적 반응이 되어 내재되어 있는지 보고 싶고, 그리고 내가 의식하지 못하는 가운데 폭발하듯 나오는 리비도libido가 나의 전생 때문인지 궁금하다네."

"나도 전생을 눈으로 보지 않아서 모른다네. 많은 조사들의 가르침에도 전생에 관한 이야기는 거의 없어. 그것은 문제가 전생에 있지 않고 지금 여기 그리고 굳이 과거를 따진다면 기억이 남아있는 끝으로 가서 수행하고 참회해야 한다는 것 아니겠나?"

"그럼, 부처님은 어떻게 수많은 전생을 선정으로서 간파할 수 있었을까?"

"부처님이 본 윤회는 근본적으로 부처 자아의 윤회라기보다는 세상이치의 윤회라고 보아야 할 것이네, 어떻게 아상으로서 무아를 갔다가 다시 올 수 있는가?"

"허나 부처님은 전생이든, 이치의 윤회이든 스스로 선정으로써 깨닫지 않으셨나? 인식의 윤회를 완전히 부인할 수도 없는 것 아닌가?"

"그럼 인식의 윤회는 어디에서 볼 수 있을까? 이드가 어떻게 생성되었는지 알면 볼 수 있을까? 전생의 기억에서일까? 어머니 뱃속에서일까? 많은 부모는 아기를 잉태하면 행동거지를 조신하고 좋은 음악을 듣거나 좋은 말을 많이 하려고 하는데 이는 혹여 뱃속의 아이가 잘못될까 해서이겠지."

"단순히 그것만이라면 세상 모든 이들은 올바른 인간으로 태어나서 성장할 수 있지만 그렇지 않은 경우도 수없이 많아서 그러한 행위의 방법론으로는 다 설명할 수가 없지 않은가. 뭔가 다른 것이 있지 않을까?"

"그럼 그 이드 속으로 들어갈 수 있겠는가?"

"모르겠다네, 어쩌면 들어간다기보다는 덮어버리는 방법이 더 빠를 테지. 꿈 철학을 만든 사람조차 도덕률이라는 슈퍼에고로 덮어버리지 않았는가. 도덕률은 그가 더 이상 내면으로 들어가지 못한 절망의 표현이 아니겠나."

"그가 선택한 도덕률은 무질서한 인간욕망을 자제시키는 심리적 억압을 말한 것이지 자기 절망의 표현은 아니지 않은가?"

"도덕률이 에고ego를 자제시킨다는 것은 결국에는 심리의 완전한 모습을 보지 못한 것이 아닌가? 수행도 내 본성의 완전함을 보기보다는 억누름이지 않은가?"

"수행이 일정 부분 에고를 억누른다고 볼 수 있으나 덮는 것이라고는 생각하지 않네. 알아내고 관조하는 것이 아닌가?"

"욕망의 본체는 무엇인가?"

"생물학적이든 심리적이든 욕망은 곧 자기를 지칭하지 않나?"

"내가 곧 욕망인가? 억누르는 것도 나인가? 모르겠다. 이것이 나의 한계인가?"

"왜 힘이 드는가?

"나는 어릴 적 경험을 비추어 내 부족함의 원인을 알아보려 했으나 아직은 안개속일 뿐이라네. 경헉이 쌓여서 이드가 되었는지, 전생이 쌓여 이드가 되었는지를 알 수 있다면 얼마나 좋겠는가. 그래야 지금 내가 가지고 있는 의혹들이 풀릴 것 같다네."

금정은 이드 근저로 가려고 했지만 좀처럼 접근할 수가 없다. 이드의 근저에 세포 미분화의 상태에서 저장되어 있는 기억을 보려고 그 속으로 들어가려고 해보지만 거대하고 두꺼운 철판을 마주한 것처럼 갈 수가 없다. 자세를 몇 번씩 가다듬고, 아무리 마음을 다잡아 평정시켜도 그 경계는 넘을 수 없다.

굴속 바닥에서 벌레 한 마리가 기어 나왔다. 자세히 보니 지네였다. 윤기 나는 누런 다리가 징그럽게 많이 달린 놈이다. 수많은 갑각으로 덮힌 등은 반질반질 윤기가 난다. 이 녀석을 가만히 쳐다보았다. 예전 같으면 지네가 물까 두려워 나뭇가지나 돌멩이로 쫓아버렸을 것이지만 이번에는 가만히 보고만 있다. 어렸을 때 집 뒤에 대나무 밭이 있어서 지네가 많이 나왔는데 어른들이 지네에 물리면 죽는다고 말한 기억도 있다.

물리면 죽을 수도 있는데. 지네를 본 금정의 마음은 지극히 평정한 상태에 있다. 어렸을 때 느꼈던 지네에 대한 두려움이 일어났지만 그것은 그에게 영향을 주지 못했고 그는 그저 지네를 보고만 있다. 마음속으로 지네에게 '어디에 가느냐?'고 물어보았다. 지네는 머리를 이리저리 휘젓더니 그가 앉아있는 곳 가까이에 갔다. '저리 가라' 했지만 지네는 그래도 붉은 대가리를 휘휘 저으며 금정에게 다가갔다. 지네는 그의 발이 있는 곳까지 왔다. 몸을 비틀다가 그의 발가락에 부딪히니 움찔한다. 그래도 그가 가만히 있으니 이내 몸을 돌려 바깥으로 향하는 벽을 기어오르기 시작했다. 잘 있으라고 인사를 하는 듯 머리를 금정 쪽으로 향하고 이리저리 휘젓더니 곧 바위틈사이로 나가버렸다. 그놈은 제 갈 길을 가는 것이었다.

얼마 안 있어, 아까 그놈인지 다른 놈인지 알 수는 없으나 다시 지네 한 마리가 다가왔다. 길을 더듬기라도 하듯 아까와 비슷한 길로 그에게 다가갔다. 지네가 발에 다가왔을 때 그는 일부러 발가락을 움직여 보았다. 지네는 깜짝 놀라서 원래 왔던 땅바닥의 길을 잃어버리고 오히려 그의 다리를 따라 몸을 향해 기어오르기 시작했다.

이놈의 지네는 그를 일깨우려는 듯 그의 몸 이곳저곳을 돌아다닌다. 그는 더욱 정신을 살려 이놈을 지켜보며 마음의 움직임을 지켜보았다. 그는 의외로 평정한 자신을 보면서 무엇이 자신을 이리 평정하게 하는지 생각해 보았다. 마음속에는 아무것도 없었다. 그저 지네만을 보고 있었다. 지네가 왜 와서 자신의 몸을 돌아다니고 있는지만 생각했다. 그의 발가락 놀림 때문에 지네가 길을 잃어서 헤매고 있을 뿐 자신이 굳이 알려고 하지 않아도 된다는 것을 알았다.

지네는 승복 위를 한참 돌아다니더니 다시 땅으로 내려와 그의 몸을 벗어나려고 하였다. 지네가 그의 몸을 나와 땅을 기어가는데 그는 발을 뻗어 지네의 몸을 살짝 눌러 보았다. 지네는 순간 몸을 돌리더니 그의 발을 물어버렸다. 약간 따끔했다.

　금정은 이전에 동남아에 가서 모든 호흡, 동작, 감각, 사고, 감정 등 시시각각 변해가는 자신의 일체를 한순간도 놓치지 않고 그대로 관찰하는 윗빠사나를 수행한 일이 있다. 말이 순간순간을 보는 것이지 잠시라도 정신줄을 놓지 않고 버틴다는 것이 여간 어려운 일이 아니었다. 그 당시 좌선수행 하던 중 다리에 뭔가 따끔거리고 가려웠다. 보통은 긁어야 하지만 이 정도는 참아보자 하여 그냥 버티니 그런대로 참을 만하였다. 가려움을 참는 것도 정신줄을 놓지 않는 방법 중의 하나이니까. 좌선을 끝내고 보니 벌레가 그의 신체를 파먹었는지 피부에 약간 파인 상처가 있었다. 그 기억때문인지 지네가 그의 발을 물고 있는 것을 보고만 있었다.

　금정이 발을 들어 놓아주자 지네는 쏜살같이 도망가 버렸다. 지네에 물린 곳은 이내 약간 부풀어 오르더니 따가워졌다. 혹시 죽을 수 있을까? 윗빠사나를 하듯이 지켜보기로 했다. 이것으로 인해 설사 죽게 되더라도 지금의 마음 같아서는 죽음의 과정도 분별해 낼 수 있을 것 같았다. 그 과정에서 어쩌면 이드의 근저를 들여다 볼 수 있을지 않을까? 더욱 정신을 집중하였다. 지네에 물린 곳만 점점 아파오고 부풀어 왔다. 그래도 참을 만하여 그냥 견디면서 신체의 변화를 지켜보기로 했다. 얼마가 지났을까 지네에 물린 곳도 통증이 사라지더니 가려움만이 남아 있었다. 가려움도 그냥 내버려 두었다. 가려움마저 사라져 버렸다.

　지네에 물리면 죽을 수도 있다는 어렸을 때의 공포를 받아들이며 지네에 물리고, 마음의 심연을 보고자 죽음을 기다렸던 그의 기대는 물거품이 되었다. 그냥 오랜 시간 오롯이 앉아 좌선하고 있는 자신만을 살펴볼 뿐이었다.

지네는 왜 왔을까? 그냥 자신이 평소에 다니던 길을 다니다가 익숙하지 않은 금정의 발과 부딪혔을 뿐이다. 금정이 지네를 누르니 벗어나려고 물었고, 죽이지 않고 놓아주니 도망갔을 뿐이다. 만약 금정이 지네를 잡지 않았다면 지네는 그를 물지도 않았을 것이다. 그가 지네를 보고 마음의 평정심이 깨져서 그놈을 건드린 것일 뿐이다. 그리고 한동안 아픔과 가려움에 시달렸으며 그것이 전부이다.

얼마나 좌선을 했을까. 오랫동안 앉아있어도 다리가 더 이상 저리지 않게 되었고, 눕지 않고서도 명상에 드는 듯 잠을 잘 수 있고, 잠을 자지 않아도 정신이 선명하게 살아있고 피곤함도 없다. 아랫니와 윗니를 탁탁 부딪혀 침샘에서 나는 침만으로 입을 헹구어도 입안이 개운해졌다. 몸을 좌우로 흔드니 기운이 솟아오른다. 단지 변화가 있다면 오랫동안 깎지 않은 머리카락과 수염이 덥수룩하게 자랐을 뿐이다. 얼마나 지났을까? 금정은 경허선사의 임종게를 되새기며 자리를 털고 일어났다.

心月孤圓 光吞萬像 마음달 외로이 둥글고 빛은 만상을 삼키도다
光境俱忘 復是何物 빛과 경계 모두 잊으니 다시 이 무슨 물건인고

요사체에 들러 목욕을 하고 삭발을 하고 수염을 깎았다. 옷을 단정히 하고 종무소에 나갔다. 종무소 직원이 놀라며 묻는다.

"스님, 오랜만에 나오셨네요. 요즘 무슨 연구하신다고 들었는데 다

하셨어요?"

"연구는 무슨, 그냥 좀 … "

"얼굴이 깨끗해 보입니다. 좋은 일 있으세요?"

"간만에 세수를 해서 그렇지요. 종무일은 별일 없으십니까?"

"뭐 특별한 문제랄 것이 있습니까. 스님이 안 오시는 동안 주지스님이 잘 챙겨주셔서 별일 없었습니다. 가끔 황교수님이 오셔서 스님의 안부를 묻곤 했습니다."

"그래요. 황교수님은 요즘 뭐 하신데요?"

"글쎄요. 가끔 오시면 주지스님하고 차담을 나누기도 하고, 다른 손님들과 어울려 이야기를 하기도 했지요."

"황교수님 학교에 이번 학기에도 중국학생들 많이 온다고 합니까?"

"모르겠습니다. 주지스님하고 하는 이야기를 들으니 중국학생들의 입학지원이 여전히 많기는 한데, 중국학생들이 한국에 와서 정을 붙이지 못하고 돌아가면 보람없다 하며 아쉬워하더라고요."

"원래 인연이란 만났다 헤어지는 것이 아니겠습니까."

"그래도 황교수님은 그 연세에도 중국어를 공부하며 계획이 많은 것 같던데요."

"참 대단한 정열입니다."

"정열하면 우리 주지스님도 만만치 않지요. 수행하는 스님이 무슨 일욕심이 그렇게 많은지 얼굴 뵙기가 힘들어요."

"여법하게 하면 일도 수행입니다. 제가 종무에 신경을 쓰지 못하는 동안 더 바쁘셨겠지요. 제가 좀 거들어드리면 시간이 좀 나시겠지요."

그때 주지스님이 출타에서 돌아왔다. 금정이 일어나 예를 갖추니

주지스님이 좌정을 하고 물었다

"공부는 좀 됐습니까?"

"별로 못했습니다."

"느낀 것은 무엇입니까?"

"제가 잊어버렸던 어린 시절의 탐진치를 보는데 그쳤습니다."

"그것만 해도 됐습니다. 지나온 자신의 어린 시절을 돌아보고 자신의 과보를 발견하여 이를 시정할 수만 있어도 많은 수행이 아니겠습니까? 오늘부터는 밀린 종무에 좀 더 신경을 쓰고, 특별히 우리 절의 발전계획에 대해 생각해 주세요. 요즘은 절에 오는 사람들이 경치만 구경하고, 사찰의 주인인 부처님께 예라도 올리는 사람은 눈에 띄게 줄었어요. 그렇다고 그들만 탓할 수 없는 것 아닙니까? 우리가 먼저 방법을 생각해내야지요. 절집 살림도 여간 팍팍하지 않습니다. 가끔씩 오는 정부지원금이 없으면 큰일입니다."

"알겠습니다. 연구해보겠습니다."

12. 도비산에 화엄의 꽃이 피다

버~얼건 노을이 절정에 이른 순간, 빛은 황홀한 밝음을 주체 못하고
온 세상을 하나로 합치는 레드아웃이 일어났다.
"보세요! 석탑이 공중에 떴어요! 부석입니다!"

世界一花 화엄정신

금정이 하안거를 끝내고 다시 종무를 보게 된지도 몇 달이 지났다.
부석사는 평일에는 지역 신도들이 들러서 부처님께 공양을 올리거나
산신각에 들러 기도를 하고, 새로 조성한 마애불에서 기도를 하기도
한다. 주말에는 여행객이나 전국의 사찰을 순회하는 불교신자들이 단
체로 와서 절을 둘러보고는 탁 트인 부석사의 전경을 보고 가슴 시원
해한다. 스님들은 찾아온 이들과 차담을 나누기도 하는 평범한 일상
의 연속이다.

예전에 비해 차이가 있다면 간혹 중국인이나 동남아인들의 내왕이
었다. 중국인 관광객 대부분은 서울과 같은 대도시에서 쇼핑하는 것
을 한국관광의 주요 목적으로 삼지만 일부는 한국문화에도 관심이 있
어서 한국의 문화유산을 찾아 관광하기도 하는 것이다.

갯마을로 이름 높았던 서산은 공업지대로 크게 변모되면서 중국에
서 온 조선족이나 중국인 근로자가 많이 늘었고 동남아에서 온 근로
자들도 점차 늘어갔다. 시골에는 외국인들과 가정을 이루는 다문화가

정이 많아졌는데 중국과 미얀마, 캄보디아, 태국 등 동남아 불교국가들에서 온 사람들이 많았다.

주지스님이 하루는 금정을 불러 이러한 시대의 변화를 어떻게든 대비해야 된다는 생각을 피력했다.

"금정스님, 시대가 급격하게 바뀌고 있습니다."

"너무 빠르게 바뀌고 있습니다."

"우리도 뭔가 새로운 변화를 시도해야 하지 않겠습니까?"

"무슨 말씀이신지?"

"변화를 준비해야 되지 않겠냐는 것이죠."

"서산의 변화를 말입니까. 아니면 시대의 변화를 말입니까?"

"둘 다 입니다."

" …… "

"금정스님, 천안의 인구가 몇 명입니까?"

"갑자기 천안의 인구는 왜 물으시는지, 천안이야 이곳 서산하고는 비교가 되지 않지요. 경부선 호남선이 지나고 충청의 동서를 잇는 교통의 요충지 아닙니까. 약 30만 정도, 인근 아산과 합쳐 50~60만 정도 될까요?"

"거기에 20~30만 정도는 더 붙여야 할 것이고 앞으로 더 늘어나겠지요."

"그렇게 많은가요? 당연히 더 늘어나겠지요."

"그런데 천안에 공항이 있습니까?"

"아니요. 군이 공항이 필요한 거리가 아니죠."

"서산에 공항이 몇 개입니까?"

"예? 음 … 2개, 그런데 하나는 군사용이고, 하나는 대학에서 교육용으로 쓰는 것인데요."

"우리나라에서 비행장이 2개인 곳이 있어요?"

"글쎄요, 서울, … 서울 빼고는 없나봅니다."

"그렇지요. 내가 보기에 지금은 군사용과 교육용이지만 시대 상황이 변하면 둘 중 하나는 언제든지 상업용으로 전환이 가능하겠지요. 그렇게만 되면 서산뿐 아니라 수원부터 천안, 대전, 군산권역에 있는 사람들까지 이곳 서산 비행장을 이용할 수 있습니다. 그렇지 않습니까?"

"그렇기는 합니다만 … "

"그만큼 이곳의 기운이 세계로 뻗어나갈 가능성이 많다는 것입니다. 그래서 내 생각에 우리 부석사도 국제화를 시작하는 것이 어떨까 해서 거론 하는 것입니다."

"국제화라니 이해가 잘 안됩니다."

"지금 우리 한국의 불교가 세계화를 시도하고 있지만 정작 한국내의 사찰은 국제화에 대한 준비가 미흡한 것이 사실입니다. 우리 부석사만 보더라도 그렇지 않습니까?"

"국제화라? 지금 머리에 떠오르는 것이 없습니다."

"내 말은 우리 한국의 불교가 외국인들에게 우리 불교 속으로 들어오라고만 하지 우리가 그들의 마음으로 가지는 않는다는 것이지요."

"숭산崇山스님 같은 분은 외국으로 가서 우리 불교를 알리지 않았습니까? 어떻게 해야 우리가 그들에게 다가갈 수 있을까요?"

"금정스님, 요즘 우리 불교의 주류가 무엇이라고 생각합니까?"

"글쎄요. 딱히 한 가지로 꼽을 수는 없겠지요. 계율을 달리 해석하는 종파도 많고, 각 문중마다 중요시 하는 것들이 조금씩 다르니까요.

예로부터 정혜쌍수에 대한 논의가 많이 있어왔지만, 우리 덕숭문중의 경허선사 이후 발흥한 선풍이 주를 이루는 것이 아닌지요."

"덕숭문중의 어른 만공스님의 핵심은 무엇인가요?"

"당연히 세계일화가 아니겠습니까?"

"그것은 우리 절의 창건자 의상스님의 화엄사상 아닙니까? 만공스님의 세계일화가 화엄의 핵심이지요."

"맞습니다."

"의상스님 당시 삼국통일 후, 삼국의 백성을 화엄으로 화합시켜야 하듯이 이제 이 시대에도 만공스님의 세계일화의 화엄정신으로 우리 불교가 거듭나야 한다고 봅니다."

"그럼 의상스님의 화엄정신과 만공스님의 세계일화가 주지스님이 말씀하신 국제화의 기본이겠네요."

"그렇습니다. 화엄정신은 수천 년이 지나도 그 중요성이 변함이 없지요. 그렇다고 시골구석에 있는 우리 부석사가 주도적으로 세계를 화합시키고 하는 것은 사실 무리이지요. 하지만 우리는 우리 주변에서만이라도 화엄의 정신을 펼칠 수 있다면 좋지 않겠습니까. 요즘 사회를 디지털 사회라고 부르는데 디지털이 무엇입니까. 모든 것을 0과 1로 나누어 버리는 것 아니겠습니까. 어쩌면 우리 불교에서 금기시하는 분별심과 같은 문명입니다. 그래서 세상 모든 것이 칼로 펜으로 나누어지는 것 같습니다. 가족이 나누어지고 심지어 아버지와 어머니 자식들이 다 제각각으로 나누어지는 것 같습니다. 정신은 어디에 안주를 못하고 계속 떠돌고 있습니다. 화엄이란 이러한 것들을 꿰매는 바늘과 실과 같은 정신이 아니겠습니까."

"탄허 큰스님이 대보살의 원력으로 유불선을 통괄한 화엄경 해석을 이루었지만 화엄정신을 현대 사회에 맞게 풀어나가는 것이 결코 쉬운 것은 아닐 것입니다."

"세상에 쉬운 것이 어디 있습니까? 그리고 누구 한 사람의 위대한 업적으로 이룬다는 생각은 과거 백성의 문맹률이 높았던 시대 위인들의 이야기라고 생각합니다. 요즘은 시대가 많이 변했습니다. 많은 사람들의 생각이 십시일반 동참되고 상황에 따라 정리되어서 만들어지는 것입니다."

"한 사람의 지도자가 결정할 수 있는 시대는 아닌 것 같습니다."

"또한 매스컴을 통해서 말들이 쉼 없이 나옵니다. 그 중에는 우선 듣기에는 달콤하나 조금만 생각하면 허망한 것들도 많습니다. 그것들 특징은 세상을 너무나 가벼이 판단하고, 어려운 부분은 애매모호하게 넘어가는 것들이 많다는 겁니다. 나는 그 애매모호한 것들을 미망이라고 생각합니다. 애매모호한 미사여구로 아무리 수레바퀴를 굴려도 수레바퀴는 돌아가지 않아요. 짐이 죽는 노인의 수레를 밀어주는 것이 더 진실이지요."

"무슨 말씀이지?"

"과거 문맹이 높았던 시절, 일반백성들은 종교에 대해서 맹목적이었다고 볼 수 있지만 요즘 사람들은 각자 나름대로의 판단기준을 가지고 있습니다. 현명해졌다고도 볼 수 있지만 너무 많은 가치판단의 기준 때문에 오히려 미망의 세계에 깊이 빠져든다고 할 수 있습니다. 이런 사람들에게 부처님이 연꽃을 들어 보이니 마하가섭이 깨닫고 염화미소를 지었다는 방식으로는 전달하기 어렵다고 봅니다. 선사들의 선시와 같은 것으로는 사람들에게 다가가는 것도 한계가 있습니다. 역사적으로 많은 불교의 선지식 중에 지금까지 우리 불교계와 일반인들 사이에 존중을 받고 있는 분들은 깨달음의 정도도 높았지만 실천 궁행이 뒤따랐던 분들이 많아요. 산중문답만을 남긴 분들은 대개 몇 줄의 기록이 없습니다. 몇 줄의 기록이 없다는 것은 수준이 낮다는 것은 아니지만 사람들 속으로 들어가는데 인색했다는 증거라고 볼 수도 있습니다. 이것은 보살행을 중시하는 대승사상과도 거리가 있다고 봅니다. 우리 경허선사께서도 실천하는 선을 가장 중요시 하지 않으셨습니까?"

"하지만 죽음을 무릅쓰고 생의 의미를 파악하려는 선사들의 노력도 얼마나 중요합니까? 어떠한 경계에도 걸리지 않고 세상을 할喝! 할 수 있는 선승의 기질과 용기가 없으면 어렵습니다."

"그렇기도 하지요. 하지만 오도된다면 단순히 지나가는 노인의 수레를 밀어주는 것보다 못하다는 것입니다. 오도된다는 것은 경계를 넘지 못한 것, 말만 앞세우는 것, 스스로 잘났다고 생각하여 남과 차이를 두는 것 등입니다. 이런 말은 뭣하지만 자신의 허상을 스스로 모시는 선사들도 있어요. 수월스님은 고통에 신음하는 동포들에게 자신을 바쳤고, 벽초스님은 말없는 법문으로 수덕사를 세우셨어요."

"이 시대의 화엄정신을 어떻게 제시하면 좋을까요? 이론은 너무 방대하고 자칫 사람들이 근접조차 못하고 절망할 수도 있습니다. 우선 눈으로 볼 수 있는 시각적 상징을 이용하는 것은 어떨까요?"

"우선 눈으로 볼 수 있는 것이 가장 빠르게 효과를 보는 것일 수도 있어요. 국제화를 염두에 두면 좋겠습니다. 한 번 연구해보시지요."

금정은 국제화라는 문제를 어떻게 해결해야 할지 고민이 많아졌다. 아무 곳에나 떠들고 다닐 수 있는 것도 아니었다. 황교수를 찾아가서 자문을 구했다.

"황교수님, 주지스님께서 화엄의 새로운 구현을 위하여 우리 부석사를 국제화하는 방법을 연구하라고 하시는데 어떻게 하면 좋겠습니까?"

"네? 갑자기 무슨 국제화입니까? 한국적 문화를 알차게 실현하는 것이 더 시급한 것이 아닙니까? 요즘 그렇지 않아도 우리 문화의 주체성이 떨어진다고 우려들이 많은데요. 지금 세계 각국은 자신의 정체성을 뚜렷이 부각할 수 있는 콘텐츠를 통하여 경쟁력을 높이려는 노력들을 하고 있는데요. 외국의 관광객이 오더라도 아주 한국적인 것을 보고 싶어 하지 않을까요?"

"주지스님은 다른 생각이 있는 것 같습니다. 더 이상 한국적인 것만으로 문제를 해결하기가 어렵다고 보시는 것 같습니다. 한국의 고유성도 좋지만 고유성에 집착할 필요는 없겠지요. 새로운 방향을 모색하고 이를 추진하다보면 새로운 전통이 되고 새로운 고유성이 될 수도 있지 않겠습니까?"

"그래도 부석사는 한국에 있고 신도들이 다 한국사람 아닙니까?"

"물론 그렇지요. 하지만 이제 한국, 아니 부석의 농촌만 하더라도 다문화 가정이 느는 추세이고, 힘든 분야에 종사하는 외국인 근로자 비율이 점점 높아지고 있는 실정입니다. 뿐입니까? 황교수님이 계시는 대학에도 중국학생들을 포함하여 많은 외국인 학생들이 와 있고, 앞으로 한국인의 인구감소로 학령인구가 줄어들어 많은 한국의 대학들이 외국인 유학생을 유치하는 것이 생존과도 직결되는 문제라고 하던데요. 그것도 아주 시급히. 그러면 우리는 우리의 의지와 관계없이 점점 더 국제화로 가게 될 것 같습니다."

"하지만 사찰은 종교적 장소라는 특수성이 있지 않습니까? 종교적 관념은 가장 늦게 변하는 특징도 있는데."

"주지스님은 신라의 의상대사가 우리 부석사를 창건했다는 기원에서 화엄의 국제화를 보시는 것 같습니다. 화엄정신은 일체중생을 다 아우르는 것이 아니겠습니까."

"하기야 세계의 마지막 분단지역, 모든 이념이 가장 철저하게 대립하는 국가가 우리 한반도라고 할 수 있지요."

"그렇지요. 그런 면에서 진정한 세계원융은 한반도에서 해결되지 않으면 안되고 역으로 한반도에서 세계일화가 시작된다고 볼 수도 있는 것 아닙니까."

"굉장히 일리 있는 말씀이기는 한데 부석사에서 … "

"주지스님은 '새로운 시대에 과감히 들어 가보자'라는 생각인 것 같습니다."

"상당히 혜안이 있는 생각 같습니다. 사실 한국은 폐쇄적 민족주의 성향이 강한데 이미 시작되고 있는 이러한 시대의 변화를 거부하지 말아야할 것 같습니다."

"그래서 우선 가장 빠른 효과를 볼 수 있는 상징성 있는 불사를 통해서 시작하려는데 좋은 아이디어를 구하고 있습니다."

"새로운 시도의 대상이 국내에 있는 외국인들, 그리고 부석사의 새로운 시도에 대한 국내인들의 호기심, 가까이 무한자원으로 있는 중국인 … , 작은 시도 같지만 그 결과를 가늠하기가 쉽지 않습니다."

"그렇습니다. 결과를 예측하기가 쉽지 않습니다."

"생각해 보겠습니다."

금정은 수덕사에 일이 있어 가던 길에 다시 황교수를 찾았다.

"황교수님, 뭐 새로운 아이디어가 생각났어요."

"아닙니다. 지난번 스님이 가시고 나서 저도 무엇이 좋을까 고민을 해보았는데 쉽지는 않았습니다. 동남아든 중국이든 절에서 불사하는 방식은 건물, 불상, 탑, 종 등이 대표적인 방법인데 이것들은 현재 부석사에 모두 있는 것이고 … "

"그렇지요. 대부분 있지요."

"그럼 있는 것들 중에서 생각해 볼까요? 현재 부석사 탑의 위치는 한쪽에 치우쳐 있어 이상적인 곳이 아닙니다. 탑의 조형성도 솔직히 별로고요. 불상은 석가모니, 아미타마애불, 관음보살상, 지장보살상이 있고, 종은 한국 금시조종의 기원이 되어있고 … "

"탑의 현재 위치가 치우친 것은 맞는 것 같아요. 당시에는 절의 발전이 지금과 같이 서쪽으로 확장되리라고 예상을 하지 않으셨던 것 같습니다. 불상은 현재 부석사의 주불이 석가모니, 아미타불 두 분이 되었네요."

"우리나라에서 주로 모시는 브처님으로는 어느 부처님입니까?"

"속리산 법주사처럼 미래의 부처님인 미륵불을 모시는 곳이 있고, 아미타불, 석가모니, 약사불, 비로자나불이 대표적이지요."

"부석사의 창건자인 의상대사는 화엄정신으로 중생을 구제하자고 하지 않았습니까. 제가 알기로는 화엄정신의 주불은 비로자나불인 것으로 압니다만 … "

"그렇지요."

"비로자나불의 협시는 문수토살과 보현보살 또는 석가모니와 노사나불로 압니다만 비로자나불 단독으로 모셔진 곳도 꽤 있더라고요."

"현세의 석가모니불, 미래의 서방정토 아미타불, 과거의 동방유리

약사불 세분을 삼세불三世佛이라 하고, 불법이 응하여 나오신 응신應身 석가모니불, 변함없는 만유의 본체를 형상화한 법신法身 비로자나불, 고행과 고난의 보살행을 거쳐 부처님이 된 보신報身 아미타불또는 노사나불 세 분을 삼신불三身佛로 모셔지기도 하는데 삼신불은 실은 부처님 한 몸을 응신, 법신, 화신으로 나누었기 때문에 같은 부처님이라고 보면 됩니다.”

“어째든 비로자나불만 모시면 화엄의 삼신불이 갖추어지는 것인데요.”

“그렇기도 하네요.”

“제가 알기로 의상대사가 중국에서 지엄스님으로부터 증명을 받을 때 ‘화엄일승법계도’라는 것이 주효했다고 하는데, 현재 해인사 마당에 설치되어 있던데, 부석사에도 규모를 좀 적게 해서라도 이것을 설치하면 어떻겠습니까?”

“일리가 있네요.”

“불사를 하려면 비용이 많이 드는데 주지스님의 원력이 커야 할 것 같습니다.”

“불사란 발원을 세우고 꾸준히 진척하면 이루게 되어 있어요.”

“어떤 스님들은 문화에 대한 작은 안목으로 지나친 의욕을 보여 사찰을 크게 망친 경우도 많이 보았습니다.”

“그런 경우도 있습니다.”

금정은 황교수 이외에도 여러 사람에게 의견을 구한 뒤 주지스님과 의견을 나누었다.

“금정스님 지난번 얘기한 불사계획은 연구해 보셨어요?”

“네. 황교수와 여러 사람들에게 의견을 구해보았는데 현재 정리된 불사로는 비로자나불, 화엄일승법계도, 탑 등으로 정리가 됩니다."

"좀 구체적으로 설명해주세요."

"대부분 의상스님과 관련된 문화콘텐츠의 보충이라고 생각합니다. 화엄의 주불인 비로자나부처님, 의상스님이 중국에서 유학할 때 그린 화엄일승법계도, 그리고 현재 탑의 위치가 적합하지 않아서 옮겼으면 하는 의견이 있고, 황교수님 같은 경우는 주지스님의 새로운 시각에서 아예 한국적 탑의 양식을 넘어 한국, 중국, 동남아 양식의 복합적 조형성이 어떠냐고 그러는데요."

"일리는 있지만 자칫 복잡해지기만 할 수도 있는데 … "

"현재 제일 시급한 것은 탑의 자리를 제대로 잡는 것 같습니다."

"현재 탑을 옮기든가 아니면 다시 만드는가를 생각해야겠네요. 어쨌든 우리 부석사의 분수에 넘치는 규모는 좋지 않습니다. 기존에 있는 다른 것들과 균형을 보아가면서 설계를 해야지요."

"그렇습니다. 요즘 다들 크게 하는 것이 유행인데 사실 크기는 별로 의미가 없지요."

"우리가 탑이든 비로자나부처님상이든 여기서 새롭게 시작하는 것은 부석사뿐 아니라 앞으로 불교계의 다양성에 대한 새로운 시도의 촉발점이 될 수도 있습니다. 금정스님이 잘 연구해서 가능하면 모든 것이 실현될 수 있도록 방안을 마련해보세요. 서원이 섰으니 회향하는 일만 남은 거지요."

"예, 이제 대충 방향을 잡았으니 실현가능하게 추진해보겠습니다. 부처님이 도와주시겠지요."

"금정스님, 시각적으로 보이는 것을 단지 방편이라고 생각하지마세요. 우리 스님들의 백 마디 말보다 더 효과가 있을 수 있는 것입니다. 수십만 단어의 화엄경보다 말없는 한 분의 부처님상에서 더 쉽게 답을 찾는 수가 있습니다."

화엄탑을 세우다

새로운 불사의 첫 사업은 탑의 건립이다. 탑 불사 발원기도가 이루어졌고, 시주동참발원도 정성으로 기원하였다. 부석사에서는 이번 탑의 건립을 한국성을 강조하기보다는 국제적인 관점에서 접근을 했기 때문에 가능하면 중국인 학생들, 동남아에서 온 사람들, 등등 국내에 있는 외국인 불자들에게도 알리려 노력했다. 그래서인지 시주자 명부에는 중국인들과 외국인들의 이름도 보였다.

매일매일 시주장부를 점검하던 금정은 장부에서 꽤 큰 금액을 발견하고 시주자를 확인하니 유향이라는 이름이 쓰여 있다. 동명이인인가? 이유 없이 이렇게 큰 금액을 시주할 수는 없다. 누가 연락했는가? 황교수가 연락했을까? 아니면 학생들을 통하여 알게 되었을까? 왜 이렇게 많은 불사금을 기부했을까? 유향의 이름을 본 순간 금정의 가슴은 형용할 수 없는 감회로 두근거렸다.

"주지스님, 이제 탑 불사를 시작해도 되겠습니다."

"금정스님, 생각보다 빨리 불사금이 모였네요. 하지만 일을 하다보면 생각하지 못한 곳에서 지출해야 되는 부분이 생기기 쉬우니 매사 계획을 꼼꼼히 하고, 불사금은 동참자분들이 힘들게 번 돈들이니 함부로 낭비하는 일이 없도록 하세요."

"예, 염려마세요."

"그렇다고 인색하게 하면 모든 것이 부실하게 될 수 있으니 잘 조절하여야 합니다."

새로 탑이 들어설 자리는 절의 중심에 해당하는 극락전 앞마당이다. 기존의 탑을 옮기자는 의견도 있었으나 주지스님이 과감하게 새로운 탑의 양식을 시도해보자는 의견에 따라 황교수에게 부탁하여 한국의 기존 불탑과는 다른 탑형을 연구하게 한 것이다.

새로운 탑의 형식은 처음에는 한국석탑의 기본구조를 유지하면서 중국인, 동남아인, 서구인들에게도 공감할 수 있는 탑을 디자인하려고 했으나 한국적이라는 기본 틀 자체가 오히려 큰 제약이 되었다. 그래서 탑의 형태에 대한 어떠한 전제조건도 두지 않고 불탑은 부처의 사리를 모신다는 기본개념에서 부처님을 장엄하고, 화엄세계를 구현한다는 불교이념에만 충실하기로 하였다. 부석사 경내와 조화를 이루기 위하여 커다란 불탑은 되지는 않았으나 기존에 볼 수 없었던 전혀 새로운 개념과 세계일화 화엄의 정신을 담았다. 인연이 닿아 탑 속에 부처님 진신사리를 봉안할 수 있다면 신라를 둘러싼 9한韓을 제압한다는 의미를 담았던 황룡사 9층탑이 부러운 것이 아니다.

탑의 생김새를 보니, 바닥이 둥글다. 전통조형관 '하늘은 둥글고 땅은 모나다'는 천원지방天圓地方과 다르다. '우주의 모든 땅과 하늘은 원형'이라는 새로운 시각이 도입돈 것이다. 그 둘레를 탑 기단부 높이에 맞추어 8개의 돌기둥을 세웠는데 기둥마다 상서로운 연꽃이 피었다. 바닥의 돌들은 색이 조금씩 다른데, 화엄을 이루기 위해 세계 여러 나라에서 가져온 것들이다. 중앙에는 탑을 공중으로 띄워 받치는 별자리가 새겨진 돌기둥 4개가 있다. 탑신은 둥근 모양을 하고 있는데 동남아와 중국의 탑에 있는 조형성을 도입하고 통일신라시대부터 만들어진 고복형석등鼓腹形石燈 구형球形 지주석의 조형성도 참고하였다. 상륜부는 3층의 천개天蓋 위에 연화초문과 구름문양을 이용하여 연기를 표현한 연화반을 12층으로 쌓고, 마지막 최상부에는 청동에 금박을 입힌 장엄을 얹었다.

탑의 생김새가 기존의 양식과는 달랐지만, 마련된 기초 위에 각 부위별로 미리 만들어 놓은 부분들을 순서대로 쌓기만 하면 되어서 해가 서해바다로 떨어지기 시작할 때 복장을 넣고 상륜부 설치까지 마무리할 수 있었다. 탑은 새로이 보완한 석축 위에 확 트인 들판과 서해를 배경으로 하고 있어서 그 자태가 선명하게 드러났다.

주지스님이 황교수에게 다가와 말했다.

"교수님, 마음먹은 만큼 잘 되었어요?"

"글쎄요. 제가 판단하나요. 지금부터는 보는 사람들이 각자 알아서 판단할 것입니다. 어떤 사람은 좋다 할 것이고, 어떤 사람은 싫어할지도 모르지요."

"그래도 교수님이 심혈을 기울여 디자인 했으니 교수님이 제일 잘 알 것 아닙니까?"

"그렇지 않습니다. 제가 가장 잘 알 수 있는 부분은 잘못된 부분입니다. 남들 눈에는 보이지 않지만 제 눈에는 잘 보이기 때문에 민망하고 부끄러울 때가 더 많습니다."

"그러면서 또 발전하는 것이지요."

"주지스님의 용단이 없었다면 이 새로운 화엄탑은 불가능했을 것입니다. 우리 눈에 보이진 않았지만 이 탑을 세우기 위해 수많은 불보살들과 천인이 내려와 터를 다졌을 것입니다." 금정이 말했다.

"이번 화엄정신 부석사로 거듭나기 위한 첫 번째 불사인 탑의 건립에 도움을 주신 황교수님과 실므를 맡아 원만하게 잘 처리한 금정스님이 애 많이 쓰셨습니다."

"별말씀을"

"자, 이제 탑이 잘 섰으니 큰스님과 손님들을 모시고 회향식만 잘하면 되겠습니다."

"외국인뿐 아니라 국내인에게도 이러한 시도가 처음이니 낯설 것입니다. 외국인은 대부분 타향에 와서 힘들게 돈을 벌어 가족에게 부치는 사람들이니 시주할 마음의 여유는 거의 없었을 것입니다. 하지만 그들이 힘들고 가족이 그리울 때 여기에 와서 편한 마음으로 부처님을 뵙고 갈 수 있는 그런 기도도량이 되게 홍보하면 되겠습니다."

"앞으로 계속 노력하겠습니다."

"그리고 그동안 탑 건립을 위해 동참해주신 분들의 공덕은 반드시 드러나게 해주어야 합니다. 기도를 담당하는 부전스님에게는 사시예불 때 특별히 그분들을 위한 기드의 시간을 갖도록 당부해 주세요. 한번으로 끝내지 말고 계속 정성으로 기도하게 하세요."

"염려하지 마십시오. 저도 특별한 사정이 없는 한 예불에 참가하니 그리 하도록 하겠습니다."

서해바다로 해가 떨어지면서 지금까지 본 것 중에서 가장 장엄한 노을이 펼쳐졌다. 세 사람의 눈동자도 붉게 물들었다. 가슴에서 '화엄의 꽃을 피웠다'라는 환희가 일어났다. 노을을 배경으로 우뚝 솟은 탑을 감상하면서 세 사람은 약속이나 한 듯 뒷걸음으로 종무소로 향했다. 버~얼건 노을이 절정에 이른 순간, 빛은 황홀한 밝음을 주체 못하고 온 세상을 하나로 합치는 레드아웃이 일어났다.

"보세요! 석탑이 공중에 떴어요! 부석입니다!" 금정이 외쳤다.

"정말 부석이네요! 장엄한 화엄의 부석입니다! 아! 부처님!" 주지스님도 외쳤다.

황교수의 눈에는 눈물이 그렁거렸다.

금정은 혹시라도 회향식에 미진한 부분이 있을까 부석사 경내를 한 바퀴 돌았다. 먼저 손님이 묶을 정진선원의 숙소와 화장실의 정돈상태를 점검했다. 정진선원 아래에 빈 공터에 쌓아놓은 장작들과 공사용 물건들이 가지런한지를 점검하고, 안양루 뒤편의 의자들도 삐뚤어지지 않았는지를 점검했다. 새로 칠한 설법전의 단청에 문제가 없는지도 둘러보고, 아미타불이 새겨진 마애불로 가는 길에 굴러 떨어진 돌들을 길옆으로 단정하게 다시 걸어 올렸다. 하안거수행을 했던 만공암굴 옆길을 올라 산신각으로 갔다. 산신각 문을 열고 안으로 들어갔다. 방석들이 구석에 가지런히 잘 정돈되어 있고 용왕전, 산신전, 그리고 자그마한 목조 선묘낭자상이 서 있고 벽에 선묘낭자의 초상이 걸린 선묘전이 있다.

언제부터인지는 모르지만 선묘낭자는 이곳 부석사가 있게 한 이유이다. 의상대사를 그리워하며 죽은 중국여인의 영혼을 기리기 위함인지, 의상대사가 못 잊어 곁에 두고 보기 위함인지 모르지만 국경을 넘은 사랑의 전설이다. 두 사람의 사랑이 육체적 사랑은 아니었지만 서산 부석사와 영주의 부석사가 불타 없어지더라도 영원히 전해질 사랑의 이야기이다.

이번 탑 불사에 큰 성금을 보내준 유향이 생각이 났다. 유향이 중국으로 돌아간 후 생각날 때마다 법당에 들러 법당종을 치면서 행복하기를 기원해주곤 했지만 오늘 유난히 생각이 났다. 선묘의 초상화를 보니 유향의 얼굴이 겹쳐진다. 초상화의 얼굴에 손을 갖다 대어 보았다. 어떤 온기가 느껴지는 것 같았다. 초상화에서 손을 떼고 한발 뒤로 물러나 두 손을 모았다. 문을 열고나오니 산신각의 앞뜰이 갑자기 허전하게 느껴졌다. 돌을 쌓아 만든 산신각 앞뜰에 도산서원에서 매화나무라도 얻어 심어야겠다는 생각이 들었다.

탑 완공 회향식에는 부석사의 신도들뿐 아니라 각 커뮤니티를 통해 소식을 들은 중국인들을 비롯하여 여러 외국인들도 참여하였다. 생각보다 많은 사람들이 참석했고, 꽃몇 언론사의 카메라와 기자들도 보였다. 한복을 곱게 차려입은 신도회의 봉사단들이 단연 눈에 띄었고, 여기저기서 중국말도 많이 들리고, 억양이 강한 동남아시아의 말들도 들렸다.

등산복 차림에 수염을 길게 기른 산장지기도 왔고, 미색 잠바를 깔끔하게 차려입은 이연선생도 왔다. 산장지기는 금정이 쓰레빠를 신은 모습이 좋다고 너털웃음을 지었고, 이연선생도 참 장하다고 칭찬을 해주었다. 황교수는 대학에서 청소일을 하는 동남아 아주머니들의 모습이 보여 다가가 인사를 하였다.

새로 조성된 탑은 상륜부의 뾰족한 부분만 드러내고 전체가 흰색의 커다란 보자기로 싸여있고, 보자기에는 오색실이 사방으로 뻗어 있다. 회향법회 시작을 알리는 범종 타종식을 시작으로 큰스님의 법문이 있고, 서산시장의 인사말, 대학총장의 인사말이 이어졌다. 곧이어 탑 건립에 공로가 큰 황교수에 대한 공로패 전달식, 외국인 근로자의 인사말이 이어졌다. 이어서 탑을 덮고 있는 흰색 보자기를 오색실로 잡아당기는 개탑식이 많은 참석자들의 환호 속에 거향되었고, 오색실은 수많은 조각으로 나누어져 참석한 이들에게 선물로 돌아갈 것이다. 뒤이어 한국불교 전통 공연과 외국인들의 간단한 축하공연이 이어졌다.

공연행사가 끝난 후 주지스님이 즉석에서 주창하여 탑 앞에서 각자의 소원을 비는 시간을 가졌다. 참석한 내외국인들은 모두들 각자의 고향을 보면서 가족의 안녕을 기원하는 것 같았다. 그때 갑자기 동남아 출신으로 보이는 아주머니가 금정에게 다가가 무엇을 꺼내 보이면서 그것을 탑에 붙여도 되냐고 물었다. 그 아주머니의 손바닥 위에는 여러 장의 금박이 있었다. 금정은 금방 알았다. 고향에서와 같은 방법으로 부처님께 공양을 드리고 싶은 것이었다.

회향식이 끝나고 황교수는 부석사 앞 서쪽으로 드넓게 펼쳐진 들판과 푸른 바다와 섬들을 바라보았다. 혹시나 시주자 명단에 이름이 있다는 유향이 올까 내심 기다렸지만 유향은 끝내 보이지 않았다. 금정은 여전히 슬리퍼를 신고, 승복을 질끈 동여매고 바삐 움직인다. 황교수와 금정은 눈길이 맞아 서로 웃었다. 이유는 말하지 않아도 된다.

황교수는 생각했다. 금정은 정말로 유향을 완전히 잊었을까? 떠난 사람은 새로운 이유가 있어서 가지만 남은 사람은 기억을 품고 있어야 하기에 더 가슴이 아리다는데. 금정과 유향의 금생인연은 아무리 생각해도 여기까지 같았다. 다음 생에서 그들은 또 어떤 인연으로 만날까? 다만 더 이상 이별해야 되는 인연이 아니길 …

황교수는 그를 부석사에 소개시켜 준 박교수와 부석사 찻집에서 차를 마시며 이야기를 하고 있다.

"언제 이렇게 소설을 쓰고 툴탑까지 계획하게 된 것이야? 내 처음 두 양반을 소개해 줄 때 무슨 사고를 칠 것 같았는데 이렇게까지 사고를 칠 줄은 예상 못했어."

"인연이 그러니 어떡하겠습니까."

"언제 불교공부에 깊이 들어갔었어?"

"들어가면 안보일 것 같아서 들어가지 않았어요. 옆에서 보았습니다."

"이 소설에 나오는 인물들은 사실이야, 아니면 완전 가공이야?"

"무슨 이야기든 사실에 근거하지 않으면 설득력이 없지요."

"아무래도 제일 관심이 가는 인물이 두 주인공 금정과 유향인데 이 두 사람에 대한 황교수의 속내는 무엇이야?"

"주지스님이 부석사에 대해 글을 써보라고 했을 때, 부석사의 창건자인 의상스님과 중국여인 선묘의 전설을 현대의 인연법으로 고치는 것이 우선적인 일이었습니다."

"다른 의미는?"

"부석사 신도들 사이에서 이곳 부석사에서 곧 고승이 나온다는 이야기가 전해오더라고요. 경허, 간공이 여기를 거쳐 갔지만 그분들을 말하는 것이 아닌 것 같았어요. 혹시 지금 주지스님이 나중에 그 고승이 될지, 이곳에서 수행하는 스님들 중에서 나오게 될지 모르지만 신도들의 고승출현의 염원이 암시적으로나마 나타날 수 있다면 어떨까 생각했어요.”

“금정이라는 스님은 신도들의 염원을 담은 것이네.”

“글쎄요. 가공의 인물이 실제 인물로 구현될 수 있을지는 모르지만 그 염원의 실현은 신도들의 마음에서 시작되고 있었어요.”

“유향은 혹시 황교수가 진짜로 좋아한 사람 아닌가?”

“작가의 마음에 진짜로 누군가 있지 않았을까? 있었을 수도 있지요. 수많은 인연들 중에서 마음에 드는 사람과 미운 사람은 있기 마련이지요. 독자들에게도 비밀스런 근거가 있는 것 같아야 호기심을 불러일으키잖습니까.”

“금정은 의상스님이고 유향은 선묘낭자가 환생했다는 설정인가?”

“자세히 읽어보면 금정을 의상으로, 유향을 선묘로 설정하지는 않았다는 것을 알 수 있어요. 금정과 유향은 과거 역사 속의 의상과 선묘를 반추해서 지금의 시대로 이어주는 연결고리입니다. 언제든 다시 생길 수 있는 현재 진행형인거지요.”

“내가 이 소설을 써내려나면서 거의 마지막에 생각한 것인데 이적을 보인 선묘낭자의 혼령이 과연 누구냐는 것입니다. 누굴까요?”

“중국인 아가씨의 영혼이 아닌가? 중국 산동성 등주 주장 유지인의 딸 선묘의 영혼.”

“다르게 말해보겠습니다. 사랑을 이루지 못해 자살한 영혼은 대개 원혼이 되기 쉽습니다. 그런 처녀의 영혼이 큰 바다를 잠재우고 거대한 바위를 들어 사람들을 굴복시킬만한 능력을 가질 수 있을까요?”

"그러면 선묘의 능력은 완전 가공이라는 건가?"

"선묘를 뿌리친 의상스님은 귀국 후 어떤 경로를 통해서 선묘가 자신을 그리워하다 바다에 몸을 던져 죽은 것을 알게 됩니다. 많이 상심했겠지요."

"당연히 그렇겠지."

"부석사를 짓기 5년 전 이미 등해에서 관음보살을 친견하고 낙산사를 창건했던 의상스님은 바위를 공중에 띄운 이적을 행한 이가 관음보살이라는 것을 알았을 것이라고 봅니다. 풍랑이 거센 바다를 다스린 용은 원래 신라 사람들이 가지고 있었던 동해 호국용 신앙과 일치하고, 관음은 용을 타고 다니지요."

"그럼, 부석사 건립 이야기에 나오는 선묘의 이적 이야기는 무엇인가?"

"위령시라고 할 수도 있지요. 목숨을 바친 선묘의 사랑은 의상스님에게는 반드시 풀어야 할 숙제였겠지요. 그리고 의상스님은 선묘를 비로소 받아들인 것이지요."

"의상이 선묘를 받아들이다니?"

"의상 자신이 선묘에게 느꼈던 감정도 사랑이었다고 인정하는 것이지요. 이황선생이 두향을 자신의 영원한 연인으로 가슴에 묻었듯이 의상스님은 선묘낭자를 자신의 영원한 사랑으로 받아들인 것이지요. 그리고 의상은 비로소 경계를 벗어난 것이 아닐까요?"

"의상과 선묘, 금정과 유향, 경계를 벗어난 영원한 사랑"

"부석사를 사랑의 절이라 부르면 어떨까요? 수 천리 떨어져 있어도 인연이 있으면 반드시 찾아와 만나게 되는 곳."

"사랑의 절, 사랑의 절 부석사라."

글을 마치며

흙덩이만 수십 년을 만지며 조각가의 길을 걸어오던 제가 어찌어찌 한 인연으로 두 번째 소설을 쓰게 되었습니다.

이 책은 제가 근무하던 대학에서 2006년부터 2014년까지 중국유학생들을 가르치면서 겪었던 아름다운 추억들을 부석사의 의상대사와 선묘낭자의 전설에 비추어 각색하여 만든 이야기입니다. 그들과의 인연에 감사합니다. 부석사와 주경스님과의 인연도 특별하고, 그리고 도서출판 종문화사 임용호 사장님과의 오래된 인연도 우연이 아닌 것 같습니다.

불교사찰과 관련된 이야기다보니 부득이 불교에 대한 내용들이 나옵니다. 지금까지 서산부석사 범종, 갓바위 연화 범종, 오대산 상원사 봉황보당 등 여러 불사에 참가하면서 제 스스로 느낀 부처님의 가르침과 스님들께 들은 불교세계, 그리고 다른 선학들이 쓴 고승대덕과 불교에 관한 글을 읽고 느낀 점을 참고해 쓴 것입니다.

그저 세속에서 55년을 생활해 왔을 뿐인 사바중생이 자중하는 마음으로 써내려갔지만 혹 분별없는 망상에서 나온 것은 아닌지 두려운 마음 금할 길이 없습니다. 부족한 점이 있어도 너그러운 아량을 부탁드립니다. 겨울방학 내내 집에서 글을 쓰는 필자에게 투덜거리면서도 삼시세끼를 챙겨준 집사람에게 고마움을 표합니다.

2015. 사바에 부처님의 가피가 시작된 날
도학회

보조지눌補照知訥**스님**: 1158~1210. 황해도 서흥. 정鄭씨 지눌은 호칭. 시호는 불일보조국사佛日普照國師. 1190년 팔공산 은해사 거조암에서 정혜결사를 시작함. 1200년 현 송광사에서 조계의 선풍을 일으킴.

사명四溟**대사**: 1544~1610. 경남 밀양. 속명 임응규林應奎. 법명 유정惟政. 1559 부모 사후 김천 직지사直指寺로 출가. 휴정休靜의 가르침을 받음. 팔공산·금강산·청량산·태백산 등을 다니면서 수도하고, 1586년 상동암上東庵에서 득도. 임진왜란 때 의승병을 모아 휴정과 합류. 의승도대장義僧都大將이 되어 의승병을 이끌고 평양성 탈환 등 수많은 전투에서 전공을 세움. 4차례 적진에 들어가서 가토加藤淸正와 담판. 팔공산성 등 많은 산성 개축. 화약제조와 조총사용을 독려. 일본으로 가서 3천여 명의 동포를 데리고 귀국. 해인사에서 결가부좌한 채 입적.

서산西山**대사**: 1520~1604 평남 안주安州. 속명 최여신崔汝信. 법명 휴정休靜, 법호 청허淸虛·서산西山. 1534년 진사시進士試에 낙방 지리산智異山에 입산 승려가 됨. 1552년 승과僧科에 급제, 교종판사敎宗判事·선종판사禪宗判事를 지냄. 1556년 무고로 정여립鄭汝立의 역모에 연루 투옥. 임진왜란 때 팔도십육종도총섭八道十六宗都摠攝이 되어 승병僧兵을 모집 한양 수복에 공을 세움.

서암西庵**스님**: 1917~2003. 경북 안동. 속명 송홍근宋鴻根. 일본 니혼대학[日本大學] 종교학과 졸업. 1932년 예천 서악사西嶽寺에 출가. 희양산曦陽山 봉암사鳳巖寺 조실로 있으면서 낙후된 가람을 새롭게 중창함. 1993년 제8대 종정이 됨.

성철性徹**스님**: 1912~1993. 속명은 이영주李英柱. 호는 퇴옹退翁. 경남 산청 출신. 1936년 해인사海印寺에서 동산東山에게 사미계沙彌戒를 받고 출가. 봉암사鳳巖寺에서 청담靑潭과 함께 선풍결사禪風結社를 주도함. 해인총림海印叢林 초대 방장, 1981년 대한불교조계종 제7대 종정宗正 추대 때 법어 '산은 산이요, 물은 물이다'를 발표. 8년 장좌불와長坐不臥를 행하고, 돈오사상頓悟思想과 중도사상中道思想을 설파함.

수월水月스님: 1855~1928. 성씨는 전씨. 경허의 제자. 1855년 충남 홍성군 구항면 신곡리 출생. 어려서 부모를 잃고 머슴살이함. 천장암과 천은사에서 방광을 보임. 1912년58세 간도로 감. 3년 동안 소먹이 일꾼을 함. 주먹밥을 만들어 동포들에게 먹이고 짚신을 만들어 나누어 줌. 동포들이 지어준 화엄사에서 지냄. 누더기를 걸치고, 생식을 했고, 잠을 자지 않았고, 짐승들과도 잘 어울렸음. 1928년74세 머리 위에 바지 저고리와 짚신 한 컬레를 올려 놓고 맨 몸 결가부좌 자세로 세상을 떠남. 입적 후 7일 동안 송림산에서 대방광이 일어남.

숭산崇山스님: 1927~2004. 평남 순천. 속명 이덕인李德仁, 호는 행원行願. 1944년 독립운동에 참여 옥고를 치름. 1947년 마곡사에서 출가. 일본, 홍콩, 미국, 캐나다, 영국, 스페인, 브라질, 프랑스 등 세계 각지에 국제선원을 개설하여 한국 선불교를 보급함. 1985년 세계평화상, 1996년 만해포교상 수상.

운허耘虛스님: 1892~1980. 평북 정주. 속명 이학수李學洙. 1919 독립군정기관지 『한족일보』 발행, 1920년 광한당을 즈직하여 독립운동을 함. 1921 금강산 유점사에서 경송慶松을 은사로 득도. 1961년 한국불교사상 첫 『불교사전』을 펴냄.

원효元曉대사: 617~686. 성은 설薛씨 아명은 서당誓幢 또는 신당新幢. 의상과 함께 당唐의 현장과 규기에게 유식학을 배우려고 요동까지 갔지만, 그곳 순라군에게 첩자로 몰려 여러 날 갇혀 있다가 풀려나 돌아옴. 10년 뒤, 다시 의상과 함께 해로를 통하여 입당入唐하기 위하여 가던 중. 해골에 괸 물을 마시고 "진리는 결코 밖에서 찾을 것이 아니라 자기 자신에게서 찾아야 한다"는 깨달음을 터득하고 의상과 헤어져서 돌아옴. 요석공주와의 사이에서 설총을 낳음. 스스로를 소성거사小性居士라 하면서 무애행無碍行을 함. 왕실 중심의 귀족화된 불교이론을 민중불교로 바꾸는 데 공헌. 『금강반야경소金剛般若經疏』 3권 · 『금강삼매경론 金剛三昧經論』 3권 등 수백 권의 저술을 남김.

이산怡山선사: 중국 오대시대의 승려. 이산혜연선사 발원문으로 유명.

전강田岡스님: 1898~1975. 전남 곡성. 속명 정영신鄭永信. 1914년 해인사에서 출가. 1918년 해인사 강원 수료 뒤 도반의 죽음에 무상함을 느낌. 예산 보덕사報德寺 · 정혜사定慧寺 등에서 피를 쏟고 머리가 터져가며, 백일 동안 잠을 자지 않고 수행. 만공스님으로부터 전법게를 받고 25세에 선종 제77대 조사가 됨.

지관智冠스님: 1932~2012. 경북 영일. 속명 이해붕李海鵬, 동국대 총장, 해인사 주지를 지냄. 32대2005-2009 총무원장 역임, 한국 현대불교의 대표적 학승學僧『교감역주 역대고승비문』『남북전육부율장비교연구南北傳六部律藏比較研究』『가야산해인사지』등 많은 저술을 남김.

진묵震默스님: 1563~1633. 본명은 일옥一玉. 술 잘 마시고 무애행 잘 하기로 유명. 곡차라는 말의 유래자로도 일컬어짐. 신통묘술과 기행 이적을 많이 행하여 세상사람들이 석가모니불의 소화신小化身이라고도 함.

천책天頙스님: 고려시대, 생몰미상. 진정국사眞靜國師라고도 하며, 저서로는『선문보장록禪門寶藏錄』1권과『법화해동전홍록法華海東傳弘錄』1권,『호산록湖山錄』2권 등이 있음.

청담青潭스님: 1902~1971. 경남 진주. 속명 이순호李淳浩. 1927년 일본으로 건너가 송운사의 아키모토에게서 불도를 닦아 득도함. 조계종회 의장, 해인사 주지, 조계종 총무원장 등 역임.

탄허呑虛스님: 1913-1983. 전북 김제. 속명 김금택金金鐸. 유학과 도교에 심취. 17세 결혼 아이 둠 22세 입산. 오대산 상원사 한암 스님에게 감화되어 불교와의 인연이 시작. 오대산 상원사에서 대부분의 시간을 보냄. 1955년 노장철학老莊哲學 강의는 오늘날까지 유명. 1961년 화엄합론 번역 시작. 1971년『화엄경』80권 번역 주석 집필을 마침. 원효 · 의상 대사 이래 최대의 불사로 평가.

한암漢巖스님: 1886~1951. 강원 화천. 속명 방중원方重遠. 경북 성주 수도암에서 오도悟道. 23세에 경허로부터 깨달음을 인가 받음. 1925년에 봉은사 조실로 있었으나 '천고에 자취를 감춘 학이 될지언정 삼춘에 말잘하는 앵무새의 제주는 배우지 않겠노라' 하면서 다시 오대산으로 들어감. 6.25 때 상원사를 지킨 일화와 좌탈입망이 유명.

효봉曉峰스님: 1888~1966. 평남 양덕. 속명 이찬형李燦亨. 일본 와세다대학 법학부를 졸업. 평양복심법원 판사로 활동. 일본판사로 독립투사에게 사형선고를 내린 후 번민하다 엿장수가 되어 전국을 떠돌다 1925년 38세에 출가. 해인총림의 방장, 조계종 초대 종정으로 추대됨. 법정스님과 시인 고은 등이 제자임.

희랑希朗조사: 889~956. 통일신라 진성여왕 때 출생, 이후 해인사에 있으면서 왕건의 귀의를 받음.

하늘돌에 새긴 사랑 在浮石刻的愛情

초판 1쇄 인쇄 2015년 5월 20일 | 초판 1쇄 출간 2015년 5월 25일 | 지은이 도학회 | 펴낸이 임용호 | 펴낸곳 도서출판 종문화사 | 편집 손영섭 | 디자인 우진 | 인쇄 · 제본 한영문화사 | 출판등록 1997년 4월 1일 제22-392 | 주소 서울시 중구 충무로 4가 120-3 진양빌딩 673호 | 전화 (02)735-6891 팩스 (02)735-6892 | E-mail jongmhs@hanmail.net | 값 15,000원 | ⓒ 2015, Jong Munhwasa printed in Korea | ISBN 979-11-954022-4-3 03220 | 잘못된 책은 바꾸어 드립니다.